50 Years o Lallans Prose

Wunds That Blaw Sae Roch

50 Years o Lallans Prose

Edited by
Derrick McClure, Elaine Morton and
William Hershaw

Grace Note Publications

Wunds That Blaw Sae Roch: 50 Years o Lallans Prose
First published in 2022 by Grace Note Publications
and The Scots Language Society

The Scots Language Society
c/o 61 Cliffburn Rd, Arbroath, DD11 5AB
www.lallans.co.uk
lallans@hotmail.co.uk

Grace Note Publications
Grange of Locherlour,
Ochtertyre, Scotland, PH7 4JS
www.gracenotepublications.com
books@gracenotereading.co.uk

ISBN: 978-1-913162-19-1 (PBK)

British Library Cataloguing-in-Publications Data

A catalogue record for this book is
available from the British Library

The Scots Language Society acknowledges
support from The Doric Board

Tae aa the makars, screivers, sangsters, owersetters, feirs o the Scots leid, bonnie fechters and heezers o howp, uphauders, speikers, readers, dominies, lairners and leir-maisters, biggers o chuckies on cairns, draimers, tellers o tales, past, praisent and tae come - haud faurrit!

※※※※※

"Roch the wund in the clear day's dawin
Blaws the cloods heelster-gowdie ower the bay,
But there's mair nor a roch wund blawin
Through the great glen o the warld the day.
It's a thocht that will gar oor rottans
– Aa they rogues that gang gallus, fresh and gay –
Tak the road, and seek ither loanins
For their ill ploys, tae sport and play."

Hamish Henderson – "Freedom Come All Ye"

※※※※※

"If you love Scots: Tak tent or it's tint – use it or lose it. If you hate Scots: Thaim that tholes owercomes. We wha endure win in the end."

Billy Kay – "The Future's Oors" fae Lallans 89

Acknowledgements

The Scots Leid Associe and the editors are gratefou tae the Doric Board and the Scottish Government Scots Language Publication Grant scheme administered by The Scottish Book Trust for their financial support which has alloued us tae publish *Sangs That Sing Sae Sweit: 50 Years O Lallans Verse* and *Wunds That Blaw Sae Roch: 50 Years O Lallans Prose.*

Forby, the editors wad like tae thank: Frieda Morrison and Gordon M. Hay fae The Doric Board; Rosemary Ward fae The Scottish Book Trust; Les McConnell for the cover illustrations; Bill Paton for photography; Mary Hershaw, Rab Wilson and aa the memmers o the Scots Leid Associe Commattee at time o screivin; George T. Watt, Jack Stuart, Tony Beekman, David Bleiman, Fiona-Jane Brown, Colin Robertson, Michael Everson.

An a muckle thank ye tae Gonzalo Mazzei o Grace Note Publications for makkin siccar that baith buiks kythit sae brawly.

Thanks are due tae ilka screiver and makar ower the last fifty years wha haes gien their wark tae *Lallans.* We couldnae include aabodie as we wantit but athout the screivers *Lallans* wadnae hae raxit sae faur.

The editors hae ettled tae seek ilka author's permission for re-publication o their warks in the twaa anthologies that were first published in Lallans, issues 1-99, jynt copiericht the authors and The Scots Language Society. We apologise in onie instance whaur we hae no mindit tae dae this.

Elaine Morton,
William Hershaw and
Derrick McClure

Contents

✳

Foreword
Elaine Morton

Let's pey tribute til the foundin editor, J. K. Annand, wha stertit the ploy an ti editors that follaed efter: Donald Campbell, a braw screiver; William Neill, skeely in the three leids o Scotland; David Purves wha ettled ti pit out a staundard spellin; Neil MacCallum, sadly tint ower sune; Jan Natanson an her team wha chynged the magazine frae a chapbuik ti a paperback; John Law wha brocht out a mair muckle edition an tyauved at mony a darg in the Associe afore his untimeous daith; Kenneth Farrow wha wrocht for mony years daein a skeely darg at the reviews an as co-editor forby; artists Ian Stewart for the erst live picters, Eddie Strachan wha drew the erst *Lallans* thistle motif, Ann Wegmüller wha brocht in contemporary Scots artists, Alexa Rutherford wha stuid in at short notice, an Owain Kirby wha thocht out a new cover an can aye mak a picter whan needit. We shuid celebrate oor mony contreibutors, wha gied the team sweir chyces ti mak, hopin they that hae nae ensample o their wark inby wull forgie the selection comatee. Lat's no forget either the fowk wha pack an post the magazine or Gonzalo Mazzei for his skeel an patience. An lat's thank abune aa the guidin strenth ahint these anthologies, William Hershaw. The Scots leid bides yet ti the fore!

Leet o Editors: J. K. Annand, vol: 1-20; Donald Campbell, vol: 21-22; William Neill, vol: 23-27; David Purves, vol: 28-45; Neil MacCallum, vol: 46-53; Jan Natanson, vol: 54-55; John Law, vol: 56-72; Kenneth Farrow & Elaine Morton, vol: 73-95; Elaine Morton, vol: 96-100; William Hershaw, vol: 101-

Lallans Is For Aabody
100 Issues o the Lallans Magazine

William Hershaw

A talk gien at the 50th Anniversary Collogue o the Scots Leid Associe, Setterday 11th June, St. Matthew's Kirk, Perth 2022

Lallans, the magazine o the Scots Leid Associe, has been aroun nou for sae lang that aiblins we tak it for grantit. It is published twice a year in airly summer and afore Yuil. The first issue was published by whit was then caaed *The Lallans Society* back in Februar 1973. Ower the years *Lallans* has no juist kept gaun, but has raxit fae just a puckle o typed up pages bound thegither wi tape tae the professionally prentit, 144 page illustrated buik that it is the day, steekit wi poems, prose, owersettins, airticles, reviews, and aa o them in the Scots leid. A hunner continuous issues is weill worth celebrating. There has been a hantle o eydent and skeilly editors ower that fifty year spang, ayeweys ettlin tae tak the Scots leid faurrit and aa o them puitten their ain imprent on the luik and the content o the magazine. But forby, there has ayeweys been a fowth o screivers ettlin tae express theirsel in the Scots leid. *Lallans* has been the public face o the Scots Leid Associe, the vyce o Scots, for five decades through a time o muckle cultural and poeitical chynges in our kintrae.

Ower the years there hae been ower monie fowk that are aucht thanks. Nae mair sae than ma co-editor Elaine Morton, wha has duin sae much in the last fowerteen tae keep *Lallans* heidit in a mensefou airt through a time when the Scots Leid Associe has tint sae monie guid feirs and faced some sair travails (including the then Scottish Arts Council's decision tae tak awaa the magazine's funding). Elaine has no juist made siccar o *Lallans*' survival but she has expanded it and encouraged the screivin o a younger generation and a wheen o eydent new makars. Whiles *Lallans* bides true tae its original founin principles she has ettled tae mak it relevant tae whit is gaun on aroun us nou.

Fifty years langsyne, there were a wheen o folk wha felt a prisin need, no juist tae forder and heeze the uis o the Scots leid but tae hain it, theek it fae its monie opponents and naesayers and even tae keep it fae dwynan awaa and its weill-kent souch deean out aathegither. In merkin this 50th anniversary, it's aiblins a guid time tae refleck. Hae we been successfou? Has the situation chynged ataa and if sae, in whit weys?

The Lallans Society was foundit at a convene in Auld Reekie on the 13th Mey, 1972 and a constitution adopted. The officars were: Christopher Murray Grieve, aka Hugh MacDiarmid, Honorary Preses; Helen B Cruikshank and Robert McLellan, Honorary Vice-Preses; Alex Borrowman, Secretar; Henry Kinnaird, Thesaurer. The commattee was made up o David Angus, JK Annand, Donald Campbell, John Low, Alexander Scott, Harry Stevenson, and Janet Templeman. Fae the outset there was a strang infuit fae makars and screivers. Maist o the founin memmers came fae strang leitery backgroun and it maun be said that this has been reflecktit in the pages o *Lallans* richt up tae the praisent day. Helen B. Cruikshank's house *Dinnieduff* in Costorphine was a focal point for screivers and makkars foregaitherin and I'm jalousan that a leiterary soiree thonder is aiblins whaur the seed o a Scots Leid Associe was first plantit.

The newly foundit Society thocht that ane o the best weys they could rax furth wad be tae publish a magazine, the first o its kind, that was prentit hailly in the Scots leid fae stert tae feinish. This was a radical proposal. It was decided tae caa it *Lallans* – *Lawlands* being the name aften gien tae the Scots speech, sang, leir and language of Central and Southern Scotland. It was a title forby that had leiterary provenance:

Robert Burns: *Epistle To William Simson*

> *They took nae pains their speech to balance*
> *Or rules to gie;*
> *But spak their thochts in plain, braid Lallans*
> *Like you or me.*

Robert Louis Stevenson: *The Makar to Posterity*

> *'What tongue does your auld bookie speak?"*
> *He'll speir; an' I, his mou to steik:*
> *"No bein' fit to write in Greek,*
> *I wrote in Lallans,*
> *Dear to ma hert as the peat reek,*
> *Auld as Tantallon."*

The first issue eikit as a gey hame made affair. A puckle o typed up pages o full scap, haudit thegither wi gaffa tape. It was the wark o yin Harry Stevenson, a Business Studies teacher fae Beath High Schuil in Cowdenbeath. Harry was typical o sae monie memmers o our Scots Leid Associe: as faur as I ken, he wasnae that interestit in screivin hisel, or haudin office or even haen a fantoush title. He was motivated by a love o the leid and was aye unco thrang tae gie his time and energy, athout peyment or praise tae the cause. Ower the years I'm gled tae say there hae been a wheen o ithers like him.

The first editor was JK Annand, a Scots makar and weill respectit as an editor and screiver o bairn rhymes in Scots and a translator o German and Medieval Latin intil Scots. Annand was a feir o Christopher Murray Grieve/Hugh MacDiarmid, haen been the first tae review MacDiarmid's first gaitheran o verse *Sangschaw* for the Broughton School Magazine in 1925. According tae Scotsoun founer George Philp, MacDiarmid had an infuit at the kimmeran o the new magazine.

In the very first editorial we are gien a heids up on the editorial policy and the objectives and it's weill worth takkin tent o:

> "Deed, there are as monie kinds o Lallans as there are speakers o the same, wi some byordnar differences north and south, east and wast. Our pages sall be open til scrievers in local dialects, as weill as thaim that ettle to scrieve in what is taen for a 'standard' or 'literary' Scots."

> "Evir sin the hinderend o the saxteenth century there has been a dearth o scrievers in gude Scots prose, alangside, for the maist pairt, a rowth o poets and rhymsters in Lallans verse. Nou Lallans'll ne'er regain the stature o a rale language till we hae a hantle-sicht mair prose-writin nor we hae the day and sae we sall gie the gree til prose."

In terms o the general approach tae the leid itsel, this souns like a very inclusive, cannie, braid and wycelike wey o gaun about it. I think that Annand recognises that the lack o a standart form creates problems yet he disnae want tae disassociate fowk fae their strang connection wi their local dialects. And it is in thir dialects that we find Scots in its maist thrang and virrfou form as a leivin leid, a spoken medium for communication. The emphasis on the need for mair Scots Prose is whit stauns out here. And it is still aye the case.

Some editors wha cam efter JK Annand were aa for a standart form o the Scots leid, set in stane. This, they argued wad mak it aisier tae teach Scots gin there was an agreed set o rules for spelling and grammar and forby wad gie the leid mair status, in as much as that haen ae form wad mean it couldnae be douncried as corrupt English, slang or a dialect. But the kinch wi imposing ilka kind o standard is aye – wha's standard is it? Is it based on yin parteicular dialect, or is it based on a hindmaist glisk o past leiterature that the lave o folk are unfamiliar wi? As the current editor o *Lallans* I want tae encourage aa kinds o Scots for aabody.

In the first issue o *Lallans* we hae prentit the three furthmaist objects o the Associe:

1. Tae foster and promote the emergence o Scots Language
2. Tae encourage a wider appreciation o Scottish leiterature in poetry, and prose and drama.
3. Tae encourage the enjoyment o traditional music in sang, dance and ballad, and the native fiddle and clarsach.

Aiblins because it cam out as prentit medium, or aiblins acause the editors hae been in the main, makars and screivers wha are mair lippent til leiterature, there has been faur mair wecht on the first twaa than the latter. It seems tae me that the pages o *Lallans* have aften reflecktit the MacDiarmid influence mair nor the Hamish Henderson yin. I think it is worth conseidering hou this micht chynge as we gae faurrit intil our neist fifty years. I jalouse that we can dae mair for our folksang and folklore in the future athout takkin onythin awaa fae heezin our leiterary ferlies.

I grew up in a Fife mining community whaur braid Scots was uised by aabody and still is in the main. Ma mining granddads, parents, faimily, school feirs aa spoke colloquial

Scots. Sae fae the stert I saw Scots no as a deean leid, no as a bruckle thing tae be luikit efter or happit ahint a gless case in a museum and certainly no something tae be foun anely in buiks. In fect, I never gied it muckle thocht ataa. It was a wey o communication, a thing for uiss. It was juist the wey aabody talked tae each ither – and it still is. I didnae hae ony hang ups about it and still dinnae.

Later, about tae stert as a student at Edinburgh studying English you can weill unnerstaun the thrill o recognition when I came ower an airly copy o *Lallans* in Inverkeithing Toun library in the summer o 1976. Here was the bairnhood tungue in prent. But it luikit sae oorie and unco, especially the prose! I was aquent wi hearing Scots, even reading poesie, but no this. It luiked sae wrang I had tae soun out the words tae unfankle the meaning. And then – a miracle – it aa cam thegither! In spite o me retaining ma Scots, like aabody else, I had been conditioned through a colonialist education system tae regard ma ain tungue as fremmit when I saw it in prent. And out o that tryst wi a copy o *Lallans*, in ma ain smaa warld, great things were tae kyth.

I had aareddies published ane or twaa poems in English. Reading *Lallans* convinced me that I should ettle tae screive in Scots, ma ain tungue. In the days lang afore social media whit *Lallans* shawed me was that there was a wider community o like mindit sauls wha were braidly sib in their norraes anent no juist the Scots leid, but Scottish cultur and politics. I wasnae on ma lane in ma thinkan as I had jaloused. The airly Scots Leid Associe, was made up o cultural nationalists and it was foundit on the threip that the Scots leid had been haudin doun and betimes suppressed in schuils, media and betimes by Government.

Wi help fae a *Lallans* editor Willie Neill, Urr Publications in Galloway prentit a collection o ma poems in a pamphlet.

This pamphlet was reviewed unco kindly in the pages o *Lallans* by Donald Campbell, a skeilly playwricht and poet hisel. He walit out a puckle things I needit tae wark on but maistly he was unco positive, generous and helpfou. Ma verse didnae come fae the rural tradition or the heich fine arts tradition but fae the leivin speik o the Fife miners. It was Joe Corrie and the folksang tradition, no Dunbar or MacDiarmid or even Tom Leonard. Donald encouraged me tae keep gaun. and ane o the things that *Lallans* has duin, ower five decades, is tae gie a heeze tae fowk ettlin tae screive in Scots. Folk o aa kinds o backgrounds, screivin aa kinds o Scots. Writers need an audience or there were wad be nae pynt in gaun tae prent. Publishing their wark, reviewing it and at yin time even peying them siller for it was heidmaist in encouraging a hairst o new screivins. In thir twaa anniversairy anthologies, ye'll see exactly whit I'm mintin at. The reinge and the quality are byordinair.

Athout new, imaginative wark being created a leid'll dee. Aiblins we'll never see anither *Preichin O The Swallow, Hallow Fair, Tam O Shanter or The Bonnie Broukit Bairn.* But thon's no the pynt. As lang as we hae makars ettlin tae faushion new wark then we ken that our leid is alist. Hale and herty. Athout new creative eikins our cairryin stream isnae heidin onywhaur – it's a back watter that'll dry up. And I'd say the same for folksang enaw. It's braw tae sing the auld sangs but we ayeways need new yins tae be screivit tae add the chuckie on the cairn. And aye nou and again something kenspeckle'll kyth! The main thing is that the age-auld process gaes on. Bob Dylan said that he wha's no thrang being born is busy deean. As Scots, we maun tak tent o whit's gaun on in the world but we hae a responsibility tae contribute tae thon same world. Atween 1450-1550 Scotland had arguably the best poets in Europe: Henryson, Dunbar and Douglas. We maun teach their legacy, and aa the ithers and haund on that tradeition. But we keep it alive by ettlin tae add tae it. Biggin our ain cultur fae our ain leid that flaws fae our ain herts and minds. *Lallans* has been tae the fore ower the years in no juist keeping the lowe o the auld leid flauchterin but in daein anither wechtie darg: it has kittled up the embers tae licht new lamps and we should be proud o that. Likewise the *Sangschaw* screivin competitions. The *Sangschaw* gaes richt tae the hert o the threip *tae foster and promote the emergence o Scots Language* and that is why we should haud on tae the tradeition o gien positive written screivit for ilka entrant.

The norrae o the Scots leid being like a terminally ill patient ayeweys on the verge o gespan a last braith is yin that has been aroun a while. Scots is deemed an endangered leid by UNESCO. This kyths fae a nummer o airts. It deaved Burns in his day. Haein aareddies gien awaa our courtly status in 1603 and our sovereignity in 1707 monie folk felt that tae tint the Scots leid itsel wad be tae tint the last vestige o a Scottish identity. And yet whit a byordinair heritage has kythit fae this ongaun linguistic insecurity! The Scots leid and the political walins o the Scottish people hae ayeweys been thirlt thegither fae the very stert. The guid fowk wha stertit up the Society did sae acause they were eydent tae preserve no juist Scottish culture but a distinctive Scottish identity through the Scots Leid. It is gey aisy tae see hou some fowk micht jalouse that acause it has nae official status in terms o government, media or education that a leid isnae there ataa (like the fourth craw). Houever, juist ging on a bus and unsteek yer lugs and ye'll suin hear that Scots isnae deean. *Lallans* has been thrang in pruivin the contrair and ilka edition has provided evidence tae conter the naesayers: Scots isnae deean but cawin awaa.

Tae sum up: when we luik aroun and see aa the wheen organisations and bodies and individuals ettlin tae forder the

Scots leid we maun tak hert and pride. These are birks that hae groun fae seeds speldert by the auld *Lallans Tree*.

Ma ain experience bidan in a community whaur Scots is aye thrang, is that the leid has never been at risk tae the extent that monie folk, particularly folk wha dinnae speik it or hear it much, believe it has. We've aa been swickit tae an extent: it's no representit in the aa pervasive media, it's disnae feature as it should in the schuil curriculum, it's derided and mocked by some wha should ken better, sae we haud our tongues. But we aye talk it atween oursels because it's our ain. Ma howp is that as *Lallans* keeps daudin on taeward the neist hunner issues it will haud faurrit in a wey that is inclusive o aa wha speik it and wha want tae speik it and screive it. I howp that we'll no ettle tae thirl the leid but that we'll wark tae normalise the uise o Scots, particularly in the media and education in order tae puit it back in its richtfou place. The puitten doun o the Scots tongue amang Scottish warkin cless bairns is a denial o their identity and hauds them back and puits the hems on baith their confidence and leiteracy skeills. I dinnae believe that *Lallans* should be a wey o biggin a fence round Scots. And likewise I dinnae believe that there is anely yae form o Scots. Ye can dae whit ye like tae our leid – ye'll no kill it. It's teuch like an auld yew tree and maun thrive. *Lallans* should be a wey o cawing fences doun and raxin brigs. Lallans is for aabody.

Introduction

Derrick McClure

Fifty year syne, *Lallans* magazine wes founit tae gie a heise tae the mither tung; an a richt braw heise it gied an hes gien ever sensyne. But tak a scance at the first blad in the outwale ye hae in your hauns. J.K. Annand (Jim, as aabody kent him), a skeilie makar, a douchty kemp for the leid an the magazine's first editor, telt us plat an plain at the lenchin o't at he wesna seekin for bardries. It wesna in poesie at the mither tung wes needin upbiggit, but in prose. Siccar is't at whan the Makars o the Stewart times wes preivin at "Europe hed nane mair swack nor snell" in poesie, thare wes nae scant o prose naither: owersettins o Laitin histories, records o trials an ongauns in the law courts, burgh council records an mair; but wi the comin o the prent, screivins in Scots cam or lang tae be assimilatit tae English. Jamie the Saxt's haunscrift o his *Basilikon Doron* is in as fouthy a Scots as ye cuid wuss for; but the prentit buik hes been nearhaun aa an haill owersetten tae English. An the upbiggin o Scots for poesie in the eichteent yearhunner didna bring alang wi't ony siccan upbiggin for prose. The skeilie thinkers o the Scottish Lichtin hed thochts at chyngit the warld; but thay pit thaim furth in English. Rabbie Burns wrate hunners o letters in English, but jist the ane (we hae't here) in Scots. The mither tung in the mous o the speakers o't was shawn furth in aa its fouth an routh in the Waverley Novelles, an mony a gleg an knackie screivar folla'd in the maister's stede: deed, it's no muckle o a molligraunt at thare wes scarcelins ony Scots prose asides the claverins o fowk in tales, whan whit we hae o thon is sae feckfu an sae braw. But aye the want o ony ither prose in Scots hes kytht for a shortcome in our letter-huird.

An blythe wes the repone tae Jim Annand's caa for blads o Scots prose. See til the first twa-three walins in the buikie. Robert McLellan gies us ane o the mony shortsome an lifie tales fae his bairnheid on his granda's fruit-ferm at Linmill; Lavinia Derwent (hou weill dae I myn fae my ain bairnheid the ongauns o Tammy Troot!) gies a story no jist for bairnies, John Burns taks ane o the auncient leigens o the Gaeltacht an pits it in a Scots at skinkles brawlie, Dauvit Potter forbye gaes back tae anither auld tradeition, the Greek. But mair fordersome ettles nor the screivin o tales kythes in a curnie o the ither blads. Alexander Scott (Alec, as aabody kent him), no jist ane o the skeiliest an forciest o our modren makars but a weill-learit scolar an critic, uises the mither tung for a speil anent ane o its gretest screivars, the makar Robert Fergusson. Anither o our modren bards, Robert Garioch, gies us a puckle nories tae think about in his musins on the leid itsel an hou ye get yokit tae screivin intil't. An Gavin Sprott gars us tak tent o a dowie truith: whan it comes tae hou aft an hou freelie we can uise the mither tung, it "biles doun tae jobs an siller". Nearhaun a quarter o a yearhunner efterhins, can we say at this is no stull jist as true an jist as dowie?

But true or no, it hesna pitten ony stent tae the screivin o Scots; nor tae argies an lagamachies anent *hou* tae screive it. Thochts anent the leid kythes in this buikie neist tae stories an plays; eneuch o aakin kyns o Scots letters tae gar Jim Annand, gin he's keekin doun fae the Lann o the Leal, rejyce at the affcome o the caa he pit furth fifty year syne. Thare muckle mair tae be duin: naebody (or naebody wi ony starnie o mense avaa) ferlies nou at a sang or a poem in the mither tung, but a blad o prose stull kythes as jist a wee thing unco. An we maun avou, it's no sae rare tae finn, in whit we hae gotten uisst tae caain "social media", blads pitten furth for "Scots" at are naethin but maggl't English, mony o thaim frichtsome eneuch tae shame the haill prattick o screivin in the mither tung. Our wechtiest darg the day is tae conter aa this madderam: by makin siccar at a fouth o *guid* Scots hauds on tae kythe, an by shawin up aa the cod-Scots styte for whit it is. But ae thing we can lippen till: gin *Lallans* magazine uphauds for the neist fifty year the staunarts it hes wan til ower the lest fifty, thare nae need tae fear for the auld leid.

The First Lallans Editorial

JK Annand – Lallans 1

The first nummer o Lallans was published at Mairtinmass in 1973. The editor, James King Annand (1908-1993) was a dominie and respecktit screiver o bairn rhymes. Like monie o his generation his thochts anent the Scots leid had been influenced by his feir, the makkar Hugh MacDiarmid (Christopher Murray Grieve, 1892-1978). JK Annand wad gae on tae edit the magazine for ten mair years. In his first editorial he sets out the oreiginal aims and wittins o the magazine and the newly-formed Scots Leid Associe/Scots Language Society.

Ane o the difficulties o siccan a body as The Lallans Society, whase members are scattered owre aa the fower airts is the problem o makin its members acquent wi what is gaun on. Anither is hou to gie members a chance to tak pairt in the wark o the Society. Til this end your Comitee lippens til this magazine to gie us mair scouth. Lack o siller and o the richt graith has meent that we are ahinhand wi the guid wark, but nou that we are at last in prent we howp to appear reglar at Mairtinmas and Whitsunday.

What then sall we be ettlin at in thir pages? First we sall gie swatches o news anent the Society. Neist we sall ettle at a better understaundin o the Lallans leid, and til this end we are richt fortunat that Janet M. Templeton, Lecturer in Scottish Language at the University o Glasgow (she umquhile wrocht full-time on The Dictionary of the Older Scottish Tongue, and is nou an honorary Associate Editor) has agreed to gie us a reglar screed on the auld tongue and its yuis nouadays. She will, nae dout, mak it clear that there is nae sic thing as ae form o Lallans. Deed, there are as monie kinds o Lallans as there are speakers o the same, wi some byordnar differences north and south, east and wast. Our pages sall be open til scrievers in local dialects, as weill as thaim that ettle to scrieve in what is taen for a "standard" or "literary" Scots. We sall forby be prentin frae the auld and the new, the deid and the leevin, for withouten dout the auld maisters were mair skeelie i the Lallans than monie that are writin the day, and we can aa lairn frae the best exemplars. Evir sin the hinderend o the saxteenth century there has been a dearth o scrievers in gude Scots prose, alangside, for the maist pairt, a rowth o poets and rhymsters in Lallans verse. Nou Lallans'll ne'er regain the stature o a rale language till we hae a hantle-sicht mair prose-writin nor we hae the day and sae we sall gie the gree til prose. We sall welcome original short (gude gear is smaa-boukit) stories and articles in Lallans. But gif ye please, dinna send us ony verse. There are eneuch outlets elsewhar thir days for Lallans verse, and sic poetry as we do prent sall be by invitation to the poets direck.

The Auld Leid

Robert Burns – Lallans I

This is the ae surviving bit o Scots prose by Robert Burns, frae a letter tae his cronie, Willie Nicol, screivit Carlisle, 1st June, 1787.

Kind, honest-hearted Willie,

I'm sitten down here after seven-and-forty miles ridin, e'en as forjesket and forniaw'd as a forfoughten cock, to gie ye some notion o' my land-lowper-like stravaguin sin the sorrowfu' hour that I sheuk hands and parted wi' auld Reekie.

My auld ga'd Gleyde o' a meere has huchyall'd up hill and down brae in Scotland and England, as teugh and birnie as a vera deil wi' me. It's true, she's as poor's a sang-makar and as hard's a kirk, and tipper-taipers when she taks the gate, first like a Lady's gentlewoman in a minuwae, or a hen on a het girdle, but she's a yauld, poutherie Girran for a' that and has a stomach like Willie Stalker's meere that wad hae disgeested tumblerwheels, for she'll whip me aff her five stimparts o' the best aits at a downsittin and ne'er fash her thumb. When ance her ringbanes and spavies, her crucks and cramps, are fairly soupl'd, she beets to, beets to, and aye the hindmost hour the tightest. I could wager her price to a thretty pennies, that for twa or three wooks ridin at fifty miles a day, the deil-stickit a five gallopers acqueesh Clyde and Whithorn could cast saut in her tail.

I hae dander'd owre a' the kintra frae Dunbar to Selcraig, and hae forgather'd wi' mony a guid fallow, and mony a weelfar'd hizzie, met wi' twa dink quines in particular, ane o' them a sonsie, fine fodgel lass, baith braw and bonie; the tither was a clean-shankit, straught, tight, weel-far'd winch, as blythe's a lintwhite on a flowrie thorn, and as sweet and modest's a new blawn plumrose in a hazle shaw. They were baith bred to mainers by the beuk, and onie ane o' them has as muckle smeddum and rumblegumption as the half o' some presbyteries that you and I baith ken. They play'd me sik a deevil o' a shavie that I daur say if my harigals were turn'd·out, ye wad see twa nicks i' the heart o' me like the mark o' a kailwhittle in a castock.

I was gaun to write ye a lang pystle, but, Gude forgie me, I gat mysel sae noutouriously bitchify'd the day after kail-time that I can hardly stoiter but and ben.

My best respecks to the guidwife and a' our common friens, especially Mr & Mrs Cruikshank, and the honest Guidman o' Jock's Lodge.

I'll be in Dumfries the morn gif the beast be to the fore, and the branks bide hale.

Gude be wi' you, Willie! Amen!

The Makar Fergusson

Alexander Scott – Lallans 2

Whan the makar Robert Fergusson dee'd on 16th October, 1774, he was that puir that his lair i the Canongait kirkyaird gaed unrecordit, and it was lett til the greatest o 's disciples, Robert Burns – that learnit mair frae Fergusson nor frae onie ither Scots scriever – to pey for the heidstane that stands abune it nou. Burns had gotten the siller for thon frae the sale o the 1786 Kilmarnock edition o 's poems, a beuk that micht never hae seen the licht o day gin Fergusson's example hadna shawn the younger makar the richt wey o makkin guid in "guid black prent." Fergusson himsel first saw the licht o day in Embro – whaur his faither, an Aiberdeenshire man, was dargan as a clerk for £20 a year – on 5th September, 1750. Bursaries peyed him intil the grammar schule in Dundee and the University o St Andras, whaur he studied for the ministry, but his faither's daith in 1767 pit an end til student days. In 1769 he becam a clerk (or "writer") in an Embro law office, and thon was aye his wark at the time o 's last illness five year later on, whan he was nae mair nor twenty fowr year auld. Aye delicat, Fergusson hadna the strength to stand the life o auchteenth-century Embro, whaur the darg was hard and the play was even harder, wi heich thinkin and heich drinkin aye gaun hand in hand (and gless for gless). For the last five year o 's life, Fergusson had to thole lang hours o dreich task-wark makkan copies o legal papers, wi the howff his only "hous o refuge," while at the ae same time he was pittan out aa his virr on the poems that were to gie him fame – he published near on a hunder atween Februar, 1771 and December, 1773. Smaa ferlie that he bruke ablow the weicht o siccan a life. Tynan his wits, he dee'd in the Schelles, the common bedlam.

The poems in Scots that Fergusson is nou minded on for scrievin were maistly published i the Embro *Weekly Magazine* at the time he was warkan in his hame toun, but he seems to hae stairted the scrievin a puckle year aforehand, wi a short translation o the Latin makar Horace and a blythesome elegy on Professor Gregory o St Andras – baith in Scots, and baith in the style o Allan Ramsay, whas Scots versions o Horatian odes and lauchable elegies on kenspeckle Embro worthies had taen the lugs o the toun earlier on i the century. But yet, whan Fergusson first begoud to publish i the *Weekly Magazine* in 1771, it was the Sassenach verse tradition he scrievit in and no the Scots. For aa that it cam frae furth o Scotland, the "classical" style o auchteenth-century Suddron poetry, that stuid on stilts and wure steys, was the heicht o fashion i the Scottish capital whan Fergusson stairted to seek prent, and aiblins he hadna onie option but to try his hand at makkin i the "polite" Sassenach menner. The verses i the English leid that Fergusson pit his name til i the *Weekly Magazine* were nae waur nor ither wark by auchteenth-century Scottish scrievers that socht to hap their Caledonian hurdies in breeks frae south o the Border, but they didna suit his style, and he sune saw that he had made a fause stairt. Eftir a while whan he usit the fashionable Suddron style to scrieve burlesques and parodies whaur the style itsel was made a mock o (alang wi them that practised it), he bruke free o English aathegither and gaed back til the Scots that was his ain bairn-tongue. The first o 's Scots poems to see prent was "The Daft Days," a celebration o the "social joys" o an Embro winter, published i the *Weekly Magazine* in Januar 1772, and atween then and December o the neist towmond he brocht out mair nor a score o poems in Scots. The fowk likit them weel, and a beuk o Fergusson's poems that was published in 1773 won him siller as weel as fame.

Fergusson is less taen up wi himsel, and mair taen up wi ither fowk, nor onie o the makars sen the Union. Whan we see Fergusson in his ain poems, it's through the reflection o what he sees o the warld roun about him. First and foremaist he is a tounsman – for aa that he maks fun o kintra fowk in a Scots eclogue and praises kintra virtue in "The Farmer's Ingle," it is whan he scrieves anent the toun, the burgh that he cried "Auld Reikie," that he finds the maist to say and the maist mindable weys to say it. The poem that is itsel cried "Auld Reikie" is the widest wark o aa, wi its picturs o Embro at ilka time o the day and nicht and ilka season o the year, and in a dizzen different weys o daein – the servant-lassies toomin their slops on the causeys, the houswives claikan, the lawyers speechifyan at the toun cross, the limmers shawan themsels aff aneth the street-lamps eftir daurk, the bruiser breengan out o the howff and the drucken dandy – or "macaroni," as he was cried then – gaun tapsalteerie i the siver, the clubmen gaitheran thegither for claret and sang and converse, the young chiels and the quines stravaigan out intil the kintraside on a Sabbath eftirnune – aa this, and muckle mair, is shawn til the life, and aa lit wi the lifiest o guid humour.

Aiblins Fergusson could be a wee bittie o a prig, whiles – his "nature" poems, his odes til the bee and the gowdspink hae owre muckle auld-farrant moraleesin that speaks mair frae the umquhile divinity-student nor the makar. But prig or no, he was fond o fowk, like Ramsay afore him and Burns eftir him, and to see fowk takkan delyte in their pleisures gied the greatest o pleisure til him. He cries up the fowk-festivals o the time in poem eftir poem. "Hallow Fair" is aiblins the graund exemplar, i the heichest o spreits, fou o the steer and the stew and the stramash o the occasion, and "Leith Races," "The King's Birthday in Edinburgh," and "The Election" are aa i the same menner, wi a lauch in nearhand ilka line. In aa thae warks, the places and the on-gauns thonder are pentit in wi bauld, bricht straiks, and the notion o fowk in action comes owre til the reader wi bonnie virr. Yet they are aa "exteriors" – in mair senses nor just the t'ane. While Fergusson taks pleisure i the wey his Embro fowk look and cairry-on, i lattan us see them "tickan-owre," as 'twere, he daesna try to speir what micht "mak them tick," the happit springs o character. There is fient the "character-study" i the haill o 's wark, naething that micht stand aside Burns' "Holy Willie's Prayer." In "Braid Claith" alanerlie daes he scrieve a satirical raither nor a guid-humoured poem on Embro life, and even thonder, whaur he maks a mock o the wey things look instead o delytan in them as the case is wi his ither poems, the satire is gey couthie. Fergusson loo'd Embro, the fowk as weel as the toun, and loo'd them baith owre weel no to forgie their fauts.

Whaur Ramsay had scrievit anent ane or twa burgh worthies, Fergusson gaed furder and sang o the haill clanjamfrie o the tounsfowk. Nae ither makar had ever dune thon afore him, and nane hae dune it sinsyne, or the wark o Robert Garioch (and anither that maun be nameless here) in our ain time. Thon is a meisure o hou original Fergusson was and is. But as weel as bein the makar o the toun, he was the makar frae the university, wi a scholar's wey o airtan the rin o 's lines and o lauchan at his ain learnin. When the Yankee critic Lowell said that the bonniest wey o scrievin cam frae "the tongue of the people in the mouth of the scholar," he micht hae haen Fergusson in mind. But owre and abune aa thon is the fact o Fergusson's fine feelin for fowk and his guid humour. He was a makar that fand delyte i the life he saw aroun him, and his gledsome picturs o thon life hae aye the pouer to gie delyte til aa that read him.

Sunnyside

Robert McLellan – Lallans 12

The Linmill address was Stanebyres, Kirkfieldbank, Lanark. Stanebyres was an estate, and Linmill stude on Stanebyres grun. There was a big hoose caaed Stanebyres, awa up an avenue frae the Clyde road at the Smuggler's Brig, abune Hazelbank. They say it stude in a muckle park wi big trees aa ower it, and tame deer grazin aboot it, but I neir saw it. The avenue was private.

The falls aside Linmill was caaed Stanebyres Linn, and the big beech wuids aside it were caaed the Stanebyres Wuids, sae ye see aa oor side o Clyde aboot Linmill was Stanebyres this, or Stanebyres that, though whaur the first stane byres had been, or whan, I neir fand oot. At first, to tell ye the truith, I thocht the auld byre at Linmill had something to dae wi the name, but my daddie said the ferm itsell wasna that auld, and was caaed efter an auld ruin doun aside the Linn at the fute o the waal orchard, and he showed me the stanes o the auld mill ae day, gey laich in the grun, and hidden amang nettles. It had been a linmill, he said, or flax as the English caaed it, and that was hou it had gotten its name: no frae the falls. Hou Stanebyres estate had gotten its name he didna ken.

The ferms on the ither side o Clyde frae Kirkfieldbank, richt doun the watter to the end o the Stanebyres Wuids, near Hazelbank, were in an estate caaed Sunnyside. They werena like oor ferms, for the bank was steeper on the ither side o the watter, and the parks abune it lay up oot o the beild, and wadna growe fruit. If they werena in gress they were in hey or corn or neeps, and the fermers keepit kye. But it was a faur awa warld to me, for Clyde ye couldna cross atween the

Kirkfieldbank and Crossford brigs, and they were baith miles awa.

Mind ye, a man could cross Clyde, if he wasna feart, at a wheen o places. They used to say that Tam Baxter had ance wadit across the very lip o Stanebyres Linn, but his wife Martha was sae dung doun ower it that he swore he wadna try it again; and there was a nerra place atween the banks at the fute o the Linmill parks caaed the Lowp, whaur a man could jump across, though naebody had tried it for a gey while, sin a hauflin frae Nemphlar had landit short, and been cairrit awa to his daith. They fand him later on in the pule caaed the Saumon Hole, doun ablow the Linn, and he was an ugsome sicht, by aa accoonts.

There were twa ither places, no sae fearsome. Ane was by the Carlin Stane, at the fute o the Stanebyres Wuids, whaur Clyde braident oot ower a shalla, and ye could wade across, they said, if ye had lang legs and the watter wasna big. I had a guid look ilka time I was doun there, but I neir saw ony wey to wade across, for roun the back o the Carlin Stane, hauf wey ower, there was a muckle hole wi a whirlpule caaed the Gaun Weill, and it lookit as if it wad sook ye doun gin ye gaed near it.

The ither shalla was at Dublin Brig, atween Linmill and Kirkfieldbank, whaur the road passed ower the burn that cam doun into Clyde through auld Joe Dyer's orchard. I seldom gaed near it, for I didna like to hae to pass through Linville. There were some laddies bidin near Girzie Craig's shop that aye yokit on to me, if I was aa by mysell.

It was an unco thing, but for aa the grand places on the Stanebyres side o Clyde, there were places on the ither side that seemed faur better. Tak the whirlies. They were roun holes worn by flood watter in the saft rock, whaureir there was a hard stane lyin. We had a guid hauf dizzen on oor side o the Lowp aa big eneugh for paiddlin in, and ane big eneugh for a dook, if ye didna want to soum, and safer if ye couldna, for the watter haurdly rase abune yer knees. But they didna content us, for haurdly a hot day in the simmer could we gang near them, withoot seein some callants frae Nemphlar on the opposite bank, dookin in a whirlie there, and it maun hae been faur bigger, and faur deeper nor ony o oors, for they stude on the edge and dived in.

And it was the same at the Carlin Stane. The Stanebyres side was grand there was nae dout, wi saund at the watter's edge, and sticks in the wuids to licht a fire wi, and big stanes in the shallas wi beirdies aneth them, that ye could ginnle wi a horse-hair snare. But at bluebell time there was nae comparison atween the twa sides o the watter.

There were bluebells on the Stanebyres side nae dout, but no sae thick that ye couldna see atween them. Ye couldna at Sunnyside. The bluebells there lay sae close thegither they were like a mist hingin, amang the aiks and birks, and I think to this day they were the bonniest sicht I eir set een on. And it was the same at ither times. If there was onything guid on the near side o Carlin, there aye seemed something better on the ither. The primroses in the spring, like the bluebells in the simmer, aye lookit bonnier ower at Sunnyside, and the hazels at the back-end lookit heavier-laden, wi thicker clusters, and fatter and riper nuits, nor the hazels in Stanebyres Wuids.

It was fashious, and I grew up wantin to cross that watter, whiles at the Lowp, to dook in the Nemphlar callants' whirlie, and whiles at Carlin, to dig for primroses, or pou bluebells, or gether nuits. I maun hae stude gazin at the Lowp hunders o times, till I grew that dizzie wi the rush o the watter that I gey nearly tummlet in, and I stude for hours in my bare legs in the watter at Carlin gazin into the shallas abune the Gaun Weill, feelin wi a big tae for the lie o the bottom, and wonerin if I could risk anither step, till my feet grew sae blae wi the cauld that I could haurdly feel wi them, to fin my wey back to the shore.

And in bed at nichts, lyin in the daurk listenin to the rummle o the Linn, I wad imagine mysell tryin to jump ower the Lowp, and faain back into it, like the hauflin frae Nemphlar, or tryin to wade across Carlin, and bein soopit aff my feet and cairrit doun to the Gaun Weill, and sookit into the middle o it, and drount.

But whan I did cross Clyde, it was at Dublin Brig, and it was a bird's nest we were efter. My cuisin Bob and I had gane doun ae day, alang the hedge that mairched wi Airchie Naismith's grun, to the heid o the bank abune Clyde. It was steeper here nor onywhaur else alang the park bottoms, and though we leaned oot as faur as we daured, ilk takin a turn, wi the ither haudin his legs, we could see nae wey doun to the edge o the watter. It was a peety, for we wantit to play doun at Clyde, but Jess and Gret, twa o Bob's sisters, were at the whirlies wi the Baxter lassies, and they had chased us awa. Jess was faur aulder nor Bob and me, and no blate wi her lufe.

We sat for a while lookin oot ower the heid o the steep bank at the Clyde awa doun ablow us, and at the bank on the ither side, risin heich abune us, and covert wi big beeches, and ashes and aiks, some o them stranglet wi ivy.

"See that bird," said Bob.

He peyntit doun through a hole in the fullyery o a hazel to the rush at the tail o a pule. There was a big bird wi lang legs staunin in the watter aside a big stane, and as sune as I saw it it gaed dab wi its beak in the watter, sinkin its neck, and syne brocht up its beak wi a fish in it, raised its heid, gowpit, and sent the fish doun its thrapple. Syne it stude still again, nae dout waitin for anither.

"It's caaed a herne," said Bob. "Tam Baxter hates them, for they eat the wee troots."

We sat watchin the bird for aboot an hour efter that, and shair eneugh it ate a wheen o fish, and then, aa at ance, it streitched its wings and liftit its legs oot o the watter, and flew awa drippin, first up the watter, syne doun again, risin aa the time till it was juist aboot level wi oor een, and then, whan it was richt fornent us, it landit in the tap o a tree on the ither bank, and settled oot o sicht amang the fullyery.

"It'll hae a nest there," said Bob.

We moved alang the bank a bit, watchin the tree, and in a wee while cam to a place whaur we could see what we thocht was a nest, richt at the tap o the tree whaur the bird had landit.

"It'll mebbe hae young anes," said Bob. "It'll be feedin them wi the fish."

"It swallowed the fish," I said.

"Tam Baxter says they bring the fish back up, and drap them haill into the young anes beaks."

"Back up oot o their wames?" I said.

"Ay," said Bob, "and if ye dinna believe me ask Tam Baxter."

"I believe ye," I said, for Tam Baxter kent aa aboot fish, or anything to dae wi fish. He had fish on the brain, my grannie said.

We sat for a while watchin the nest. "I wish we could see better," I said. "Ay," said Bob.

"If ye were ower at Sunnyside," I said, "and up on the edge o that park abune the bank, ye could look doun into that nest, and see what was gaun on."

"I believe ye could," said Bob.

"I ken ye could," said I, "for the edge o the park's heicher nor whaur we're sittin, and the nest's aboot level wi us."

"Ye wad hae to walk aa the wey to Kirkfieldbank Brig to get ower to Sunnyside, and aa the wey back doun again, on the ither side, to get into that park."

"No if ye could jump ower the Lowp," said I.

"Na, but we couldna dae that," said Bob. "It wad be suicide."

"Ay," said I, "but mebbe we could wade across somewhaur."

"They say ye can wade across at Carlin," said Bob, "but Carlin's juist as faur frae here as Kirkfieldbank Brig."

"Ye can wade across at Dublin Brig," said I, "and that's no faur awa, gin we juist hadna to gang back up on to the road again."

"We dinna hae to gang back up on to the road again. We can slip through the hedge into Airchie Naismith's, and roun the back o his hoose, and alang the bank at the fute o his park."

"He has a dug," said I.

"If we're quait it winna hear us," said Bob.

We gaed through the hedge into Airchie Naismith's grun, and roun atween the back o his hoose and the edge o the bank abune the watter, and a gey job it was to win bye, for at ae place there was a midden whaur rubbish was flung ower, and pails o dirty watter, and it was juist like a wat slide. His dug did hear us, tae, and howled as if its maister was gaun to dee that nicht, and we heard him yellin at it, but we were sune oot o his wey, for the bank eased aff a wee as we won nearer Dublin, and we gat aff his grun on to the slope o it, amang the sauchs and hazels, and though it was whiles gey saft aneth oor feet, whaur the field drains endit and watter tuimed oot, we won to Dublin Brig in the end, whaur we meant to wade across.

But we were fair forfochen, and when we had a look at the watter we kent we couldna cross, that day at least, for it was faur ower deep. There had been heavy rain twa days afore, and we had forgotten aa aboot it.

We gaed back by the road, Bob to Linville and me to Linmill, gey disappeyntit. We didna forget the herne's nest, though, and ilka warm day, if Clyde lookit wee, we gaed alang to Dublin Brig to try the shallas. A day cam at last whan we thocht we micht manage, for we paiddlet oot to the middle and fand it juist within oor depth, sae we gaed back to the bank and fand oor buits and stockins, and tied them roun oor necks, for we didna want to hae to walk doun the ither side o the watter to the park abune the nestin oan bare feet.

It wasna sae plaisent paiddlin wi yer buits roun yer neck, for the meenit ye leaned forrit to pit yer haund on a stane, to steady yersell, they began to swing oot ablow ye, and whiles touched the watter, and whan ye strauchtent up they hit ye in the chist, and gey near knockit ye aff yer feet, especially if ye were on some jaggie stanes, or on a slimy rock.

But we won oot to the middle again, and syne stertit to feel oor wey forrit, through a glessie glide ower a clean rock bottom, that we had thocht nae deeper nor the runnels we had crossed on oor wey oot to it. But we sune fand oor mistake, for if ye lookit doun at ane o yer legs ye saw the bit atween yer knee and the watter lookin juist its ordinar, but the bit atween the watter and yer fute lookit silly and short, and ye kent that the watter was cheatin ye, and was deeper than it seemed.

We had rowed up oor breeks gey near to oor dowps, but we sune had to rowe them up faurer, and then we fand that whan the watter was up to them the force o it gey near liftit us aff oor feet. In fact, twice I felt my feet slippin.

"Wait for me," said Bob.

He was shorter nor me, and whan I turnt roun to look for him I fand him a guid wey ahint.

I gaed back and took his haund, and we gaed forrit thegither. "My breeks are gettin wat," he said.

"They'll dry in the sun," I said," ance we win to the ither side."

"Haud me," he said, "I'm slippin."

I was slippin tae. I had a look aheid and saw a big stane stickin oot o the watter, sae I held ticht to his haund and breinged forrit. It was like walkin on air, and I felt my ain breeks gettin soaked, but I glued my een on that stane and made for it. Bob gied a yell, for he had stertit to float, but I poued him efter me, and I won to the side o the stane. We baith stude and held on to it, gaspin for braith, and then had a look at the watter still to cross. There was naething in it, juist shalla runnels amang beds o big chuckies.

"Come on," I said. "We're gaun to manage it yet."

And manage it we did, and whan we won to the shore we lookit ower to Dublin Brig. It seemed a lang wey aff, and the laddies that had been fishin for baggies whan we left the ither side were staunin starin at us.

I waved to them, but they didna wave back, and ane o them ran awa up the Linville road. Girzie Craig was his grannie. He wad be awa to tell her, I thocht, but I didna care. It was nane o her business.

Bob said he didna want to gang awa back doun Clyde to the park abune the herne's nest. He was ower wat, he said. But I coaxed him ower amang some hazels and we took aff oor breeks and gied them a wringin, and syne pat back on oor buits and stockins, and by that time we felt a lot better, and he was game to gang on. But it was reugh gaun up that Sunnyside bank, I can tell ye, for it was clattie wat and covert wi briers and brambles and that steep ye could haurdly keep yer feet. Afore we won to the park abune it we were glaur frae tap to tae, and covert wi scarts. The park was fou o neeps, tae, and we had to tramp ower the dreels, and then we cam to a hedge that we couldna win through till we had gane up the side o it gey near to Nemphlar, and whan we did mak the neist park it was fou o young bullocks, and they cam rinnin doun at us as if they were gaun to gang for us, and we werena very shair o them, though we kent they werena bulls. But they juist made a ring roun us, and pat their heids doun, and drew their braith oot and in, as if they werena shair o us aither, and in the end we faced up to them, and gaed on.

But the neist hedge we cam to was ower muckle for us. There were thistles at the fute o it, and wi aa the scarts we had gotten sclimmin up frae the watter, we juist couldna thole the jags.

And we werena hauf wey to the park abune the nest. "I want to gang hame," said Bob.

"Aa richt," I said. "Come on."

Aa the wey back doun to whaur we had crossed the watter I had ae idea in my mind, and whan we won to the shore I cam oot wi it.

"If ye dinna want to wade across Clyde again, we could walk up to Kirkfieldbank Brig."

"We canna," said Bob, "withoot crossin the Mouss."

I had forgotten the Mouss. It jeyned the Clyde ablow Kirkfieldbank Brig, no faur frae Sunnyside Hoose.

"The Mouss Watter's no braid like Clyde," said I, "and it canna be sae deep, and there's a brig ower it onyway, at the fute o the Mouss Peth."

"It wad be daurk afore we won near it," said Bob.

"Ye want to wade back to Dublin, then?" said I, and had a look across the watter. I gat the shock o my life, for aa alang the fence aside the road abune the bank, frae Dublin Brig gey near to Linville, there was a raw o folk staunin, aa watchin us, and someane was wavin.

"Look," I said.

"It's my mither," said Bob.

"Come on, Bob," I said, "if we can wade across ae wey we can wade across the ither. We dinna want to hae them aa lauchin at us." And we took aff oor buits and stockins again, and tied them roun oor necks.

We gat a fricht, though, whan we stertit to wade. The watter seemed faur deeper nor whan we had crossed afore and whan I lookit for the big stane whaur we had restit at the end o the glessie glide, I could haurdly see it. The watter was gey near ower it.

"The watter's risen," I said.

"My mither's wavin us back," said Bob.

He was richt, and she was yellin tae, though we couldna hear what she was sayin, for the watter was roarin in oor lugs, and that was a queer thing tae, for on oor wey ower afore we had heard nae mair nor a reishle.

"I'm turnin back," said Bob.

I didna like turnin back, wi aa the folk lookin on, and I felt my wey forrit for a while, but in the end I fand I was bate, for I gat my breeks wat again, and stertit to slip, and the skrechin frae the fence ower at Dublin grew something fearsome.

"Yer grannie's there," said Bob.

I lookit to see if it was true and gey near lost my balance. He was richt. My grannie was there, and she was shakin her neives and yellin. I lost my balance and gey near lat mysell droun,

I felt sae fulish, then. I thocht o my rnither, and kent I'd better gie in. I gaed back to the nearest stane and sat doun.

In a wee while a man stertit wadin ower frae Dublin, wi a stick in his haund to steady him. He frichtent me at first, for his face was pitch black, and then I saw he was a cuisin o my mither's, a collier frae Linville. He maun hae been catchit comin in frae the pit.

Whan he won ower aside us he said he wad gie ane o us a cairry, and the ither could tak his haund.

"Bob's younger nor me," I said. "He can hae the cairry."

Whan we set aff back I was as prood as a peacock to be wadin and no cairrit, but I was coontin my chickens afore they were hatchit, for as sune as the watter was ower my waist, and I had stertit to float, the collier grippt me by the middle and held me in his oxter, and I hung ower the watter fair helpless, till anither collier, a brither o the first ane, cam and took me on his back.

It was whan the pair o them stertit to talk that I fand oot hou the watter had risen.

"They couldna hae crossed wi the watter like this," said the ane that was cairryin Bob.

"It's risen," said the ane that was cairryin me. "It aye rises efter lowsin-time at the New Lanark mills. They let doun aa the watter they hae been haudin aa day."

"It's a guid thing it didna rise whan they were hauf wey across," said Bob's ane.

"They wad hae been ower Stanebyres Linn by this time," said my ane, giein me a bit hitch faurer up his back, juist like a bag o coal.

Still, he was daein his best for me, and I wadna hae ye think I wasna gratefou, but it was sic a disgrace.

The folk alang the fence gied a cheer whan they landit us baith on the shore, and then my auntie Jean, Bob's mither, gaed for me, for leadin Bob into danger, and syne my grannie gaed for my auntie Jean, sayin I was nae waur nor Bob, and the folk began to snigger, and I tried to slink awa, and my grannie cam efter me and yokit on to me, and daddit my lug, syne grippit me in her twa airms and held me that ticht that I could haurdly draw a braith, and aa the time she was greitin, and sayin it was a guid thing my mither wasna there, or she wad hae passed awa.

She led me by the haund aa the wey through Linville, as if I was a bairn, and aa the folk stared as we gaed bye, and I could hae sunk through the grun.

Whan we passed the Lesmahagow road-end we met my grandfaither, comin to look for us.

"They're aa richt, then?" said my grandfaither.

"Ay. Yer brither Sam's twa laddies cairrit them back ower. The watter had been lowsed at New Lanark mills."

"Sae ye wadit across Clyde, Rab?" said my grandfaither.

"Ay," said I.

"A peety the watter raise," said my grandfaither.

"Nou dinna encourage him," said my grannie. "If it had risen whan they were hauf-wey across they wad baith hae been drount."

She keepit sayin that to my mither tae, whan she telt her aa aboot it, later on, and I had to promise no to gang near Clyde again.

And I didna, for a while.

The Tattie-Bogle

Lavinia Derwent – Lallans 13

Erchie had aye ettled for a gairden. His heid was fou o compost heaps an watterin-cans an sub-soil; but he bade in a single-end wi a jawbox (an Mrs. Erchie) fower-stair-up in a tenement, an couldna even get tryin his horticultural expeeriments on a windy-box, for it interfered wi Mrs. Erchie's hobby o hingin-oot.

So the only thing for't was to pit his feet on the fender an read *The Fireside Gardener*, and blether aboot the rotation o crops as if he owned twa-three hunner acre an a hirsel forbye.

Hooever, there cam a day when at lang-last he got flitted to a hoose in a raw, wi a but-end an a ben-end, an a wee bit gairden in the front, an tram-cars an buses birlin by like stoor. It was that sma, it micht hae been made for ane o the Seeven Dwarfs, but still an on, it was a gairden, an Erchie was naether to haud nor to bind.

"What are ye gaun to plant in't?" speired Mrs. Erchie, wha wad raither hae been back in the tenement, hingin oot. "Flouers?"

"Tatties," quo' Erchie, wi the rotation o crops still whurlin aboot in his heid. "An mebbe a pickle peas, an a handfu o ingans an twa-three collyflouers an a wheen neeps."

"What aboot a palm-tree when ye're aboot it?" said Mrs. Erchie, sarcastic-like.

Ah weel, i the hinner-end, it was a kind o mixty-maxty that cam up, wi a guid hantle o weeds thrawn in; but Erchie was as prood o his handiwaurk as if he had planted the Gairden o Eden single-handed. There was only ae snag, apairt frae the weeds.

"Speugs!" quo Erchie, diggin up a divot an chuckin it at twae birds that had flewn in for their denners. "I didna ken there were sae mony in the warld, an the hale jing-bang o them come gallivantin into ma gairden, peckin up ma peas, an makin a fair slaister o ma strawberries." (He had six strawberries, nae mair an nae less, but it was aye something.) "I've a guid mind to get haud o a gun."

"Ye'd be better wi a tattie-bogle," quo Mrs. Erchie, ruggin up a dandylion.

"A tattie-bogle! Michty me! Whaur d'ye think I'd pit it? It wad need to be a gey sma ane, for I canna even get room for ma radishes," said Erchie, scartin his powe; but ye could see he was taen on wi the idea. "Ye could pit it on the path," said Mrs. Erchie; (if ye could ca it a path). "I tell ye what, ye can have Mary-Ann. I'm feenished wi her."

Erchie opened his een wide, an says he:

"Goveydick! Wha-ever heard o a female tattie-bogle? Forbye, Mary-Ann'll be far ower perjinct for siccan a job."

"Och weel, I've made the offer," said Mrs. Erchie, an dichted her hands.

So i the hinner-end, Mary-Ann took ower the job o gliffin awa the speugs frae the gairden. She was ane o thon wax dummies ye see in shop-windies. Mrs. Erchie had gotten her as a pairtin-gift when she left the dressmakin to get mairret, an she'd made aa her claes on her sinsyne; but noo that her een had gied oot on her, an she wasna shewin ony mair, Mary-Ann was thrawn idle.

There was nae doot she'd seen better days, but for aa that she was terrible life-like, espiaically when she was rigged-oot in a cast-aff skirt o Mrs. Erchie's wi a reid hug-me-ticht on tap, an auld straw basher on her heid an a feather boa flung roond her shouthers.

"Ma certies! She's the spittin image o your Auntie Kate," said Erchie, as he set Mary-Ann doon on the gairden path.

"She fair gies me a turn every time I look at her. I'll be expeckin her to skirl: 'Come on, man; get doon on your hunkers an pou up thae weeds. Pit some smeddum in't!' Hooever, if she gliffs the speugs, that's the main thing." There were nae twae ways aboot it, Mary-Ann was awfu life-like. In fact, the first mornin he saw her, the Postie handed her the letters; an that same efternune, the meenister raised his hat to her as he went by the yett; an a the bairns in the neibourhood shouted, "Thraw back oor ba," when it cam stottin ower the fence; an even the fowk in the tramcars an buses gied her a bit wave in the bygaun. An as for Erchie, he was mair at ease when he was daein things ahint her back than fornent her face.

Afore lang she was a fameeliar figure i the district, wi her reid hug me-ticht an her straw basher an her feather boa flappin in the breeze. An she fairly did her job weel, for the speugs daurna show as muckle as a feather near her, an Erchie maintained she even gliffed awa the worms. An, mind, ye couldna blame them, for she had a gey thrawn look aboot her.

"The verra dooble o your Auntie Kate," said Erchie.

An there she stood, in rain or shine; an on wat days Mrs. Erchie – she was terrible saft-hairted – wad come oot wi an auld umbrelly wantin a wheen spokes, an fix it abune Mary-Ann's heid. Ah weel, it cam to the bit when Erchie an the wife were gaun doon the watter for their holidays. Erchie had bocht a new skippet-bunnet, as usual, but this year his hairt wasna in't, in a mainner o speakin.

"I'm sweirt to leave ma gairden," quo he, lookin roond at his twa-three yairds as if it was the Promised Land. "If there was room for twae deck-chairs, we'd be as weel to bide at hame an keep an ee on the ingans."

But: "Toots! Mary-Ann'll look efter them; that's what she's there for. An, forbye, I've got the portmanty packed," said Mrs. Erchie.

So, onywey, awa they went wi a bit wave to Mary-Ann, an the last thing they saw o her was her feather boa, an a speug fleein for dear life efter takin ae look at her.

Ah weel, they should hae enjoyed their holiday, for it was the sunniest fortnicht i the year; an Erchie was gey gled o his skippet-bunnet or his hair wad hae been birstled aff his heid aathegither. An as for Mrs. Erchie, she got reider an reider as the fortnicht won on, wi a fine crop o fernytickles, forbye; an the twae o them even went the length o paiddlin as far up as their knees. But for a that, ye couldna say they were enjoyin theirsels, for they couldna get the gairden oot their heids. Day in day oot, they wad sit on the sand sookin sliders, an the tane wad say to the tither: "Here, I wunner if thon rambler-rose has sterted creepin?" (This was Mrs. Erchie; ye could see she didna like the idea o Mary-Ann bein scarted.)

"Ma carrots'll be fair wabbit for want o watter, an me no there to slocken their drooth. Fegs! I wush ma fortnicht was up." (This was Erchie, goamin the waves, an wushin he had some o them at hame in his watterin-can.)

Even on, they blethered aboot the gairden, till they'd transformed it, in their imaginations, intil a perfect paradise o roses an collyflouers, candytuft an carrots, an lilies an leeks. An time an again they thankit their stars for Mary-Ann. "Dod! if only she'd been handy wi a hose, I could hae enjoyed ma paiddlin a lot better," sighed Erchie, rowin up his trooser-legs.

Ah weel, they were as pleased as Punch when the fortnicht feenished an they were on their road hame, baith lookin as if they'd been biled i the kail-pat, an cairryin plants ablow their oxters, an packets o seeds i their pooches to pit in the gairden if they could find twa-three inches to spare.

"We'll gang up the stair in the tram-car, an get a better view o MaryAnn," quo Erchie; an up he went, cairryin the portmanty, an fair stechin wi excitement.

"Mexty! Ma hairt's fair thumpin," said Mrs. Erchie, as she sclimmed the stair. Syne: "She's no there! I canna see her! Oh ay! Thonder she's. See, Erchie! Wave to Mary-Ann."

Erchie took aff his skippet-bunnet, an put it back on again. "Goveydick! she's wavin to us," said he, fair dumfoonert. "An whit's mair, she's moved her poseetion. She's no on the path; she's standin on the doorstep."

Mrs. Erchie nearly fell oot the tram-car, an her fernytickles faded clean awa, for richt eneuch Mary-Ann had flitted. There she was, as jacko as ye like, standin on the doorstep, wavin' her feather boa like billy-oh.

Guidness kens hoo the twae o them an the portmanty won doon the stair, for their hairts were in their mooths an they were trimmlin like jeellies on an ashet. Erchie hadna even time to look at his leeks for lookin at Mary-Ann.

An noo Mrs. Erchie let oot a skirl: "It's Auntie Kate! We aye said she was the spittin image o Mary-Ann; but whaur the dickens has she gane to?"

Auntie Kate gied a sniff, flourished the feather boa an said, "Ay, it's me richt eneuch, an d'ye see what I found lyin on your gairden path alang wi an auld skirt an a reid hug-me-ticht an a straw basher? Guidness kens what's been gaun on, but there's an awfu slaister o melted wax lyin aboot."

Erchie took ae look at the gairden, an gied a groan: "It's Mary-Ann! She's melted in the sun an run in amang ma ingans. She'll hae ruined them."

Auntie Kate gied him a glower an said, "Never heed your ingans, ye've got some gey queer neibours, I'm thinkin. When

I shouted to the wife next door to speir what time ye'd be back, she let oot a skirl an ran into the hoose as if the de'il was at her cuits. An as for the meenister, he went birlin by like the wund when I waved to him, an never gied me the time o day. Hech! gairdens are aa verra weel, but it strikes me a tenement's mair ceevilised."

On Scrievin Scots

Robert Garioch – Lallans 18

On the eichteenth o Februar, nineteen hunder and thirty-three, the
Scots Observer prentit an article titled "Purity or Smeddum – The
Alternatives of Scottish Dialect" in whilk Robert Garioch descryved
hou he cam to big his ain wey o uisin Scots for his poetry. It maun
be ane o the earliest ensamples o uisin Scots for what the "scholars"
cry "expository prose". We are behauden til his son and dochter for
allouin us to prent the article here.

Some twaw-three years syne, when A first ettled ti write
poetry in what A fondly imagined ti be ma ain Edinburgh
dialect, that is, in the very mainner in whilk the words form
thirsels within ma heid, or iver they are sorted up to suit
the conversational tone o braw leddies in a drawin room, ir
that o drucken cairters in a pub, accordin ti whichiver phase
o Society A may happen ti be sib wi at the moment, A fund
masel maistly sneered it iz yit anither synthetic Scot; an
iz yit anither synthetic Scot A hae been generally lauched
it iver eftir. I wad therefore like ti say a word ir twaw anent
ma Edinburgh dialect in particular, an the Scottish tongue
generally. Noo, it hiz aye appeared ti me thit, gin ony Scottish
speech wud be true an naiteral-like, it maun follow the same
development in the individual iz ony ither language ir dialect
whatsoiver. Ony sort o hauf-educated buddy, ony man, that is,
whaw hiz eneuch buik-leir ti gar him ettle ti write somethin
o his ain, maun develop his language bi the same process;
nae maitter whither he writes in Braid Scots ir in Standard
English. This process, ti ma wey o thinkin, begins in oor early
childhood, when we first begin ti parrot the soons spoken bi
the folks roon aboot iz. The foond o oor tongue, therefore, is
accent: the wee bairn stammers oot his smaw speech in the

accent o his ain fireside: the accent thit will bide in his speech till his voice is heard nae mair. The words thirsels hae less import than the accent in whilk they are spoken.

As the bairn grows in knowledge an in years, his mind becomes filled wi new ideas thit maun be expressed in the general standard terminology, as the local mainner o speakin canny cope wi the situation. At the skuil, forbye, the growin bairn maun read Standard English words, an iz like iz no, will mak a stoot-herted, bit no ower successfy attempt ti pronounce them accordin ti the standard wey o speakin. Finally, the later development o the speech o ony individual wha gaes aboot a bit an reads anything thit he may git a haud o, involves the assimilation o aw kinds o words an phrases, ivery yin o whilk, hooiver, is pronounced mair ir less in his ain local accent.

Noo, ti apply thae general considerations ti the case o the dialect o ma three poems, A hae ettled in the first o them ti describe a wee laddie's adventure frae a bairn's point o view, in the accent o a wee Edinburgh keelie. A'll no say it's juist as bonny a dialect iz some thit A hae heard; bit thayr it is: A happened ti be brocht up in it, an maun e'en tak it iz A find it.

BUCKIE-WIFE

Auld wife, auld wife, hae ye oinie buckies?
Tippence wirth o buckies, an
Preens fir twaw!
Tane fir me, an
The tither fir ma lassie-o
We'll buy a puckle buckies fir
ti pick in Potterrow!

The second poem belangs ti the transition period, in whilk the growin bairn is warslin awaw wi unkent tongues, an maistly findin it a gey sair fecht.

TRANSITION

A sit in a braw-built skill,
wi brawlike Doric pillars abuin ma heid,
bit the words A read
are Attic-English, though sair fornenst ma will,
fir ma teuch Scots tongue gaes cantier ower the rocks
o the clarty staucherin speech o ma Embro nurse
than it diz wi the saft sweet sooch o an English verse –
bit the maister knocks
wi the sair hard edge o his tawse on ma finger-tips,
an he gars me mooth smooth verse wi ma Northern lips:
"Shades of the prison-howse begin ti close
Upon the growin boy
Bit he beholds the light an whence it flows.
He sees i' in his joy."
"What's that he sees, young man?" the maister says –
"Itt, Sir" – the bluid burns dirlin in ma face –
bi' the bell sterts ringin, ringin, an A've gey suin fun ma feet
in a bonny stoory gu'er, playin fi'baw in the street!

The third poem is written in the mair ir less mature style o a man whaw hiz widened the scope o his vocabulary through contact wi ither local dialects, an wi Standard English works; the hale bein in a measure unified bi the original accent o the individual, whilk maun modify the orthography ti some extent.

MODERN ATHENS

The waves o the toon wallow in broons an blaes
ower sivin hills, yince bonny eneugh, nae doot:
they cawd it Modern Athens in Ruskin's days,
an cluttered the Calton Acropolis up wi loot,
auld moulit cannons captured the deil kens whayr,

an ugly yisless tank, aw rust an scale;
whayriver they fan an acre ir twaw ti spare
they biggit on't – a strang, bit daftlike jail,
a wheen roon huts fir gliffin at the stawrs ...
sine in yon public park,
whit div thi dae bit stick a bit o wark
raxed frae the clean, cauld pagan art o Greece,
strang, shapely pillars, even here at peace
in aw thon awfy wilderness, twalve nuns, pure in thir true
proportions, stand apairt
frae aw thon birslin fortalice o guns;
apairt frae Burns's wee, roon cotton-pirn
(a pepper-pat, some cawd) an Nelson's butter kirn.

Bit the thing that A canny mak oot at aw, as A stare at the hale clamjamphrey, is the fact that it dizny offend me avaw, si noo ye'll jalouse whayr A've cam frae!

A'm telt thit Scotland's sowl is deid
(barrin the railway posters),
bit A stand on an ugly, bit handy irin brig
thit loups abuin Halkerston's Wynd, whayr the station is
> *noo,*
though A canny git leave ti stand fir the thrangs o folk
bizzin aboot that wey, ye'd think ye'd nae richt ti be here;
an ma lugs are deeved wi the din o electric cawrs,
melled wi the ding an the clatter o brewers' cairts,
the deid, hard dunt o an illshod wheel on the stanes,
an mixter-maxter tined in the hale stramush,
the wheezin, reedy tune o an auld blin man
wha joogles wi yin o thae concerteeny things:
whiles A hear an unco girnin dirge
scraped frae an auld cracked fiddle yince broken in twaw,
sine clappit thegither an tied wi a hantle o string;

he fiddles awaw wi a jouk o his sunbrunt pow,
twa legs he hiz, bit yin o thum s made o wud,
an he fiddles an driddles awaw, day in day oat,
aye the same tune, A MAN'S A MAN FIR AW THAT.
Bit here as A stand in the middle o sic a steer,
A'm lowin an lowin wi pride, though A dinny ken why
(But an Embro man maun aye be prood o his toon)
A cin feel the widdle o lorries an beggars an dirt
tak a grup o ma hert, though awmist fornenst ma will;
wi the swish o the tramway wires abuin ma heid
oot frae the warld o machines A turn ma gaze
through the reeky haze
o the Canogait lums, ti whayr Erthur's sooty hill,
like a lusty weed
blawn ti a brewery yaird, grows green thayr still;
an somethin gars me ken in ma hert o herts
thit the city mauna be judged bi her Calton rags;
somethin thit bides in the midst o buses an cairts,
in the roar o exhausts an the peace o the Castle crags,
the noisy poo'r o the new, an the micht o the auld:
it maun be the changeless sowl o the helpless toon
sturrin ma hert, though gey sair hadden doon
ti the stane an lime o a corp ower easy mauled;
the spirit o Embro thit nae bad taste cin kill,
we maun be prood o Modern Athens still!

In aw three poems A hae ettled ti yase the function o accent in a mainner worthy o the importance thit it possesses, ti ma wey o thinkin, in the formation o ony form o the Scots tongue, bi writin doon the words as A wud naiterally pronounce them under ideal circumstances, wi as muckle phonetic accurancy iz ye cin manage withoot yaising byornar alphabetic characters.

In conclusion, A wud apply this theory o the naiteral individual development o dialect ti the question o synthetic Scots. Ti ma mind, the only true an naiteral Scotttish literature maun follow this development, an the mair advantage it taks o the widenin o scope afforded bi the later stages o that process, the richer a medium will it produce. On the ither haun, naethin cud be mair artificial than ti gaun ti a fairmhoose wi a wee notebuik, notin doon the words iz thi tumble frae the lips o the fermer an his guid wife; subsequently connin them weel at hame, an manufacturin a poem accordin ti the limitations o the speech o siclike country buddies. A poem o this kind is mibby pure eneuch; bit like mony anither pure article, it's no muckle the better for't.

Sweeney

John Burns – Lallans 28

Sweeney, wudd, louped an flew ower the haill o Ireland. Frae the taps o the heichest hills, oot ower the derk bogs an the fertile machair he trevellt in his frenzy. Yet for aa his trevellin an aa the sichts he saw, Sweeney wasna a happy man. For he was fair forfochten wi rheumatism frae a that bendin o the knees, an frae the hellish flappin o the airms needit tae keep him in flicht. Aince Sweeney had been gleg an soupple, strecht as the ash, but noo he was bent an brokken an toothless, his neb scartin on his knees as he hoached amang the orange-beaked blackbirds. Sweeney on his hunkers is a derk hunched figure in their sweet-soondin company. Double-curst Sweeney; condemned tae the life o a bird, but able tae think the thochts o men whase derkness wad never trouble the mind o a bird.

Aince Sweeney had been contentit. Aince he had flown ower the watter tae anither land whaur he had foregethert wi a giant, a man o great heicht an strength, a man o unfaddomable silence.

This man lived in the wilds o Gallowa, in the Dungeon o Buchan, for he wasna frichtened o the winds an the derkness o that place. When Sweeney landit aside him wi a gret pechin o braith, the giant didna turn frae meditation but, nae perturbed by the onset o his visitor, juist said, "Aye." Nae shair if this was a question or a statement Sweeney returned the simple greeting wi puzzlit dignity. "Aye," said the man again an cairried on wi his perusal o the burn fornenst him. This is a man o insicht an wisdom richt enough thocht Sweeney, a man no troubled by the frenzied birlin o the warl, a man wha cairries wi'in him a deep draucht o quateness. It is guid that I hae foregetherit wi him.

"I am Sweeney, a man oot o Ireland," he said.

"Dinna be alarmed by my movements. I am doomed for aye tae restlessness an hoachin by the curse o a priest who tuik exception tae my manners, though his ain left a lot to be desired."

The man said naethin but looked at Sweeney an quately bowed his heid tae him, then continuit his meditation. Sweeney watched him for a bit, then fell tae pickin at the cress that grew near the edge o the burn. The gress at the burnside was bricht as if efter rain. Yellow flowers starred its surface an a white bull stood gaird in the shadda o some trees on the far side o the burn. Bendin tae gether the cress, Sweeney saw himsel in the watter, a wild-eed figure whase unkempt hair was a matted tangle o thorns an briars. He was saddened by this vision o himsel an turned back tae the man on the bank.

Drawn by the stillness o the man, Sweeney, his heid cockit ower tae the yae side, hopped ower towards him, only tae be met by a savage glower that sent him scramblin for the safety o a nearby birk.

Sweeney, heich in the bricht leafage o the birk, glanced oot o his siller-green sanctuary an the sweep o his een tuik in the lang movement o the hills. The loch tremlit in the saft win, an the leafs o the birk made music for him. A blackbird perched nearhaun an sang oot clear an unashamed, an Sweeney jined distractedly in the sang. Lookin oot frae the green-leafed safety o the birk, his een tuik in aathing, frae the deer in the heich carries til the troot in the cauld an eerie derkness o the loch.

Frae his tree, Sweeney could see the man still sittin quately by the big stane. Derkness was faain an faulding in the hills tae silence. Sweeney, at roost in the brainches, cast a nervous quick glance at his new companion who was still sittin silently, leanin agin the rock. Still sittin. Sweeney was puzzled an flitted tae anither brainch, ettlin tae concentrate on getherin grubs amang the leafs, but aye feelin his een drawn back tae the still figure by the rock.

The air was saft an still an tae Sweeney aathing gethered in that moment. Aathing tuik on the quateness o the figure streekit oot ahin the rock. The last licht alang the breists o the hills gethered tae stillness. Sweeney ended his sang an felt his braith still tae a gentle souch at his nostrils. Before settlin tae a final quateness, Sweeney gied a last wheen disjointed notes. But even his distractit mind was aware o the stillness an was drawn intil the silence o the scene.

Aware o the giant at the hairt o this stillness, Sweeney turned towards him but found it hard tae mak him oot in the dwinin licht. The still figure kythed afore Sweeney's een. Man an rock an settin sun cam thegither in Sweeney's vision. Still Sweeney felt drawn tae him.

Lettin go the brainches, Sweeney glided towards him. Frae the air he was aware o the man's een seekin his ain. The een were calm an still at the hairt o the shiftin warl Sweeney saw as he soared heicher an heicher, takin in mair an mair o the fadin lanscape, the shaddas noo deep an derk, wi juist the sherp ridges o the hills picked oot by the settin sun. Sweepin wide, his airms outstretched, Sweeney hung there, a bird-man agin the sun. Still the man's gaze held him but Sweeney sensed in it no hostility but compassion. For that brief moment Sweeney's mind brok through til its ain calmness for the first time in mony years o wanderin.

Soarin heicher an heicher i the lift, Sweeney felt aathing fade oot o his vision except the man an the rock an the reid

reid sun. The man's een drew him until he felt himsel swoop suddenly nearer an nearer, felt his body gether aathing intil itsel, felt the rhythmic play o braith at his nostrils.

Heich abune him he saw a derk spreadeagled figure soar free agin the settin sun.

Fae "The Scots Tongue"

Gavin Sprott – Lallans 31

A friend o mine was luiken eftir the bairns o a college professor, and ein o the laddies says til him, "If a word is not in the dictionary, does it exist?" Weil, you ken the answer as weil's I dae. Nor can we blame the bairn, even gif his faither is a professor o Scottish History in a Scottish university, for it is a fell ingenious question for a bairn. If a word is nae in the dictionary, dis it exist?

I dinna suppose that bairn kent o the *Scottish National Dictionary*, or the *Dictionary o the Aulder Scottish Tongue*. But the laddie had pitten his finger on a fact – fowk's affa taen up wi a thing bein official. Tae gie ye an example, ye hear o a couple bein *officially* engaged, or *unofficially* engaged. Ye micht's weil speak about a body bein *official deid or unofficial deid*. Nou aabody kens that the Scotch tongue has nae official existence – there is nae official Daith Certificate, motor tax form, dug licence, certificate o insanity, printit in the Scotch tongue. The nearest ye get is some foustie auld legal phrases, and mebbe some o the acts o the auld Scotch Parliament. While I ken there's some folk wad like that – yon things printit in Scotch, the same's they turn them out in Irish and Welsh, that wad be a sorry end for the tongue o the great ballads and love songs, tae become a servant o aa yon bureaucratic stite.

The wye that language can get aa raivelt in politics is a big subject on its ain. It sets Flemings against Walloons, has Welsh signpost writers fleean about aa place like blue ersed fleis wi pent pots, and gied Hitler and his Nazis the excuse tae invade Czechoslovakia. And because it's politics, it's aesy tae pit the blame on politicians and on official notions o whit's richt or wrang.

Mibbe the SNP kens that cultural nationalism is an ill horse tae ride. But whitivir reason they've aye bideen clear o the Scotch tongue. Because mebbe it is nae aathegither respectable. And onythin non-respectable, unrespectable, anti-respectable's out the windae sae faur's that kind o politics is concerned.

Nou it's affa aesy tae damn sic-like notions for snobbishness and that. But the practical fact o't biles doun til jobs and siller.Pit yersel in the place o a laddie gaein for a job. He gets an interview, and if ye think he's gaein tae speak in a braid tongue if he can get by wi respectable pan-loaf, ye're up the wrang dreil. Mutiply this a thoosan times wi parents and their bairns. They want them tae get qualifications, get on courses, get jobs, – in the auld-farrant phrase, tae better theirsels. And maist o them wad say – hou nae? They ken that the speakin o a guid Scotch tongue nivver won them an extra penny.

Nou I'm nae sayin that fowk speakin wi a braid tongue canna get daicent jobs. That's juist whit an affa lot o fowk believes. Lairn yer bairns pan-loaf English, and ye'll be takin the safe option, and I think ye'll find it's near impossible tae gar fowk believe ony ither wey. Pan-loaf English is a fact, biggit intil yer job applications and dug licences, yer college exams and daith certificates, yer master minds and yer Generation Games.

Xenophon's Hellenica

David W. Potter – Lallans 38

Mynd ye, the Spartans said thai war sweirt tae mak slaves o a
Greek toun that had duin sae muckle guid for Greece in her
derkest oors, but said thai wad pit an end tae the war as lang
as the Athenians cawed doun the lang waws an the waws o
the Piraeus, haundit ower aw the ships binna a dizzen, brocht
back thair ootcasts, an gried tae luik on the same fowk as
frein an fae as the Spartans did, an tae follae the lead o the
Spartans whaurever thai gaed, on land an on the sea.

Sae Theramenes, an the chiels that war envoys wi him,
brocht back this wurd tae Athens. A muckle thrang howdert
roun thaim whan thai cam in til the ceitie, feart that thai
hadna managed oniething; for thai coudna haud oot onie
langir, what wi the hantil fowk that war stervin o hungir. On
the morn, the envoys telt aw the fowk the condeetions offert
bi the Spartans for tae cry an end tae the war. Theramenes,
as the heid envoy, threipit at thaim that it wes best tae dae
what the Spartans telt thaim an caw doun the waws. A whein
fowk spak agin it, but the fek gried tae thole it, an gie in tae
the condeetions.

Syne Lysander sailed intae the Piraeus, the ootcasts cam
back and dung doun the waws wi muckle blythness as the
lassies played on the chanter, weill shuir that that day wes the
hansel o freedom for Greece.

Shon the Baptist

Alexander McGregor – Lallans 38

Here's anither yairn frae yestrein frae Neil McCallum frae Salen, aforesyne mate i the 'Clansman', telt til his Inglish-knappin Frein, 'Mr Tonaldson '.

The holiday season has come again and McCallum's ship has become once again a happy hunting ground for the children – chust an unfants' nursery, according to McCallum.

Across the road, and in front of the Hotel, a melodeon player is playing with an eye to being asked in for a drink.

"D'ye see yon Eytalian bodie, Mr Tonaldson?" says McCallum, as he upturns a bucket for me to sit on. "He pits me in mind o Shon the Baptist."

I glance again towards the musician but fail to discover any similarity. "I'm afraid, McCallum, you're pulling my leg. I cannot see where the resemblance comes in."

Ye dinna unnerstaun me, Mr Tonaldson, an A canna blame ye. But whan McCallum sees a man wi a melodeon at a public-hoose door it gars me think o Shon the Baptist. Oh! ye needna look at me sae queer, Mr Tonaldson; it hasna crossed ma mooth the-day. But when A feenish ma yarn, you an me wull hae oor usual.

Tae begin wi, A wass on the spree in Glesca, the Clansman be-in in dock there for owerhaul, an the last thing A mind o wass trinkin wi a wee Eytalian bodie that has a melodeum an a tancin bear. It wass a creat deveersion, wass the bear, an McCallum wass fair taen on wi it. Ye talk aboot high jinks – it wass fou o them. It wad mak a cat lauch, lat alane a sailor.

McLean fund me in the Broomielaw, ootside a pub, haudin on tae the bear wi the wan haund, an playin the melodeon wi the ither. The Eytalian wass naewhaur tae be seen. Whit happened tae him McCallum coudna tell, an hou the bear an the melodeon cam tae be in ma possession, God alane kent. A wass fair raivelt wi the trink, an coud gie Shon nae information whateffer, except that a wee Eytalian bodie an me had been trinkin thegither, an that the bear an the melodeon belanged tae him.

Hou we pairted an whan we pairted wass o little odds nou, since the public-hoose wass shut an the street wass dark an desertit – which wass a coot chob for McCallum – or me an the bear micht hae feenished up in Barlinnie.

"Are ye no black-affrontit," says Shon, "tae be staunin there tied tae a beast like a clown in the circus? A'm doutin, if Mary gets tae hear this, there'll be a divorce. Are ye never gaun tae mend yer weys, wi yer Princesses an yer bears? Whaur in aw the warld did ye leave its maister?"

"Amn't A efter tellin ye, McLean," A answered, "that A ken nocht aboot it – hou monie times am A tae tell ye?"

"Then let the duffel gae," says Shon; 'he'll soon wanner hissell, an naebodie wull be a bit the wiser.'

McCallum threw doun the chain an we baith took tae oor heels. Efter us cam the bear. He wass as wise as Solomon, an kent fine we wass tryin tae jouk him.

"My God!" says Shon, stoppin for the want o braith, "but this is a bonnie predicament! Whit in aw the earth are we tae dae? If A had a gun wi me A wad shoot him an feenish it."

As shair as daith, Mr Tonaldson, whan Shon said that, the puir bear lookit as if it wass gaun tae greet – A coud see the tears comin tae his een. Oh, a wice, wice animal, an fou o intelligence.

"Shon," A says, "ye'll hae tae be mair circumspec in yer langwidge. D'ye no see ye've gien the puir beast a sair hert? Wha kens but ye micht hae a bear o yer ain yet!"

"God forbid!" says Shon. "The McLeans is a murderous

lot. They hae nae sympathy for oniebodie."

"There's only wan thing for it, Shon," says McCallum, "an that's tae tak him alang wi us aboard the Clansman until such time as the Eytalian turns up tae claim him, if he ever turns up at aw. He'll no pairt frae McCallum, A can see that fine, an McCallum never yet turned his back on a frien, nae maitter whit kin o coat he haed tae his back."

"A bonnie coat yer frien's got," says Shon, "an tammed big lugs on him. A'm thinkin the skipper wull no be taen on wi him."

"Tae the mischief wi the skipper," says McCallum; "wance aboard the Clansman an McCallum wull soon find him a place oot the skipper's sicht."

"An hou in the name o fortune are ye gaun tae get him past the polisman at the dock?" asks Shon. "He's a Nosey Parker if ever there was wan."

"Allou you McCallum," A says. "A hae a jersey on as weel as ma pilot jecket. Whit's tae hinder me pittin ma jecket on the bear, an ma kep as weel? A'll be busy wipin ma heid wi ma hankie as if A wass sweetin, an the twa o us wull hae an airm the piece. Chust wan o oorsells that's had a drap too much!"

Sae we dressed the bear in McCallum's kep an jecket wi a gravat roun its neck, an we got it tae staun up an walk atween us richt intae the dock whaur the Clansman wass.

Alang comes Nosey Parker, an he wass chust gaun tae flash his bull'seye whan McCallum shouted oot that it was awricht! "We're the crew o the steamer Clansman," A says; "oor frien here has had a drap too much, an we're takkin him aboard. Ton't let him see yer licht. It wad rouse him up, an he micht get intae wan o his tiravees."

Here the bear started tae grunt, an A gied him a poke in the ribs. God! Mr Tonaldson, but the sweet wass breakin oot on McCallum. It wass nae play-actin wi me that A wass rubbin ma heid wi ma hankie. "Yer frien has a terrible cauld," says Nosey Parker. "A'm doutin it'll end up in consumption – A never heard a sailor bark like that afore. Ye best get him aboard afore the sergeant comes."

We bad him cood nicht, an gaed up the gangwey. No a soul wass on deck, sae we lowered him intae the hold wi a hawser, an gaed doun efter him wi a lamp an tied him in a corner. Then the baith o us gaed tae bed.

In the mornin, wi gettin the Clansman oot the dock, an enchineerin her doun the river, McCallum fair forgot aw aboot the bear, an we wass weel on oor wey tae the Hielands afore the maitter wass brocht tae ma notice. The first eentimation o it wass whan A saw the crew rinnin aft, an tryin tae scrammle up on the brudge, whaur the captain an McCallum wass conversin.

"Whit the bleezes is the maitter?" says the skipper – "is it a mutiny?" McCallum's hert stopped beatin.

"It's the duffel himsell," answers the crew, "an he's sclimmin oot o the hold wi his claws, an roarin like the Mull on a stormy nicht."

"You're drunk!" shouts back the skipper, "It's the bad whusky ye've been trinkin ashore. A dout A'll hae tae stop yer leave."

An chust wi that the bear made its appearance on the deck. God, Mr Tonaldson, the auld man nearly tummled aff the brudge.

"Whit is it, McCallum?" He says. "A'm jiggered if A can mak it oot. It looks frae here no unlike an American millionaire in a fur coat, but his lugs is too tammed big."

"Haud you on!" says McCallum. "An A'll investicate," an A chumped doun aff the brudge. Whanever the bear got its een on McCallum, it cam up an lickit ma hauns.

"It's a bear!" A cries tae the skipper, "chust a bear richt

enough, an it's as tame as a wee collie dug! It must hae come oot yon crate o bananas that wass shipped frae the Indies. Thae bleks, A'm telt, is awfu careless. Awa forrit, men, an content yersells, an McCallum wull gie it something tae eat – the puir brute's chust starvin. Maybe Shon McLean'll stey behind an help? A ken Shon has a kind hert for animals."

Shon gied me a glower, but dusciplin is dusciplin in the Nevy – sae he cam wi me tae feed the bear.

"Man, ye're a notorious leear," says Shon, whan him an me was thegither, "tae tell the skipper it cam oot o a crate."

Syne the bear wass as popular as McCallum, an he used tae follow me aw ower the shup, chust like Mary's lamb – whaurever McCallum gaed, the bear wass shair tae gae. He wass fond o lozenges an honey, an because o this an his hairy coat, the crew christened him 'Shon the Baptist'.

Whaurever the Clansman put in, McCallum wad rin ashore an buy sweeties for 'Shon the Baptist', an it wass a creat pant tae watch him pokin his nose intae ma jecket pocket tae get at them. Wan day he ate a cake o baccy, thinkin it wass candy, an A thocht we wass gaun tae loss him, he wass that seek, an the crew wass chust as vext for him as if 'Shon the Baptist' wass anither sailor – pittin hot-water bottles on his sair stamach.

Anither day, the crew turned on a smack, an wanted tae rin her doun, because wan o the boys on board wass heard tae cry oot in the passin – "Crickey, mates, the Clansman's got a Hieland sailor wi cuddy's lugs."

The only man that refused tae be taen on wi Shon the Baptist wass McLean, an he swore it wad bring chudgement on McCallum. In the licht o what transpired he wass no faur wrang.

Whan we arrived at Tobermory, it wass a Sunday mornin,

beautiful an calm, an McCallum pit on his best claes for the occasion – an altho A say it masell, there wass nae finer specimen o a naval officer. There wass Mary, the wife, waitin for me on the quay, tressed in aw her braws, an the envy o every man on board, frae the Captain doun – wi her flounces an her filagrees – chust a picter for an artist tae pent. McCallum never saw her lookin brawer, an naething wad dae but she wad hae me alang wi her tae the kirk.

Sae aff we gaed tae the Wee Free, the handsomest couple in the vullage, an A took a poke o sweeties oot ma jecket pocket an haunded them tae her. A coud see 'Shon the Baptist' eein us up, an A furmly believe he wass chelous o Mary.

The meenister wass a McLean. Ye see, Mull is chust fou o McLeans – an ye wadna fin a McCallum on the island. He eentimated his text tae the congregation – Matthew, third chapter, 1st an 4th verses: 'In those days came Shon the Baptist, preachin in the wulderness o Chudea. An the same Shon had his raiment o camels' hair, an his meat wass locusts an wild honey.'

Chust as he said it, there wass a terrible carfuffle. A coud see the elders makkin for the vestry, an the congregation hurryin frae their pews and the wee precentor had his baton lifted.

A lookit roun, an God, Mr Tonaldson, there wass 'Shon the Baptist' stakin up the aisle. He wass efter McCallum an the sweeties. Did ye ever ken the like? Mary fented, an whit wi cairryin her an lookin efter 'Shon the Baptist', McCallum had his work cut oot. McLean's chudgement wass as true as he said it!

Tae this day, the Wee Frees in Tobermory talk aboot the veesitation an furmly believe that it wass sent.

Wass A no gled, Mr Tonaldson, whan A cam across this

advertisement in a newspaper: Lost – a performin bear an melodeon. Ten pounds reward will be given for the recovery of same on application to Antonio Macaroni, ice cream merchant, Port-Bannatyne.

The Dallie

Mavis Beckett – Lallans 47

"Mammy ... mammy ..."

Tears poored doon the bairn's chowks an her wee shilpit body shuik wi wrackin gret sobs. She wis heart-sair an haggit wi fechtin the draucht her greitin brang aboot. Her een wir reid an sair. The auld tattie teddy bear – aince her favourite – wis flung on the fluir noo, sairie luikin wi its sparse fake fur an ae ee.

"Mammy ... A want ma mammy."

Her grey herred auld granny stopped knittin for a meenit an leukit til the man staunin wi his hint tae the ingle. He shuik his heid for he didna ken the answer. The knitting pins stairtit up again.

Click click.

"Mammy" grat the bairn.

Click click.

The man taen a deep braith, lichtit his pipe, an daundered oot intae the low gairden. Whit wis he gaun tae dae wi his only bairn? Wid she niver stop greetin?

"Ye want tae see yer mammy?"

Wha said that?

The bairn dichtit her chowk on her sleeve.

"Ye want tae see yer mammy?"

Thare it wis again.

"Ay" she whuspered.

The vice in her heid spak for the third time.

"We're gaun tae find yer mammy."

Her faither an grandmither peyed nae heed whan she an her vice tippit ben the hoose tae the chaumer. It hadna chynged. The flooery drapes wir the same an the theek warm gray cairpet wis on the fluir yet. Mammy's pooder an pent wir on the dresser whaur thai'd aye been, an the weel kent pink saitin hap wis on tap o the whirly. But the big whirly wis empty!

"Mammy," the bairn ettled tae spek. "Mammy, whaur are ye?"

Naebody lat on.

She wis needin tae hear her ma tellin her, "Come ower here bairn. Gie me a cuddle."

But her maw wis awa.

The drumlie wee lassie gawkit roond aboot her, an michty! Whit wis that muckle gret box daein on the table? She'd no seen it afore. She gien it a poke wi her finger an thocht,

"Mebbe it's for ma birthday!"

She'd be fower the morn an she hadna askit for onything yet. She kent birthday praisents wis meant tae be a secret but naebody wid be ony the wiser gin she taen a wee keek. She daundered ower tae the table an, cannie-lyke, clammered ontae the chair aside it. Her fingers wir aw slippie wi freen but she gruppit the side o the box an yanked hersel up. She wis juist aboot thair. A wee bit mair an she'd see. Thare ... at last.

Skraichs brust frae oot o her thrapple. She an the vice inside her heid skraiched, fell fair fleggit skraiches.

She wis in her faither's airms.

"Thare ma bonnie bairn, daddy's got ye. Ye're aw richt," says he.

Her een wir stell. She kent she wisna aw richt. She keepit on seein that muckle, ooglie dallie, wi the lang white goon on ... an it had broon herr ... lyke mammy's.

Editorial: Scotland in Europe

Neil R. MacCallum – Lallans 47

A. D. Mackie; poet, pleywricht an journalist, skrievin in for the leitarie magazine *Lines Review* thertie-five year syne obsairved at "Contemporary Scots poets have put in a lot of work on language and technique, probably much more than they have been given credit for." They "soupled the leid" bi owersettin frae a whein languages efter the ensampill o Rainer Maria Rilke, wha haed made his German mair souple bi owresettin the Frainche o Paul Valery. A crouss culture wul be blye ti borrae an lairn frae the expairience o fremmit kintras, whar a defensive an timorsum ane wul be sweirt ti gang thon gait.

The former is pairt o an auld Scots tradeition as Mackie pyntit out in "Frae Ither Leids," an airticle at wes inclusit in the anniversarie anthologie *Mak It New*. He mindit at Scots wes "sib til the hauf o Europe an chief wi maist o the lave." For whan Scots "wes brairdin frae the auld Inglis o the Northumbrian an Lothian Angles an getherin knockdarlies frae the Latin, Frainche, Flemish an Scandinavian leids, our makars war eydent kaimin the lear o thae launds for the ruits o their bardrie."

The wale o our wrytars is still at it the day. Whan they ir thrang at this wark their concairn is no juist wi raxin the sensibilitie o Scots; gin creative airtists ir bunsukken ti speik for an til their fellae Scots, we maun lippen on thaim ti represent us ti the warld ayont alsweill. A dialogue o this naitur can anerlie dae guid bi enrichin our societie, providit this contact is wi a braid reinge o cultures an that Lunnon pleys nae pairt as arbiter in thir maitters.

We ir pairtie ti a common European heirskip, an o richts, soud affeir til the contemporie continental scene. Tho fantoush political flytins ir nou taen up wi Scotland's role i Europe it wes the respekit leitarie critic, William Power, back i the thirties at coud speik o "The essential, the European Scotland."

Our necessar, our European Scotland, disnae hae ocht ti dae wi haiveless blethers or tuim political slogans for hit's sumthing ayebidin, be in mair praicous or rale nor thon.

Hinnerlie, at the oncum o Yuil, sum braw wittins ti gae wi awbodie's guid cheir; frae neist yeir *Lallans* wul be furthset thrie tymes the towmond. The extra nummer wul kythe at Caunlemass, the saicont o Februar, whan as the auld rhyme haes it

> *"Gif Caunlemass day be dry an fair,*
> *The hauf o the winter's ti cum an mair,*
> *Gif Caunlemass day be weit an foul,*
> *The hauf o the winter's gane at Yule."*

There wul be twa-thrie chynges o emphasis til the magazine includin a brent new cuiver but thair'l be mair scowth ti descrive thaim i *Lallans 48* itsell.

Mang Howes an Knowes

Elliot Cowan Smith – Lallans 47

This skreid is in the Hawick tung an wes publisht in 1926. It descrives a traik bi wey o Jethart throu the Border kintra, stertin near Melrose an feinishin at Denholm. The 'ei' is uised here for the diphthong in 'syne' an 'wynd' an this micht lead ti problems wi readers, but in sum eys his spellin seistem is weill aheid o its tyme. The aerlier pairt o't wes publisht i Lallans 33, at Mairtinmass, 1989.

On A snodged ma leifih-lane, till the riggens an ruifs o Denum – theekeet yins an sklaitteet yins – cam in sicht; an seine A gaed stairgin up the "Canniegate!"

A cleckeen o guidweives at a gairdeen-yett whuttert ti other whan they eyed iz; an aamaist the whole road-end cam oot-ther-oot ti waal an glowre at unordnar munsie; the stoory stravaiger. Shuir eneuch, A wad look a richt jeeg ti thum. Imagin iz: A reed, lowpin, broazy face leike a bermy bannih, sweet-begrutten an bairkent wui dirrt; hair aa torfellt an toozellt; collar raandeet, an waffelt lang seine; rufflt claes, creest an huggery-muggery; an shuin wheite o stoor, for aa ma dichteen an daaddeen.

Sic a brattie! Sic a sain! Bit A never goamed the folk, an A never lat bat; aa that A heedet was: Here A was at Denum – the same auld Denum as it was aye! A didna ken a grain o odds o'd for aa the weel-kennd howffs an hooses; a waaller o barefit getts; a wumman wui a bairn cairryin i the shawl; an auld herd wui a maud on, an a nibbie in eis neeve; an a snowkin collie!

At yeh shop-door a motor stuid, an forrit A gaed ti finnd oot whae was ocht eet. A bit beekin callant, eis chuffy chowks aa fairnytickles, an eis airm up ti shade eis een, gleirned gleide against the sun's licht as A cam up. A axt um if this was the Haaick Motor, an whuther it was gaun back ti Haaick that nicht or no.

"Ay!" Says hei.

Off-luif, ei made twae wrang shots anent the teime it wad set oot (ei said firrst that it was gaun ti Haaick a "haaf-past hrei!" an neext ei said "hyaaf-past fowr!", whan A kennd feine naether the tain nor the tother cood be the richt oor, for it was weel-on o haaf-past five, els!); bit for aa ei threepet, ei gaed yins-yirrint an fand oot the richt teime for iz i the hinder-end, an A gied um a thripny-bit. Sic a nibble for um! The little bleckie was fair upmade whan A said: "Hyeh!" Hei glammed at eet leike a cock at a grozert, an waird eet afore ma lookin een on leemeenade or sic-another fussy drink, for A saw um, thereckly, bebbin an taain oot ov a bottle, an whoammlin't ti geet the verra grunds, wui the weeks o eis mooth aa froe, an riftin gas till eis een grat.

As for mei, A gaed an got masel cleaned an spruisht wui a grand swaibble o waeter, a shed i ma hair, a lick o bleckneen on ma buits, an a skuff doon wui a claes-brush – an a hantle the better A fand masel, for a clean thing's aye feel. Than A pandert up an doon a bittie, hed a bit crack wui yin an another; an, whan the motor dreiver, trig in eis ticht leggums, beguid o kirneen an caain eis injin, A planteet masel i the machine, takin tent no ti crack ma cantel as A clam in.

Jimp hed A gotten sutten doon, afore wei war off – wui a yerk an a dunsh an a stech an a "Parp!" – off leike billie-hoy on the lang rin "by Teviot's flooery border." No that lang, aether – it was nae teime owregane or oo war birlin owre the Trow Burn leike five ell o wund; bye auld Hornshole – a picter o gray an green – wui a glisk o the Moniment; bye Lindean an Weensland; raisin at yeh whup a steer an a stoor, an gliffin auld folk an bairns baith.

An so, efter a smert hurl, oo clattert inti Haaick High Street duist on the chap o six – an ma lang Dander Throwe the Bonnie Borderland, mang Howes an Knowes, an alang the Waeter-gates – cam ti an end i the hert o a lichtsome strooshie, ti the droang o the Toon's clock an the bumm o the jumboes, whan the mills war skailin an the mill-yins war toavin hyimm efter ther simmer-efternuin's yokeen.

Bellenden's the Chronykils

Kenneth D. Farrow – Lallans 49

John Bellenden (fl. 1533-d.1550? /87?) is aiblins no the best kent o Scots skreivars, sae a wurd or twa aboot his biographie is in order afore we luik at his wark. He is maist famous for his owersettin o Hector Boece's seiventeen-buik *Scotorum Historiae* (Paris 1527), *The Chronykils of Scotland,* publisht in 1536. This owersettin wes made at the seek o Keing Jamie V an helped ti bring Boece's revolutionarie darg ithin the grasp o a wider Scottish audience. Bellenden begoud his service as a clerk o accoonts ti Jamie, an raise, in 1533, ti becum Archdeacon o Moray an canon o Ross. Houane'er, ryal favour, derived in pairt frae the owersettin, disnae seem ti hae lestit an Bellenden wes forced inti exile. He micht hae dee'd in Rome in 1550, but the'r at least sum testimonies whilk suggest he wes still ti the fore i 1587. In onie case, his reigorous opposeition til the Reformation wadna made him a poplar feigur in Scotland efter 1560.

Amang his ither leiterarie accomplishments ir his prefatorie poem til *The Chronykils* entitled *A Proheme to the Cosmographe* (also kent as *Vertue and Vyce* or *An Allegory of Virtue and Delyte*), an a Scots owersettin o the first five buiks o Livy's *History of Rome*. The latter text, tae, wes prefaced bi a Proheme. Houane'er, aiblins Bellenden's grytest contribution til the historie o leiterature wes ti mak the Scots storie o Macbeth kent ti Raphael Holinshed's owersetter, an subsequentlie ti Wullie Shakespeare.

The teetle-page o Bellenden's *Chronykils*, appendit bi the printer Thomas Davidson, provides us wi evidence that Boece haed been in contack wi Bellenden an thocht weill o his owersettin. We read: 'heir eftir followis the history ...

of Scotland / compilit and newly correckit by the reuerend and noble clerk maister Hector Boece.' Siclyke, ane o the manuscripts contains the followin observation:

> now we haiff schawin all thingis sa far as thay ar common amang the albianis, and because the remanent cosmographe is not sufficiently correkit be the first compilar we will at his desyre continew the remanent quhill efter that it may wt better cognosance pass to licht ...

Ti what extent Boece personallie influenced Bellenden's text is onpossible ti tell. We ken naething o Boece's opeinion aboot Scots, an no ae syllable wrutten in the leid bi him is kent ti exist. Aiblins Bellenden submittit the owersettin ti Boece portion bi portion, an, certes, the existin evidence disnae rule oot sic a procedure, tho gin it actuallie taen place, we maun conclude that Bellenden wes gey happie ti enjoy sic a preivilege. Boece needna hae despised the auld leid, but as a weill-kent saxteent century Scottish academic he micht hae been expekkit ti. Mairattour, onie rhetorical Scots expansions frae the Latin can be justifeid as characteristic o Bellenden himsell, and no Boece.

But this is no a skreid whilk is owerlie taen up wi the personal relationship atween the twa skreivars. Raither, it focuses on the Scots style o Bellenden, an in this respeck, addresses itsell ti twa topics: the leiterarie merits of *The Chronykils* an its accuracie as an owersettin. Onie analysis o style maun investigate syntax an vocabular. Forordnar, sic a process entails an exploration o the skreivar's linguistic registers, an we wul be luikin at thir eenou. But on first readin o Bellenden, the maist obvious feature that strikes us is his sentence structure, whilk relies gey heavilie on parteiciples. Aften, thir occur at the beginnin, no anelie o a sentence, but at the introduction ti his informativelie teetled sections. Maist aften, thai tak the form o a simple subordinate clause: 'the capitanis of the tribis, **commovit by thir**, turnit all dreid in maist ragius fury.'

Also, Bellenden wul begin wi a name, afore introducin his parteiciple: '**Aruiragus maid king on this manner**, repudiat his lauchfull quene.' Deifferent frae, but obviouslie relatit ti this form, is Bellenden's uiss o an introductorie parteiciple whilk involves a name, but whilk is no steikit til anither clause. Thir we micht cry 'hangin parteiciples': '**Nathalus slane on this manner**, the nobillis quhilkis wer conspirit aganis him sent this Murraye in Lotheane,' or, '**Williame decessit on this wise**, his son Alexander was crounit at Skoyne.' Obviouslie, baith o thir ir formulaic introductorie constructions, whilk simultaneouslie refer backwarts til the fore-gaun material an forwarts ti what follaes. Whyles, Bellenden wul cheinge the introductorie formula:

> The nobilitie of Scottis and Pichtis **exilit on this matter** oute of Albioune, the commons leiffit xij yeris, as said is, vnder seruitude and thirlage, **makand herschippis on the Britonis**, quhill at Rewther had, in Ireland, of his wyiff, ane sone namyt Thereus; and was sone eftir desyrit be the King of Pichtis to return agane in Albioun.

In this case the skreiver uises twa particeiples involvin past an present tense respectivelie. Houane'er, i the coorse o narrative proper, parteiciples ir less frequent, an seendil tymes occur whan a character is makkin a speik. (Bellenden helps his narrative haud thegither, mairattour, bi uisin linkin phrases sic as 'as said is'). Whan parteiciples dae occur in ful narrative flow, a case can be made for thair artistic impack on the prose:

Than was Eugenius nocht far fra the samyn /
abyding the cuming of his pepill to resist the
Romanis; / to quham comperit grete confluence of
fensabill men and wemen, to the novmer of fifty
thousand pepill, rycht desyrous to fecht, / **criand**
with huge noyis, / othir that day to dee or to haiff
victory on thair inimijs.

This single sentence involves twa ensampils, towarts the
beginnin an the enn. The first o thir occurs at a moment o
unco tension, as Eugenius awaits the arrival o his sodjers.
The saicont, whilk relates til the weirskelloch o the fowk,
enhances the immediacie o the tension.

Ither stylistic devices ir aften in evidence. For ensampil,
Bellenden kyths ti be equallie at hame wi short an lang
sentences, tho the former is no a regular facet o saxteent
century prose as a haill, nor o Bellenden's. Sirnpleicitie an
directness ir the skreivar's goals when he writes: 'The castell
of Striueling was kepitt in thir days be ane wailyeand knycht,
Schir William Olifere, aganis King Edwarde.' The direckness
here is supplementit bi the non-restrictive apposeition i the
mids o the sentence. Mairattour, the opposeition (atween
William an Edward) is verie clearlie made kent.

Also, Bellenden can uis the non-periodic sentence
unobtrusivelie. For ensampil, at the beginnin o buik eicht, he
skreives:

> The samyn tyme quhen Britan was takin fra the
> empire of Romanis, and maid tributar to Scottis
> and Pichtis, the Vandalis, Gothis, Hunnys, and
> Franche men maid grete slaucther in Spayne,
> Affrik, Italy, Almayne and France, throw quhilk
> apperit wele the manifest decinacioun of Romane

empire in sindry realmes, as the variant chance of fortoun succedis.

Obviouslie, this is a carefullie controlled sentence, but, in fack, the'r twa possible syntactic closures afore the actual closin pynt. Thir occur wi the wurds 'France' an 'realmes.' The'r twa non-essential clauses ('throw quhilk ...' an 'as the ...'), whilk, as it war, add 'paddin.' The first o thir functions anaphoricallie, an the anaphora depends on the pronominal uiss o 'quhilk,' a cowmon device in saxteent century prose. As A read it, the lest clause uises the conjunctive 'as' in its time-locative sense (while or whan) but acks in a justificatorie capacitie forby. But in narrative, sic as the abuin, Bellenden is clearlie uisin 'leiterarie Scots,' aiblins no o the heichest style, but closer til the hieratic nor the demotic.

What ither syntactic features ir signeeficant? Weill, for ae thing, Bellenden shaws a tendencie ti expand an develop efter he has mentioned a subjek or topic. Again, this can tak the form o non-restrictive apposeition ('Galdus, oure souerane ..., the Romanis, dantouris of all pepill ...'). Ither elaborations include 'but ony mercy ...,' 'deprest with male fortoun ... ,' 'havand ma nobill men ...' and so forth. These may be vague but aw-embracin: 'in quhatsumeir sort ...' or mair speceefic: 'quhilk has been sa wailyeandlie debatit ...' Nouns near aye hae concomitant precedin adjectives 'singular preeminence,' extreme calamite,' irrecouerabill / extreme dangere,' small outrage,' nobill men' and 'supreme dishonour.' Near aw o thir ir hyperbolic an occur til the extent whaur the terms begin ti lose thair meanin.

The saicont facet o style is vocabular. What can we say in general aboot Bellenden's vocabular? His predominant register is, as we micht expeck, militarie, but *The Chronykils* also contains registers whilk A'l cry financial, legal, fairmyaird, nautical, poleitical, sportin, moral, pejorative, releigious, supernatural an astronomical. Altho the'r sum owerlappin, in practice it is eith ti disteinguish atween ilk categorie o the leid. The militarie register can be subdividit inti groups o wurds whilk deal wi manoeuvres or symbols: / wappinrie / organisation, demeanour or conduct / and finallie, results. Here a whein ensampils o **ilk** categorie: **abuscheamentis, recountering, skarmusching, ansenye, armez, large,** / **arnes, hewmond, weir cairtes,** / **batallis, forbront, outewyngis,** / **fensabill, fers, forcy** / an **conques, demembre, ourehailit.** Closelie relatit til the militarie terminology is, o coorse, the nautical: **howie, langfaddis, navyn, patron.**

It is mair deifficult ti divide the financial register, but general ensampils ir: **acquyte, angell nobillis, argent content, assithment, maill, stent, yarrow money.** Releigious terminologie micht be split inti devotional: **penitent;** cermonial or observational: **Cair Sonndaye, Fasterns Even, fertoure, Gant Dayis;** the charitable: **almouse;** the hierarchical: **frier, ordinaris;** an the geographical: **perrochyn.** The deivision atween ceivil an creiminal wul suffice ti categorise legal terms. Ensampils o the former ir: **compositoure, condicionatt, disheresit, mariage, quiteclaim.** The latter categorie is mukkil mair frequent: **attemptaris, commisioun, compere, convickit, delattit, dittay, exoneratt, forfaltit, pleid, unlesum** an sae on. The fairmyaird register, whilk is intendit ti len the text an 'earthie' quality, faws inti twa categories, referrin aither ti beiss: **aver, baggit, cawis, grisis,** or ti craps an fairmin implements: **beir, cornez, erwist, pleuch imes.** The 'sportin' terms ir as antrin as the nautical: **granye, grew-quhelpis, halking, rachets.** The supemaitral an astronomical terms ir e'en mair sae: **elrage, vncouthis, weird, empisery.**

Poleitical terms micht include: **allya, assurance, senzory, senyour;** moral an pejorative we micht combine: **faltouris,** lymmair, malapart, spouss brekaris, unsemand, wrangnyss, yevery. Forby, the'r the leid o feudalism: manrent, wassalage an the lyke. Wurds whilk ir highlie descriptive but belangna onie identifiable register occur frequentlie anaw: bullerand, scheveerit or skaffaris for ensampil. It is undeniable, than, that the reinge o Bellenden's leid is a lairge ane, drawin on a vast sphere o human acteivitie. But what o his skeill as an owersetter?

Here a passage frae *The Chronykils* whilk haes conseiderable 'human interest.' It tells hou King Fyndocus, wha dauntit the Isles, wes assassinatit bi twa treacherous hirelins suborned bi Donald:

> **Ane schort tyme efter**, the King went to ane hunting besyde **Dounstaffage**, to slaa ane wolf, and sat doune on ane moitt, nocht knawing how thir lymmaris wer instrukkit to sla him. And quhen the said had brocht the wolf affoir the houndis, **the skry arrais**, and ilk man went to his gamyn, throw quhilk the King wes **nakit of all company** except thir twa Ilismen. **Than ane** of thame began to hald him in talk, **quhill the tothir** come behind him, and draif him throw the body with and **iedward staff**, and for **ferseness to flee** left the staff stikkand throw his body.

A haena the skowth ti quote the haill o the Latin paurent text, but several pynts can still be made aboot the owersettin. The economical introductorie phrase derives frae Boece's **paucus deinde**. 'Dounstaffage' haes a deiffereent name in the Latin: **Eunio**; Bellenden pictures the Keing aside a moat an this is derived frae Boece's **pastoribus**. The braw Scots 'lymmaris' cums frae the less pejorative **subomatis**, while the wersh soundin 'skry arrais' cums simplie frae **clamorem**. The openness o the Keing kyths in baith the Latin an the Scots texts, altho Bellenden's 'nakit of all company' conjures up a mair emotive response nor Boece's **nudo**. The'r nae precise Latin equivalent o the '**ane ... tothir**,' altho the murderers' tactics ir the same in baith versions; the ae man employs diversionarie tactics bi talkin wi the Keing (**captantes articulos** in the Latin), while the assassin cums up ahint. Bellenden uises his imagination in identifyin the murder wappin as a parteikular kin o halberd, but baith authors descrive hou, in thair aigerness ti win awa, the Islemen lea the wappin hideouslie protrudin frae the corp. Bellenden's alleiterative line '**for ferseness to flee**' derives frae Boece's '**magna cum ferocia**' but again conjures up a claerer eimage. We can see, than, that Bellenden's owersettin is a wark o airt in its ain richt, awin mukkil o coorse til its source, but also functionin in deifferent weys frae it. Ae thing we can say: it is certes no wyce ti uis Bellenden as a mere substitute for Boece, kis thai ir gey deifferent skreivars.

But nae studie o Bellenden wad be complete ithoot sum analysis o the Macbeth narrative. Here a passage whilk wul be instantlie recognisable til aw readers. Macbeth an Banquo hae met in wi the witches an heard thair predictions:

> This prophecy & divinacioun was haldin lang in derisioun to Banquho and Makbeth, for sum tyme Banquho wald call Makbeth 'King of Scots' for derisioun, and he on the samyn maner wald call Banquho 'the fader of mony kingis.' Nochtheless, becaus all thingis come as thir wichis divinit, the pepill traistit thame to be werd sisteris. Schort tyme eftir the Thane of Cawder wes disheresit of his landis for certane crymes of leis majeste, and his landis wer geivin be King Duncan to Makbeth ... It happynit the nixt nycht that Banquho and

Makbeth war sportand to giddir at thair suppair. Than said Banquho: 'Thou has gottin al that the first twa sisteris hecht; restis nocht but the croun, quhilk wes hecht by the thrid sister.' Makbeth, revolving all thingis as thai war said be the wyches, began to covaitt the croun, nochttheless, thocht best to abyde quhill he saw his tyme, and tuke sikker esperance that the thrid werde suld cum to him, as the first two did affoir.

This passage opens wi the facetious interplay atween Macbeth an Banquo, tumin intil a mair serious reflection on the naitur o the witches. Bellenden links thir details wi the weird o the Thane of Cawdor, bi uisin a device we hae met afore (**'short tyme eftir'**), an the same compack deleiverie resurfaces i the phrase 'certane crymes.' This implies that the skreivar haes access ti mair information nor he is lettin on. Whan Bellenden returns til the flippancie o the twa main characters, he introduces a new an slichtlie seinister note, an we can see the first seeds o ill be-in plantit in Macbeth's mind. An o coorse we ken hou thir seeds wul cum ti fruition. The haill passage is wrutten in lifie, claer, weil-ordered prose wi a braw Scots vocabular, an we needna turn ti Shakespeare ti derive a moral frae this tale as it occurs in Bellenden an Boece.

We hae seen, than, that Bellenden is a formeidable skreivar o Scots prose: we hae luikit at hou his material is presentit, baith in terms o syntax an vocabular. We hae seen, forby, that he is an eidiosyncratic owersetter, but his alterations ti Boece's text aye hae a leiterarie purpose. He micht no aye improve the oreiginal but he gies it a new life o its ain. An finallie we hae seen hou the Macbeth narrative represents the jewel i the croun o *The Chronykils*. Bellenden's wark is still anelie available i the Scottish Text Society edeition, but it is hie time it wes made mair eithlie accessible til the general reader!

Greenhert

Peter Cameron – Lallans 52

Hairst o the year, and the leafs gaun frae the trees. The year wes on the turn, a wee fingir o snaw alang the hills for a promise, the sun like bress and a thocht o cauld in the wind frae the mirklin hicht.

There wes a flourish o chestnuts doun the toun, and the leafs blawed by, big and reid, and your hert gied a stound when they hit the grund.

Whiles we went ti see ma Grannie in the ferm toun; there were guissays in the glaur, horses that smelt o swyte and lowsed their bowels when you luiked them in the ee.

The houss wes fou o smells anaa, but nane o pigs, or kye, or the turned yirth o the tattie field. It smelt o auld claes, and a dwynin fuff o ma Grandfaither's pipe – baccy wes by, the Doctor had daured him.

We gaed in til him, a course auld gomeril wi three days' beard, his chafts aa frost, and the air blae wi his treacle baccy.

"The Doctor said, lat him, it's nae skaith til him nou – lat him dae ocht he pleases," ma Grannie said. "The neist man's the jiner."

"Aye, he can hae his baccy, but he can gang till yon place for onie drink. There'l be nae whisky in this houss – nae houss o mine."

"It wes the connachin o ma Faither's houss, and it's like ti be the connachin o ma Dochter's." (She luikt at me). "He maun gang til Hell sober."

When I gaed in til the auld ane, he had the cuttie pipe atween his teeth, and a hoast in his kist. He hawked and spat intil the bowl on the table aside his bed.

"Never get auld, laddie," he said, "never get auld. Here I ligg, here I ligg, auld and duin. I'm deein the morn. Forbye, I'm scunnert wi aathing – I'm tired o drink and yon, and I'm tired openin ma een in the mornin. When you canna be fashed openin your een, you're better awa. I'll speir, or she'll kill me – hou did you dae in your exams? She tells me you're a scholar."

"You dinna luik like a scholar, no skeelie nor gleg. You've got the saftness o the Aitchisons in your face. They aa dee'd in the puirshouss. They aa had brains, the Aitchisons, daft brains; nane o them made saut til his parritch."

"Dinna lippen on me, laddie, and dinna say ocht or she'll kill me afore ma time. Rax me owre that bowl."

He spat intae the bowl aince mair – a yalla spit wi a curl o bluid in't, like a brammill worm for the fishin.

"Wha's gettin your fishin rod, Grandfaither?" I speired.

"Pit it in ma hands and I'll aiblins tell you," he said.

I got the rod frae the aumrie. The licht ran alang it like a fire at the end o a day on the watter. I thocht o aa the watters the rod had seen – aa the nichts o the simmer, and the sound o it – souple ablow the trees. Ma Grandfaither's wannie.

"Tak it out, son," he said. "Tak it out and bigg it. It's the first time it's been out in a whilie."

I biggit the rod, bress ti bress, til the rod wes out, twal fuit, and quiverin like a bairn afore the maister, and him wi the tawse doun his leg. "Gie it a waggle, mak a cast," ma Grandfaither said, "you're out in the watter, the flea's out, and the docken macks are floatin by – mak a cast, laddie. Mak a cast, far out in the watter, ablow the leafs, attour the passin stream."

I castit, and the flea rod wes ablow my hand, and I could feel it – hou it would be – mysell – a man, auld mysell, wi the wannie on the watter.

I wes a pairt o the past, ma Grandfaither's past and ma ain; and onie future's naething athout the past. It wes aa there, ablow ma hand, the rowth o't, and the cauld o't, and the flea atour the watter, ablow ma hand. Ma Grandfaither said, "Ye see the watter ablow yon tuck – thonder, ablow the cauld – cast there, I've aye jaloused a souster liggit there. Cast thonder and we'll land a lowper!"

The licht frae the lamp wes in his een, but there wes a wildness about it – like a stramash in the nicht, and the morn lang comin. "Och, ye canna cast, it's no in ye!" he cried. "It's no in ye!"

He leaned back on the bowster. He aye luiked owre course for a bed, the neshness o't – the sheets white, the bowster fluffy. His chafts were slate-grey wi whisker, and daith's cauld grey grue upo him ablow the broun o his life. I aye thocht o him, haein his piece ablow an auld fail dyke.

Ma Grandfaither had been in the War – a war langsyne, and no forleitit. I mynd trailin hame wi an airmfu o buiks – *A Boy's Illustrated History of the Great War*. He tuik ane o the buiks frae ma luif, and his een were licht wi mindin and malison.

"The Great War … The Great War." He gied me back the buik. "What dae they ken o their Great War? I'll tell ye a wee thingie – I lee'd ti get intil the trenches – and I lee'd ti get out. They aa dee'd there, the lave and the brave, but I'm livin aye … and that's your *Illustrated History o the Great War*."

"I wrocht in the pit, but never wrocht as hard as thon. It wes like the Deil himsell had a haud o ma tossel. You dinna ken a word o't, wi your neb in a buik. You'll never see the glaur in sic a wheen … glaur wi a smell o shite and bluid … is there oniething o that in the buiks, ma wee laddie?"

"They werena gaun ti mak pottit heid o ma painches, onie road … the Germans were the braw boys. I'd jyne the German Airmy in a meenit, ti get a whang at a puckle on our side."

He leaned back on the bowster.

"It's a funny thing, richt eneuch. This is the nicht. The Judgement Day. I've dreidit this hour aa ma days. It wes aye afore me in the War. It wes aye in ma kennin, like a kittle you canna scart, like a dug wi a slater in its lug ... and nou it's here."

"I canna talk ti Beth, she's a wumman. They dinna ken oniething about Daith. They ken about life, but that's the eith and easy thing. I've kent this hour aa ma days."

"And it's juist as eith and easy."

"Owre at last, aathing owre, and Hell never taen me. Aye, it's come til't nou."

"Dear-ma-lad, pit the rod in ma hand. I'll shaw you hou ti cast." I tuik the rod owre til his shut bed and pit it in his hand.

"Laddie, you'll never mak a fisher. There's naething in you. Juist a wheen daft harns ... fit for nocht but sweezie boats and story buiks. This is ae thing I've feinished wi."

Wi ae convulse, he brak the greenhert and his een were on ma face. Then he went frae out his een, and entered sic a place, yon place faurrer nor onie.

"John," frae doun the stair, "John, wul you be ready in a wee while for your tea?"

66

Joe Corrie – "Aye a Miner"

Donald Campbell – Lallans 53

Joe Corrie has aye been ane o my personal heroes. Amang the earliest mindings o my bairnheid is an auld 78 recordin o his sketch "A Miner's Saturday Night." His poem "The Image o God" was my father's favourite and his sang "It's fine tae keep in wi the gaffer" was aye sung in our hous at Hogmanay.

Like Burns afore him, Corrie was aye leal til his ain fowk. Born in Slamannan in 1894, he quat the schule at age fowrteen and gaed doun the pit. For the neist saxteen year, he wrocht as a collier, abune and ablow the yirth, and first won attentioun as a scriever wi airticles in the Union paper, *The Miner*. For the lave o his days, he lived bi his pen and won fame as a playwricht but, at hairt, he was aye a miner.

His maisterwark, *In Time o Strife*, is set at the time o the coal crisis o 1926 and tells o the trauchles that had tae be tholed bi an orra miner's faimilie. The script o the play was wrocht while the strike was in progress and submittit til the Scottish National Players, whase readin comatee – on political grounds, Corrie aye claimed – turned it doun.

Gin this was truly sae, it seems byordnar – for there's fient a line o political airgiement – far less propaganda – in the haill thing. Altho he leaves us in nae dout as tae whit side he's on, Corrie's no ettlin tae rouse fowk til revolutioun – in pynt o fact, the play lauchs at sic a thocht – but tae gie us a sicht o the hard-pitten state o fowk that are fechtin tae hing on til their dignity. There's Jock Smith, the faither, his wife Jean, their twa dochters Jenny and Lizzie and their son, Bob. The ither characters are their neibors, the Pettigrews – Tam and Agnes and their dochter, Kate – and twa young miners; Tam Anderson and Wull Baxter. Wull Baxter's courtin Jenny

Smith and Tam Anderson's courtin Kate Pettigrew, sae the cast can be seen as ae extendit faimlie.

The strike's weill-on and aabodie's in a bad wey o't. Gey near starvatioun, the faimlie dinna hae their sorras tae seek. Wantin money for the doctor, Agnes Pettigrew dees and the men cast out owre the strike; Tam Pettigrew and Wull Baxter are wantin til gie in, but Jock says, "The pit'll come to me afore I go to the pit. I'll stay awa frae it nou, just for spite." Whan Wull Baxter gaes back til his wark – tae get the money tae tak Jenny awa til Canada – Tam Anderson is amang the miners that riot on the picket line. Jenny, wantin naething tae dae wi a blackleg, feinishes wi Wull and Kate's fair hairt-broken when Tam gets thrie years in the jyle for his pairt in the riot.

The strike's brocht the faimlie tae ruin and it's left til the maist stalwart character in the play, Jean Smith, tae pit the case for haudin on. In ae stutrife speech, she tells her man:

> "Ye're no gaun to be much better if you've to go back to the pit on the maisters' terms. It's been a hard time, richt enough, and mony a nicht I hae lain doun wonderin whaur oor breakfast was to come frae, but, Jock, it's nae mair heart-rendin than watchin thae wheels turnin every day, and never lookin out the windae but dreadin to see some o ye cairrit hame a corpse or maimed for life. There are plenty o women never bother their heids, they hae seen that much and come through that much, that they have got hardened to it. But I haenna reached that stage yet, na, thae wheels are aye between me and the sun, throwin their lang, black shadows on the doorstep. It's mebbe been a time o want since the strike started, but it's been a time o peace; I was aye sure o you and Bob comin

> hame at nichts; but there's nae such faith when
> the wheels are turnin."

Rejectit bi the Scottish National Players, Corrie pit the play on wi his ain companie, the Bowhill Players. Aa the actors, like Corrie himsel, were frae the Fife mining community and aa kent fine what the play was sayin. In 1928, they toured Scotland frae top tae bottom, pleyin til audiences o thousans in Aberdeen, Ayr, Coatbridge, Dundee, Dunfermline, Edinburgh, Falkirk, Greenock, Hamilton, Kilmarnock, Leith, Paisley, Perth and Stirling. Nae Scots play, afore or since, has had a tour tae compare wi't. In spite o this, the play wasna seen again until 1982, when 7:84 restaged it for a tour o their ain. The play was publisht at the same time (again bi 7:84), in a collection o Corrie's poems, plays and ither scrievins (*Plays, Poems and Theatre Writings*, editit bi Linda Mackenny).

Joe Corrie dee'd in 1968, leavin ahint him twa novels – *Black Earth* (1939) and *The Pit – My Master* (unpublisht as yet) – a book o short stories, *The Last Day* (1929) and a collection o poems, *Scottish Pride* (1955). His antiwar play *Dawn* was banned bi the Lord Chamberlain in 1943, but there were twa ither wechtie dramas, *A Master of Men* (1944) and *The Roving Boy* (aka Robert Burns, 1958), baith produced bi the Glesca Citizens'.

He's mindit best, tho, bi the clubs that mak up the Scottish Community Drama Association and his ae-act plays are aye tae the fore in their compeititions. Thir clubs are, in the main, composit o the kind o fowk he maistlie scrieved about – orra Scots fowk like himsel.

Gin he were alive the day, I jalouse Joe Corrie wad hae been gey and pleased wi that.

A Vision of Angels

Anne Smith – Lallans 53

*Twenty-fower year syne on the bi-centenarie o Robert Fergusson'
s daith, Dr. Anne Smith wrate a skeillie ae-act play anent the
makar's dowie, hindmaist days, at wes inclusit in* **Fergusson – A
Bi-centenary Handsel** *(Gordon Wright Publishing, Edinburgh,
1974) commeisioned bi the ae-tyme Edinburgh Corporation.
Scene Ane follaes, Scenes Twa an Thrie wul kyth in* **Lallans 54** *at
Caunilmass 1999. A performed readin o the play wul be hauden i
Embro's Netherbow Theatre on the nichts o Wednesday 25th an
Friday 27th November an wittins o this ir gien in the theatre's ain
brochure inclusit wi this issue o* **Lallans.**

CAST

Robert Fergusson (1750-1774), the namelie Scots makar.
Forrest, Keeper o the Schelles, an Edinburgh lunatic asylum.
Tom Sommers, an auld frien o the poet.
Dr. John Aitken, a faur-kent medical man o the day.
Fergusson's mither
Fergusson's sister, Margaret.

SET

The action taks place in a chaumer in the Embro Schelles,
ower twa days an ae nicht in September an October 1774.

SCENE I
Evening

Fergusson (*offstage*): But this isnae Tom Sommer's Lodging!
Whaur's this? – oh, Christ, no! (*howls in rage and fear*).

Voice I: (*picking up the falling note of Fergusson's cry*) No!

Voice II: God help us aa!

Shrieks and groans echo behind Fergusson as he runs onstage, and looks wildly around the cell, throwing up his arms.

Fergusson: Betrayed! Cheated intae this mirk Hell by my fause friens!

Enter friends, just coming far enough into the door to allow the Keeper to follow them in. The Keeper sets Fergusson's Bible down on the table. They stand for a moment "speechless fixed in all the death of woe," while Fergusson gazes at them with dangerous calm, then bursts out bitterly, whirls round on them.

Aye, you! Damn your cauld rotten herts that would sae betray me!

One of the friends makes a move to comfort, or apologise; Fergusson starts back and thrusts out his hands to stop him.

Don't – dinnae ye come near me wi yer bluidless comfort, ye whoresum cankered hypocrite! – tae bring me here! Sick, an puir – tae die abandoned in a madhous! Wheesht!

(Stands frozen and listening to wild lunatic laughter offstage).

Oh God damn ye – *(springs at his friend's throat, shouting)* – God damn ye tae Hell!

The Keeper gets behind him, pulls him back and holds him, pinning his arms by his sides. Fergusson struggles, but weakly.

Keeper: Ye'd better leave Mr Fergusson wi me nou, gentlemen ... I'll see'm aa richt, never you worry.

One of the friends makes a helpless, beseeching movement towards Fergusson, who begins to struggle violently again; the friends turn away, embarrassed and saddened, and leave, closing the door with an obvious effort not to be noticed. As the door creaks gently shut, Fergusson shouts after.

Fergusson: Oh aye, go! – Judas friens! What ye've done tae me this nicht should mak the very plainstanes cry oot against ye as ye pass!

Keeper: (*still holding him*) Nou, nou sir, caa cannie nou – ye'll hurt yersel waur nor ye'll hurt me.

Fergusson: (*all the strength clearly going out of him*) Oh God ... let me go, Keeper; I'll struggle nae langir – my hert's owre sair ... (*Keeper lets him go and he turns to him*). I'm sorry.

Keeper: You're ill, laddie, that's aa – lie doun an sleep nou, an get weill again.

Fergusson: (*begins to pace, rubbing his hands together and wringing them, goes to the wall by the window, laying his hands on the stone, as he speaks*) Sleep? (*turns round and begins to pace*) – I daurna sleep – no, no, I'll no sleep – it's terrible cauld in here ... caulder nor it ever was on the ootside – a terrible, starless cauld! – hae ye a dram, Keeper?

Keeper: No, no sir – naethin like that here! Twad just over-excite ye again ... lie doun an cover up wi the blanket an get a heat through ye!

Fergusson: (*unconsoled, still pacing, pausing at every phrase as he jerks it out*) No a dram – nae fire – naethin atween me an the dark and the cauld stanes –

Keeper: I'll leave ye this caunnil –

Lunatic's Voice (*offstage*): Aye, lead kin'ly caunnil!

Fergusson: (*startled by the shout*) Will ye no bide awhile, Keeper? I'm terrible feart o the solitude o this place ... it maks me cauld wi forbodin. Bide a while, onlie a wee while ...

Keeper: I canna sir: I've others beside yoursel – aye, some faur waur nor you – listen tae't ...

They pause in a listening attitude, while the last verse of the 23rd Psalm is sung offstage, in a cracked woman's voice.

Puir sowels ... I maun look tae them an aa, Mr Fergusson – but I'll tak a keek in at ye later on the nicht, sae try tae sleep nou. Ye're safe eneuch here, God kens – I'll be lockin ye in!

He singles out a big iron key as he makes for the door, and locks the door noisily behind him. Fergusson dashes towards the door and shouts through the observation-window.

Fergusson: Aye, man, lock the door – for you're truly the keeper o the keys – the keys o this bottomless pit – the keys o Hell an o death, for this nicht ... (*turns away from door and speaks to himself*) ... for this nicht will be Hell an death tae me.

Makes an effort to pull himself together, and shivers.

Oh, Christ, this cauld's searchin the very marrow o my banes! I'll never be warm – never, never again!

Gives up trying to warm himself, sits defeatedly on the bed and begins to pluck the straw and plait it abstractedly, muttering to himself

Forsaken utterly ... my friens – aye, even my ain mither. Oh God, better tae never hae been born, than tae suffer ae sic nicht o black burnin shame an sorrow!

Jumps up, and takes a few paces, still plaiting the straw, goes to window and looks up and through it.

Why dae ye try me sae sair, Lord? Hae ye a purpose in't? Oh hae some pity! ... I'm soul-weary o searchin for causes – I've kept yer Commandments, every ane – nor lee'd, nor stolen, nor cheated nor whured – an did my best aa times ... yet for aa that, I'm tae be cast oot on this dunghill o humanity! Why is't? – Am I tae be like Job then, a mere object o conceit atween the Lord an the Deil?

He throws up his hands in angry perplexity and goes back to sit on the bed, plucking more straw from it and plaiting it into what he has already made.

But yet ... aye, I've sinned my share, wi my aimless irresolute life – a life misspent, I know, in carousin – runnin awa frae the waes o the warld, happy tae be fou wi friens at Luckie's, an mockin the godly in my drunken dissipation ...

Rises, setting down the straw impatiently and walks uncertainly to the table, idly picks up the Bible, and paces around, gesturing with it to emphasise his words.

– But hae I no burned aa my ungodly poetry, that hymned the warld's fause painted face? – aye, burned it aa, an repented? Hae I no gien up girnin aboot my poverty an my pains? An taen this new ailment wi a chastened spirit?

Sits down on the bed and opens the Bible, looking for a particular passage: finds it easily, and reads:

'Despise not the chastening of the Lord; neither be weary o his correction.

For whom the Lord loveth he correcteth, even as a father the son in whom he delighteth.'

Aye – that's it! – for certain there's a purpose o love in't: the Lord has put his fingir on me tae be aboot his wark –

Puts down the Bible, picks up the straw, and commences to join the ends together to form a circle.

I've taen a wrang turnin, that's aa, an like the shepherd wi the stray sheep, he's beatin me back tae the richt road – his ministry ...

Jumps up and begins to pace with the crown o straw in his hand.

He's calling me tae preach his word in this stinkin sewer o corruption, o cauld herts an drunken justice, o – Aye, I will, when I'm owre this – this awfu cauld!

Absentmindedly puts crown on his head.

I'll put awa the weys o darkness an be a burnin an a shinin licht for the Lord – aye, for wesnae Christ himsel tempted as I've been? Wi demons an wi hungir? An when he resisted – then –

Sits down and picks out a passage from the Bible.

– aye, here it's (*reads*): Then "the devil leaveth him, and behold, angels came and ministered unto him ..."

Looks up, meditating.

Wesnae that true? An after my fasting an forswearing the company o worldly men, did I no see a glorious vision o angels, owre the Tron kirk? Smilin at me wi their plain pure faces?

Touches the crown on his head.

Am I another Christ, set down in Edinburgh?

Stands up, silent, thinking in wonder for a second.

An tae think, I took that vision for a certain warnin o death drawin near!

He begins to pace up and down, Bible in hand, then puts his hand to his brow, as his face darkens with pain and confusion.
The Keeper's key rattles in the door, and he enters. He stands observing Fergusson, who is oblivious of his presence for a few moments.

Fergusson: (*putting his hand again to his forehead*) Oh my puir heid! It's dingin waur than an advocate's on a Sunday mornin! (*Feels the crown*). Whit's this?

Takes it off and looks at it in amazement, then notices the room and the Keeper, like a man waking from a dream.

What am I daein in the Schelles? Wha brocht me here?

Keeper: (*going forward and laying down the porridge*) Friens o yours, Mr Fergusson, sir.

Fergusson: Aye, 'friens' indeed! They think I'm too wicked tae live – but – (*becomes animated again*) – you will soon see me a shinin an burnin licht!

Keeper: You hae been sae already, Mr Fergusson – your name's weill kent the length an breadth o Scotland, so I hear. I hae even heard tell o men as faur afield as Perth, aa crouded roun waitin for the mail-coach wi *Ruddiman's Magazine*, tae read the latest effusion o yer pen! Why, even I masel hae –

Fergusson: No no – you mistake my meanin – I mean, you shall see me, an hear o me, as a bricht minister o the gospel.

Keeper: I'll be unco happy tae see that day, Mr Fergusson, aye will I! – but aa the mair reason tae build up your strength. There's some porridge there will put a heat intae ye, an help ye sleep.

He picks up the bowl of porridge and comes towards Fergusson.

Fergusson: Aye ... set them doun then, an when I'm disposed to eat I'll tak them – but I'd thank you mair for a glass o whisky, for I'm cauld – oh, I'm cauld tae my very soul!

Keeper: (*sets down the porridge and goes to the door*) That I canna dae Mr Fergusson, no even for you sir: speerits o onie description's no permitted here, by order o the magistrates.

Voice (*offstage*): Keeper! Keeper! Ye're wanted!

Keeper: I maun see tae my duties Mr Fergusson: I canna linger. Nou, just you get thae porridge doun ye, an rest laddie! I'll see ye in the mornin, God willin! (*Exit*).

Fergusson: Porridge! At this time o nicht!

Goes over to the porridge, looks at it, leans over to smell it, and recoils in disgust, holding his stomach in comic exaggeration.

Fechs! My belly boggles!

Tron Kirk bell begins to chime ten o'clock, far off but attracting his attention.

Ah ... whit'll they be up tae nou at Luckie Middlemass's? The Cape Club'll be meetin, an Sir Precentor's chair vacant.

Goes and sits down on the bed, light-heartedly putting the crown of straw back on his head, leans back against the wall and crosses his legs, musing.

In front o a roarin fire, gless in haund, a guid plate o Glasgow
herrin tae work up a drouth wi – an ... aye, an efter that
...

Sings The Drinking Song' (Tune: Lumps of Pudding).

> *Hollo! keep it up boys – and push round the glass,*
> *Let each seize his bumper, and drink to his lass:*
> *Away with dull thinking – 'tis madness to think –*
> *And let those be sober who've nothing to drink*
> > *Tal de ral, &c.*

> *Silence that vile clock, with its iron-tongue'd bell,*
> *Of the hour that's departed still ringing the knell:*
> *But what is't to us that the hours flie away;*
> *'Tis only a signal to moisten the clay.*

> *Huzza, boys! let each take a bumper in hand,*
> *And stand – if there's anyone able to stand.*
> *How all things dance round me! – 'tis life, tho' my boys:*
> *Of drinking and spewing how great are the joys?*

> *My head! oh my head! – but no matter, 'tis life;*
> *Far better than moping at home with one's wife.*
> *The pleasures of drinking you're sure must be grand,*
> *When I'm neither able to think, speak, nor stand.*

Still humming the tune, turns the pages of his Bible, and stops
suddenly, to read. (Reads)

Be not among winebibbers; among riotous eaters of flesh.
For the drunkard and the glutton shall come to
poverty: and drowsiness shall clothe a man with rags.

He pauses to take this in seriously, then becomes light-hearted
again with an effort.

Aye, aye, it's true – nae dubiety: I've said it myself, aboot the whisky:

> 'For love to you there's mony a tenant gaes
> Bare-ars'd and barefoot o'er the Highland braes ...'

Ah, my heid's clearin, just wi the thocht o a dram!

Puts his hand to his forehead, discovers the crown again, and realises what he has done: throws it away from him in horror.

Oh God what blasphemy!

Goes and kneels before the window in an attitude of prayer.

Lord, please, help me through this black mirk that's swallowin up my soul alive! For I think I'm in Hell already ...

Screeching lunatic laugh offstage.

– aye, it's true, for I can hear the tormented souls, screechin wi aa the agonies o damnation on them: save me frae this cauld, crazy Hell, Lord, for I'll dee here ...

Editorial – The Scots Heffalump

John Law – Lallans 56

The auld story rins anent aa thae blinnd men sent ti speir whit like wis an elephant. A bit raip wi the end frayed oot, says ane. A muckle tree. A muckle waa. A cruikit horn. A snake. A flag hung oot. The Scots leid is a bittie lik thon, but hit's a heffalump, whaur the spellins o the sindrie bits an the thing itsel ar in the bairntyme o new practice.

Sae ti some, Scots is auld-farrant words thair grannie sayed; ti ithers, a code-shift athin Inglis itsel; ti ithers, an accent; ti ithers, a recurrent leiterarie construct doun the ages o Scots letters, whan whyles sindrie screivers waants ti gie fushion or flavour ti thair language.

Ti thae members o the Scots muvement that waants ti hear the language spoken an see it come inti wider uiss, Scots is taen up as if it wis a ful an suffeicient medium o expression. Truith is, the'r some wark needin duin in that depairtment: slaps in the dyke yet, tho the foonds ar laid.

Caroline Macafee haes written o this as a nationalist project, whaur the ettle is "to isolate a literary variety". Gin the ploy wis as simple-myndit as this, it micht deserr ti fail. Shuirlie in a journal the like o *Lallans*, we'r here ti fructify a leiterarie variety – an ti uise variety in its mair ordnar sense, we ettle ti finnd strenth in allouin the conseiderable ongaun variety o by-leids thair vyce in sayin whit thay can say as pithily as thay will. As ti the politics o it, we'r no fashed: we juist note that there war freins o Scots frae amang aa pairties at the Census collogue in the Pairliament twa-three weeks past.

Sae *Lallans* winna be editorially prescriptive, an will leuk for quality in aa kynds o screivin offert, tho it will aye be willin ti gie space ti fowk at haes cogent prescriptions for ti offer. Ti dae itherwise wad seem ti say at onie creitical response ti whit fowk pit forrit as Scots isna possible or legeitimate: that's havers.

The'r anither pynt efter aa, an it's the main pynt o the elephant / heffalump story: for juist like the baest in quaisten, the Scots language haes a muckle life o its ain, an haes its ain wey o spelderin onie nonsense.

Economic Theory

Sandy Fleemin – Lallans 58

A'm no big man, naebody's ever gien me claes at fits. Wi ma cuffs an breek-legs aye turned up, A'm gled I can hide ablo ma lang touzie hair an baerd whan A kythe in the streets. The war nae queue in the papershop at this time o mornin, till a white collar in tie an jerkin queued up ahint me. A stuid abiech whan the wumman at the coonter turned awa fae me tae sairve him.

"Na, he wis first."

A wis dumfoonert at the civility o the white collar, an spiered at the wumman quick as A could. It's aesy tae git yer heid in a creel an slip a fit.

The wumman pit the ceegarettes on the coonter an teuk ma five pound note richt tenty atween thoum an finger, tryin tae grip it juist wi her lang pink nails the time she wis proggin at the till buttons wi the fingers o her ither haun. She haed on a lot o junk jewellery, haed a tan deep as gar shaw her lace claer throu her white bloose. She lat faa the chainge intae ma luif an turned back tae the white collar wi a wee bit nervish chitter. A lifted the ceegarettes an teuk the door wi me.

It wis a grand mornin, an no ower mony folk aboot at this time. A coonted ma chainge like A should a in the shop, rowed the pound note aboot the coins, an pit the wee paircel in ma jaiket pootch wi the ceegarettes. The white collar cam oot wi his paper.

"D'ye ken whaur A could git a cup o coffee?" spiers A.

He lifted his airm an pynted an A turned tae leuk, but afore the chiel could git a wird oot, what did A see but a polissman. No comin this wey, mair windae-shoppin like, but aa the same A gart ma feet defend ma heid, leavin the white collar staunin thare wi his airm oot.

Oot in the fields again. A'm no ane tae git on the wrang side o the law, A'm no even the kind wad beg in the streets or brek a windae in the winter tae git intae a warm cell. But better bide oot the road o the poliss, ye never ken.

Sae nae coffee. But this is the day efter a fermer peyed me wi a five pound note insteed o the uizual tea an bit breid, an naething's awa tae spyle it. A gits the ceegarettes oot ma pootch syne thinks, matches. That's what comes o gittin aa in a swither. Sleepin in the fields disna mak ye a Boy Scout, sae the'r naething for it but gae back up the toun. Bi this the war a lot mair folk aboot. A'm blamin thon wumman wi her jewellery an bloose, sae it's her shop A'm awa back tae wi ma flechy praisence.

Muckle lang queue, office folk gittin their papers. A stauns at the back o'd an she's watchin me, a wee keek every time she turns tae the till. Mibbie she's wae on lattin on what scunnert she wis at the sicht o me afore. A raxes the wee paircel oot ma pootch an lifts a hale pound coin fae athin. A'm wantin tae see her lattin faa the chainge intae ma luif again like a pan o bilin fat.

She's got a assistant nou. That's a worry, but things gaes conform tae plan.

"Matches."

"Matches." She smiles a instant, gled A'v a genuine raeson for cryin in again, or mibbie juist wi what daft A'v been. She pits the matches on the coonter an A presses the coin intil her luif. It comes ower ma hert a dunt: A dinna think A'v touched anither leevin sowel in years. A'm aa set tae enjoy the meenit she haes tae see'z ma chainge, but syne a grand inspiration faas. A lifts the matches an taks the door wi me again.

"Excuize me!" she cries, but A'm lattin on A dinna hear her. Staunin ootside the shop like A'm thinkin whaur nou? A hears her richt ahint me, "Excuize me!" A uizes the soond o her vyce tae juidge her position an turn awa fae her.

Efter a saicont or twa she touches ma airm. Touches ma airm, can ye imagine? A turns aboot an she raxes me ma chainge. The same quick lattin faa o coins, but wi a "You keep that," like she wis spaekin a bairn.

A staps the chainge in ma pootch. "Whaur can A git a cup o coffee?" A taks the gate she pynts, but A losses ma nerves whan A keeks throu the windae an sees aa the folk. A peety thon polissman haedna been aboot an A'd gotten thare aerlier.

No lang efter, A'm sittin ablo a hedge, reekin awa at the ceegarettes an watchin the corn gittin theirsels richt for the hairst, an thinkin aboot thon wumman touchin ma airm. A dichts ma nose wi ma fingers an notices the'r still perfume on them fae whan A gied her the pound coin.

Whan A think aboot weemin A aye think back tae thon simmer nicht years syne. It wis warm an A wis sleepin richt oot in the fields, but in the smaa oors A waukent an the war this freezin rain. The rain an cauld disna bather me but this time it wis richt freezin. A wanted tae rin for some bieldy hedge but somewey A couldna lift masel oot the glaur.

In the mornin A'd stachert up the toun an sat doun on a saet. A wis cauld but whan A pat ma luif til't ma brou wis like a lowe. A sat thare the hale mornin glowerin at the plainstanes wi folk's feet dunnerin in ma heid, an thinkin, this is it, A'm awa tae dee an the'r naebody kens: a meenit o feelin sorry for masel like that. But syne A hears a wumman' s vyce, "Ar you aa richt?" The effort it wis tae lift ma heid an leuk up. It wis this young wumman, mid-twinties wi broun een an awfu

84

bonny broun hair, dressed for the office but no in whit the fashion columns caas a pouer-suit. "Ar ye needin money?"

She stuid thare an brocht her purse oot her haunbag, can ye imagine that? But A sheuk ma heid.

"A'm fine."

Then she smiled this muckle smile an sayed, "Ye shuir, nou?" She waitit a saicont or twa, syne pit her purse back an awa she gaed, aye smilin. A cairied that smile wi me oot intae the kintra an sleepit throu the forenuin. Waukent no near sae no weel. Ye see, it wisna her siller A wis wantin.

But A sniffs thon papershop wumman's perfume on ma fingers again. If ye want control, weel ay, money's fine. Worth o wirkin for, gin a sowel can finnd the wark. A starts thinkin on winnin a bit gear reglar. Wirk tae a fermer or twa at the hairst, a fiver a day, nae bather. Stop takkin claes an cups o tea, say ye' r wantin the wark an ye'r wantin peyed.

Last May a Braw Wooer

Phyllis J. Goodall – Lallans 59

Barbara markit the last o the bairns' sums an laid the buiks until the press. It wis fower o'clock on Friday afterneen, an she winnered fitwye she wisna as happy as a stirk looten oot in spring, gyan breengin oot ti the fresh air. Syne she min't. Adam Kindness wid be phonin at her, seekin her ti gyang ti some function or entertainment o his Combine Harvester Company wi him. Or, waar nor that, wintin ti tak her hame ti meet his fowk.

Ach, chyach, she hid a nicht's reprieve. She hid a fine excuse ti Adam. Her Mither an Father wis awa ti a bowlin do an she hid ti keep Grandad company. Nae it Grandad wis needin company. Left til his ain ploys he wid hae roon his bosom pal aal Wullie Robertson, an they wid ploo their parks an catch their salmon ti the sma hoors, their reekin pipes deein unspeakable things til her Mither's decor, an their fusky glesses makin rims on occasional tables; or he wid sit at his state o the art computer deein his articles for the local paper, wi Mither's copper-bottomed pan wi a tin o game soup bilin dry on Mither's state o the art cooker. So Barbara hid ti Grandad-sit.

Grandad wis in fine fettle. As seen Mam an Dad wis oot at the door, he screwed doon the volume on the Archaeology programme it him an Barbara hid been watchin, an said, "Ye're lookin afa hingin-luggit the nicht, Baabie. An ilkie time that phone rings ye gie a loup." Grandad missed naething. A lifetime in cattle-dealin hid made him as sharp as a poker player. "Ye're needin some exercise. Watchin this fowk amon aal stanes is nae fit ye're needin the nicht."

"Grandad, I am not gyan oot duncin an leavin you."

"Dinna fash yersel aboot leavin me."

"I wisna. It's faa Aa wid be duncin wi that's badderin mi."

"Ah-ha! His the latest swain fa'en oot o favour?"

"He wis nivver in favour except in his ain conceited opinion!"

"Tut, quine. That's nae wye ti speak aboot Geordie Kindness's fine hard-wirkin loon. Gweed be here, fit he disna ken aboot the insides o a John Deere combine's jist nae wirth kennin."

"Aa ken that. Aa could gie ye a list o the marvellous innards o a combine, it's his conversation piece."

"Maan, that maun raise yer stannin in the opeenion o yer little loons, a teacher wifie it kens aboot combines."

"Maybe aye, maybe no. Bit I dinna wint ti be exposed ti the source o the information the nicht."

Grandad took a sook o his pipe an looket at her soorlike. "Weemen's fickle craiters. Sax month ago ye thocht the sun shone... Well, he's a respectable loon. Adam Kindness's wife, like Caesar's, will need ti be abeen suspicion. Ye micht be flattered that ye fit the criteria, a nice quine, bonnie eneuch, wi an interest in combines, an a grandfather that's a pillar o society."

"Weel, I dinna feel like a nice quine, I've nae interest in bloody combines, bit of coorse I widna gainsay that you're a pillar o certain establishments."

"Ye're a roch spoken hizzy. In ither wirds, ye wint rid o the lad?"

"Nae exactly. He's a gweed loon, nae wanderin hans or sudden grabs in the dark, bit oh me, he's affa wearisome, an I dinna wint ever ti be Mrs Combine Harvester Kindness, an I dinna wint ti face his shock an horror fin he speirs an I say no."

"Amazed wis the laird when the lady said Na," Granda

hummed a bar of "The Laird o Cockpen". "Bit ti gyang back ti fit I wis sayin afore ye started poorin oot aa yer romantic mishanters til's. You an me's needin some exercise. Fin Wullie Robertson an me wis at the Grouse Inn for some refreshment the streen, Wilma gid me twa tickets for the Stovie Dunce the nicht. So fit aboot it, quine?"

Barbara liket gyan aboot wi her grandfather. The fowk he newsed til an the news they hid opened a window on a vanished world o fairmin in the North-east afore the War. Bit she played Grandad at his ain hard dealin game.

"Fit, sit aa nicht amon reekin smokers, gettin water-loggit wi non-alcoholic beverages as you an yer cronies grow conversationally disinhibited wi fusky."

"Conversationally disinhibited wi fusky! Man it wis wirth yer college fees jist ti hear that expression. Is that fit ye caa't fin Wullie says that Mrs Chalmers on the dunce fleer looks like a double-decker bus oot o control? Bit are ye for comin til this Dunce? Or are ye gyan ti sit an molach in the hoose watchin fowk howkin amon aal ruins? Yer Mither will deeve ye aboot lattin's awa on my ain!"

"She'll deeve me waar gin I aid an abet ye an tak ye there!"

"Aye, bit look at the fine time ye'll hae haen. It will be wirth the deevin. I'm awa ti get dressed." Wi a swippertness that belied his achty ear Grandfather wis oot o his chair an awa ti the door.

"Fit will I wear, Grandad?" Barbara had experienced her ancestor's socially disinhibited remarks in the past on what he considered inappropriate attire.

"Yon skin-ticht jeans, Baabie."

Half an oor later Grandfather appeared, resplendent in his kilt, the outfit he wore to compere the local Highland Games.

"Grandad, I thocht it wis dress informal. Ye said ti wear jeans."

"At my age ye wear fit ye like. I canna be deein wi the aal mutton dressed as lamb image, or I wid o haen on ticht jeans like yersel."

As they were gyan oot at the door the phone rang. It wis Adam Kindness. Barbara kint be the wye his openin remarks shapet up that he wis gyan ti tell her aa aboot his sales successes wi combines, aa the charts an graphs for the week. She interrupted him gentle like, sayin she wis lookin efter her Grandfather an she wid need ti ging an keep him company.

"Lookin efter yer Grandfather, indeed! Ye spak as if ye hid been in the middle at speen-feedin saps til a crochley aal craiter in a wheelchair."

Grandad sattled himself contented like inti the car. "On, Jeeves, and don't spare the horses." Him and Baabie were great fans o Wodehouse. She thought "I dinna suppose Adam has ever read or even heard o Jeeves, an he widna approve o his ongyans."

It wis a gran Dunce, an gran stovies. In fit wis mair, Grandad wis a gran duncer. He dunced wi aa his cronies' wives at the aal-fashioned dunces, an their grandsons dunced wi her. Bit fin they played "Rock Around the Clock", Grandad took Barbara up himsel.

"Yer Granny widna dunce this wi's fin it first cam on the go, it wisna decent at oor age, she said. An fin yer mither wis yer age, she widna be seen duncin wi her aal Father. Bit noo the moment his come ti fulfil the ambition o half a life-time!"

Grandad hid gaen ower this dance a lot in his min, surely. He did it like an expert. He reeled, he set, he crossed and cleekit, he spun her roon an furled her. The music gid roon Baabie's hert like a hairy wirm and her feet performed steps and her body performed contortions it she never kint she could dee. She wis aware at some point that the ither duncers hid sitten doon an somebody had turned a spot-licht on them, bit she leuch at Grandad an didna care. Fin the music did stop, aabody gid a great cheer an Grandad bowed graciously an led her back ti their table. "Maan, Baabie, I didna ken ye could dance like that. I thocht ye hid twa left feet like yer faither. My dother's man's nae eese at duncin," he informed Wullie Robertson.

On Setterday efterneen she wis sprayin the roses an Grandad wis snoozin ahin his *Times* paper on a deck chair fin faa should drive up bit Adam Kindness. He cam in aboot ti her wi an affa lang face an the local paper in his han.

"Fit's this I'm hearin aboot ye, Barbara?" he says, near greetin. "Ye telt's ye wis lookin efter yer Grandfather the streen. Bit somebody telt me ye wis at the Grouse Inn makin a spectacle o yersel in ticht jeans dancin wi some tartan army chiel aal eneuch ti be yer faither. I widna believe them bit they gid's the paper wi the photo! I could hardly believe sic a thing o ye. I've come ti say goodbye. I never thocht ye wis that kin o quine." In self righteous dejection the disillusioned wooer treetelt back til his car.

The *Times* on the deckchair gid a hoatch an Grandad surfaced. "Aal eneuch ti be yer father, Baabie. An him thocht ye wis at hame speen-feedin saps til a crochley aal craiter in a wheelchair! Lat's see this picter o's. Dinna greet, Baabie, he'll be back fin he fins oot the truth."

"I'm nae greetin, I'm lachin," said Baabie, nae very sure hersel.

A Shot at the Baw

Dauvit Horsbroch – Lallans 60

Fitba haes a lang historie in Scotland tho it wesna aye the gemm that awbodie kens the day, played bi the ae rules, an for the ae reasons. Ordnar accoonts o the gemm tak tent o its historie fae the 1860s but daena say muckle o the centuries aforehaun. In medieval tymes, the gemm wes cryed doun as a distraction fae aircherie; a skeil o arms Scotland's kings wantit tae uise agin onding bi Ingland. Whan the Reformaition cam alang the playin o fitba wes regairdit bi the new kirk as a relic o Catholic fests an disrespectfae o the sabbath. In modren days fitba haes affen oxtered wi distrublances an fechtin. For aw that, maist fowk wad caw it a bonnie gemm fou o skeil an pass, rare tae watch, an gien tae rearin up characters.

In raikin the auld registers – an speirin at fowk – it wes suin patent that the Scots leid is weil tochert o fitba vocabular. For tae bigg a dictionar o Scots fitba terms, aw kyn o buikies, fitba glaizies an Scots dictionars war gane throu. In the simmer o 1998 a letter wes pitten aff tae 56 fitba clubs in Scotland speirin for infurmaition. It wes weil seen (but no ower surpreisin) the'r fowk oot thare that richtlie ken whit Scots is. Tak, bi wey o ensample, the repone fae ae bodie at St Mirren Fitba Club:

"While your interest is in presenting a Doric/ Scotch appreciation of all things football, I would venture to suggest that such phraseology is more likely to be found in the Highlands rather than with us sassenachs!"[1]

---

[1] Letter fae A. MacLachlan, 'editor', St Mirran FC, Paisley, 6 August 1998, tae D. Horsbroch.

Apairt fae the fact that nae Lawlan Scots speaker can ever be a 'sassenach',[2] it daes mesmerise a bodie that onie cheil wad regaird the Scots leid as belangin the Heilans. In speirin at clubs it wes patent that a puckle belanged til airts fouthie o terms, but didna ken it. The secretar for Arbroath FC wrate back tae say, "This area has a strong dialect of its own but there are no words or phrases that relate to football."[3] Still an on, ae bodie that belanged tae Forfar wrate back wi a curn terms fae the Angus airt.[4] It isna muckle wunner that the feck o clubs aether wrate tae say thay cuidna help or clapt thair thoum on the letter. Efter aw, the haunlin o sic clubs is fitba, an no Scots. Houanever, here is a Scots vocabular – unner the nebs o maist fowk – that is pairt o the ordnar identitie o hunners o thousans o Scots fowk gauin tae fitba. This is whit wey the terms shuid be brocht thegither an set forth.

The Makkin o the Modren Gemm 1867-1918

Atween 1867 an 1873 competeition atween the Scots an Inglis brocht on the furmaition o an associe o Scots fitba clubs for the first tyme. It wes in Julie 1867 that Queen's Park (in Glesca) becam the first constitute fitba club in Scotland. Fae the stairt, Queen's Park heidit onie relationship wi teams sooth o the border. The war a 'Scotland-Ingland' gemm at Hamilton Crescent, Glesca in 1869 (nae brains baith) but as yet nae official naitional squad. But this wes awa tae chynge whan the Suddron pit his neb in:

"...the secretary of the English FA arranged a series of four matches between England and "Scotland" in London in

---

[2] Sassenach is a form o the Gaelic *Sasunnach* meanin 'Saxon' (Inglisman). *The Concise Scots Dictionary*, p.581, is wrang whan it states: "Saxon, English; a non-*Gaelic*-speaking Lowlander, the Scots and English languages not being differentiated in Gaelic." In fact, Scots wes cryed *Beurla Ghallda* ('speak o the ootlins' an Inglis, *Beurla Shasunnach*, ('speak o the Saxons'). The uiss o Beurla for 'Inglis' is modren.

[3] Letter fae C. Kinnear, secretar, Arbroath FC, 7 August 1998, tae D. Horsbroch

[4] Letter fae D. W. Porter, 19 August 1998, tae D. Horsbroch.

1870. England won three matches and drew one, but the Scots were not satisified. They did not regard a team picked by an Englishman, composed of exiles, as trufy representative."[5]

On 30 November 1872 Queen's Park played the FA o Ingland at the Wast o Scotland cricket club in whit wes the first official Scotland-Ingland bawin. Aboot 4,000 fowk gaithered tae watch it: here wes a gemm that didna juist intress Scots but brocht thaim thegither in naitional speirit. The affcome o this bawin wes a gaitherin o echt clubs on 13 Mairch 1873 that founit the Fitba Association o Scotland (FAS).[6] The Scots Tassie wes stairtit in 1874 an on December 6 1882 the fitba associations o Ingland, Irland, Scotland an Wales forgaithered in Manchester tae see that the rules o the gemm war conform in ilka kintra. At the ae tyme the Internaitional Fitba Association Buird wes set up tae hae owerance o the laws o the gemm.

The FAS decydit in Mey 1887 that its memmers shuidna belang onie ither association an sae Scots teams that competit in the Inglis FA haed tae demit fae hit. Fitba wesna sae strang in the Borders whaur Rugbie League, inbrocht fae Norlan Ingland efter 1870, wes taen up an becam the heidmaist gemm o the airt. The Waster Heilans bade wi shinnie (camanachd) for the maist pairt but fitba in the airt wes gien a lift whan the first bawin unner constitute rules wes played in Innerness on 7 Mairch 1885.[7] The Heilan Fitba League itsel wes born on 4 Mey 1893. The Fitba League o Scotland (FLS) wes founit in 1890 an played its first gemm agin the Fitba League o Ingland in 1892 follaed bi ane agin the Fitba League o Irland the year

---

[5] Chris Nawrat an Steve Hutchings, The Sunday Times Illustrated History of Football, (London, 1998), p.8.

[6] The Fitba Association o Ingland wes founit in 1863.

[7] McAllister, Highland Football League, p.173.

efter.[8] Tho Ingland haed first constitute rules, the Scots war affen aheid in biggin up the gemm. For ensample, the first train pit on for a bawin onie gait wes for the Scots Tassie Gemm o 1881 atween Dumbarton an Queen's Park, an Glesca Celtic war the first club tae bigg a press box at a fitba grun (at Celtic Park in 1894).

Fae the 1860s onwards the war a stoushie anent stickit players turnin journeymen, an gettin pey fae clubs. A puckle rare players haed awreadie gaen doun til Ingland wi the hecht o guid siller. Ingland nou haed the upper haun in allouin journeymen fae 1885, an it wesna lang afore the FAS haed tae dae the lyke in the howp its daddies wad byde at hame. In Mey 1893 the FAS alloued players tae turn journeymen an stairt takin a pey sae that bi the mid-1890s Scotland haed aboot 800 players markt up as journeymen amang 83 clubs.[9] Bi 1913-14 this haed grown tae 1754 players mang 90 clubs. The war nou sae monie clubs that a saecon diveision wes stairtit aff, in 1893, an a thrid wad be eikit in 1923.

At the heid o the 1900s fitba wes faur ben wi the wirkin men o Scotland (an affa fitbawers war collyers), even mair sae nor in Ingland whaur a mair middle cless follaein wes patent. The Scotland-Ingland bawin at Hampden in Aprile 1906 wes the first wi ower 100,000 comin alang tae see it, an it wes growin forth o the Unitit Kinrik forby. FIFA wes set up in Pairis in 1904 but the teams belangin the Britain Isles regairdit the continentals as pittin nebs intae thair ain maiters, an bade awa. Houanever, Scotland an Ingland gat feart that continental fowk wad tak ower fitba sae Ingland jyned FIFA in 1906. Scotland evytit the quaistion a whylie mair but jyned in 1910. The FAS harled its feet anent sennin teams ootlan but

[8] The Fitba League o lngland wes founit in 1885 efter an owerture fae Weelum McGreigor – a Scot.

[9] Bob Crampsey, The Scottish Football League The first 100 Years, (Glasgow, 1990), p.28.

throu 1913-14 a puckle teams sic as Celtic, Herts an Queen o the Sooth war alloued for tae gang roun Denmark, Finland, Roushie an Portingal. The weir o 1914-18 wes a rare excuse for the FAS no tae sen a naitional sqad ootlan an it wad turn doun offers richt till the dowp-en o the 1920s.

Minnie's Hogmanay

Sheena Blackhall – Lallans 60

It wis the eve o Hogmanay. It wis Winter an it wis the Sabbath, an Minnie Bruce hid chilblains on her feet, an chapped fingers. Forbye, it wis aa her ain wyte. Fin the first storms blew in ower the Hill o Leddrach, she hidna packit her schule buits wi hey tae line an warm them. Mairower, she hidna telt her ma that her buits war leakin, because she likit her buits an wis feart that her ma wid gar her weir an auld pair till the weather cleared eneuch fur the Bruces tae win tae the soutar ower at Dunracht tae get her new anes. She hid tried tae warm her chilblains on the steen pig in her bed at nicht, bit the heat gart them dirl an itch aa the mair.

In coorse weather like this, the feed men cleared the road sae the milk cairt cud fecht its wye throw the drifts an makk the skyty journey echt mile inno the toon tae her Granda's dairy. Except it wisna Granda's dairy onymair, it wis Granny's, because Granda Bruce hid deid a pucklie months ago an hid flitted ooto his hoose in Dessloch Place tae a lair in the neuk o the Machar Kirk. Minnie's fowk had bin ower taen up reddin up her granfaither's affairs tae worry their heids wi the sma maitter o buits. It wis ower late noo tae tell her Ma that her buits war leakin, sna hid bin dingin doon in blin drift fur days. It wid takk oors tae fecht throw the fite sottar tae the soutar's. Ma wid gie her short shrift onywye, it wis aa her ain pride that caused the chilblains, she kent that.

The chappit hauns war doon tae pride anaa. Twice a day, mornin an nicht, Minnie wis auld eneuch noo at twal year auld tae help wi the milkin ower in the dairy ... thirty reid Ayrshire coos in the herd an her favourite Jersey coo, Patty. Patty wis the colour o meltin toffee. It wis Patty's thick creamy milk that the Bruces used fur thirsels. The Ayrshire milk tho, wis guid eneuch fur the toonsers fa widna ken ony better. Afore a coo wis milkit, ye hid tae wash its teets wi warm watter, tae dicht awa ony skirps o sharn or fool strae ... fur the beasts war keepit in the byre aa winter, an muckit oot bi the bailie as pairt o his darg ... bit likewise, the warm watter wis tae gar the coo think its calflie wis sooklin it wi its sappy hett moo, sae the coo wid lat doon its milk. Minnie's hauns war steepit in the watter sax times, mornin an nicht, fur she hid chairge o six milkin coos ... a lang business haun milkin. It cud takk twinty meenits tae strip a coo o milk, tho they kent Minnie an trusted her, sae it wis quicker wi her. Nor wis thon the eyn o't. The milk hid tae be be stored in pails an cans an basins in the milkhoose, afore Minnie warssled her wye throw the sna back tae the fermhoose ... usually withoot pitten on her mochles on her hauns ... tae colleck her slate an piece an chakk gin it wis a wikkday, fur the sledge hurl ower the parks tae the schule at Leddrach.

At Kilrogie schule the bairns hid bin makkin slidies o sliddery ice, an biggin snawmannies an haein snabaa fechts amangst thirsels fin the schule wisna closed bi the weather. Tho Minnie wore her mochles tae the schule, the worsit wis sune weety an stervin wi the snaa, an bi the time she cam hame throw the parks, the wivven fingers o them war pirled wi ice, an the hauns inside them war chappit an hackit an stounin wi sairs an ragnails.

The day, tho, she widna be alloued tae plyter aboot in the snaa. It wis the Sabbath, an Minnie's fowk war riggin fur the fower mile haik tae the kirk. Nae maitter foo coorse the weather they maun makk the journey, fur her faither, Matthew, wis precentor, an the fowk culdna sing a note wioot him. Neist tae the meenister an the beadle Minnie's Da wis the maist important body there. Yestreen, he'd pued Minnie's sledge tae the smiddy ahin Prince, the horse, sae the smith could fit the muckle shelt wi iron sheen, an sherpen them wi spikes haimmered inno ilkie hole tae grip the ice an save the breet frae skytin. Minnie's da ained five horse, aa wi their ain wyes an naturs, aa wi their ain histories ... Prince, Tibby, Fauldie, Jimmy, Nancy, an her ain horse, Daisy. Da hid gien her Daisy on her saxth birthday, they hid grown thegither. Fin Daisy'd bin aa legs an lowp, sae hid Minnie. She lued Daisy near as much as she lued her Da, faith, she'd hae bin hard caad tae chuse atween them if push cam tae shove.

Minnie didna care muckle fur the smith. Fin he booed ower Prince's hoof she hatit tae watch him chappin in the nails, tho she kent it didna hurt. The smith's face lichtit up wi the fire fin he blew the flames inno a roarin lowe wi the bellas. His physog wis lined an swyty an blaik wi seet an styew, like the Deil micht luik, if iver the Deil steppit ooto the pages o the Haly Buik.

This mornin her bedroom windae up in the attic wis glittery an fite wi frost. Minnie hatit risin on frosty mornins, pittin her hett taes frae aneth the cosie sheets ontae the steen caul linoleum, ruggin on her claes tae stop her teeth frae chitterin, gettin eesed again tae the scrat o the roch knittit knickers that ma hid wuvven fur her ooto a hank o grey oo, seein her breath hing afore her in fite clouds. On sic a day her snoot cairriet a permament dreep an her lugs war like twa pink shells that hid bin nippit bi a labster. She blew hard on the windae, bit thon jist saftened the frost inside them the smaaest thochtie. Faith, there wis even icicles hingin frae the windae-frames, wee eens, the size o bitticks o brukken spunks. She tuik her hard wee nails an rugged them doon the ice. Thon gart it shift, eneuch tae see oot ower the parks. Winter hid tichtened his grip throw the nicht. He wis aawye, a king in his kingdom.

Nae a breath o win wis steerin ootbye. The ruts o the cattle coort war shmoodery wi skiffins o snaa, the dry girse, the colour o torn broon paper, powked through the snaa like horse hair through the holes in an auld burst leather cheer. Rose hips at the fit o the kailyaird war reid as the robin's breistie, an ower the washin green, the snaa hid laid a saft fite bowster, that wis criss-crossed bi the merks o tackety buits, an the wee pronged tridents o birdies' feet. Ower bi the gean in a neuk o the girse wis the preints o Benjy's paws, an the yalla cercle roon the claes pole far he'd peed fin he'd left the hoose this mornin wi Minnie's Da, tae check on the horse in the stable.

Ilkie biggin an steadin fur miles wis thackit wi snaa, an the tail o ilkie slate reef hid a fringe o icicles, dreepin. The yalla sun gart the hyne-aff Leddrach dam shine like mither o pearl, far the fite swans chittered atween the floes o ice. The hairt o the grun wis like iron. In the Spring, the grun clung tae yer fit fin ye trod ower it. In Winter, it threw ye aff. Bit Winter or nae, the Sabbath wis the Sabbath, an doonstairs, her ma wis cryin on her.

"Minnie, yer parritch is oot. Ye'd better be up an riggit, we'll be leavin early the day tae be sure tae win throw the snaa in time fur the kirk!"

Doon the stairs she ran, tae the warmth o the kitchie. Meg Ramsay wis ower at the sink parin tatties fur dennertime soup. Da wis feedin the gowd chyne o his hunter watch throw the eelits o his westcoat. His buits war shinin like sharn, ye cud see yer face in them, the sapples o soap war still weet aneth his lugs, far he'd razored awa his stibble, an his mowser wis washed an caimbed as gran as a provost's. Her ma wis preenin a wide, feathery hat ontae her thick blaik hair. Sally Bruce hid a tweed cape buttoned roon her neck, an a thick worsit scarf wi matchin mochles. She wis a bonnie wummin, the mistress o Steenhillock, stoot kyne, bit cairriet it weel. Hingin doon frae her collar wis a jabot o fite lace, preened bi a mauve Cairngorm she'd gotten frae her fowk at Migvree fin she'd left her hame tae merry an bide wi Steenhillock. She wis coontin the cheenge frae her purse, tae makk siccar she'd mair our eneuch tae pit in the plate the elder wid haund roon inbye the kirk.

Matty, Minnie's brither, wis riggit in lang hose tucked in aneth his knee-length breeks, an a thick tweed cap ruggit doon ower his lugs. His galluses wadna bide buttoned, an Matty's mither wis ficherin wi them.

"Sup yer parritch, Minnie, yer ay ahin like the coo's ae tail," her mither raged. Bit her Da winked at her frae ahin her Ma's back, an wyted wi the quinie while she teemed her platie, an helpit her up inno the governess car fin they won ootside. Tibby wis hitched tae the black, springy car, stampin an snocherin an tossin her lang blaik mane. Minnie's Da gaed roon tae hae a wird wi her.

"Whoa lass, bonnie lass, wheeshtie wheeshtie noo," he said, smeethin doon Tib's flarin nostrils. "Ye'll get a feed o oats fin the kirk's skailed, an a fine rub doon in the stable. A bittie less temper an a bittie mair peace."

"God-sakes," mummilt Minnie's ma tae her twa half-grown bairns, "Yer Da should hae merriet a shelt. He's half-shelt as it is. I sweir he spenns mair time in the stable than he dis in the hoose. He's mair conserned aboot Tib bein cauld than us. An it's dashed weel stervin in this car, sae it is!"

Bit noo Tib wis sattled in harness, an doon the road they gaed past the peat shed an the byre, birrin on past the stable, the chaumer, the neep shed, an Jock Dow's chaumer, on the wye tae the kirk, the wheels o the governess car leavin sheeny tracks o ice on the skyty brae.

The wids that cercled her faither's parks war like burgundy, winybroon an bare, in the deid-thraa o Winter. A robin wheepilt oot tae them frae the tap o a rukk. The brummil buss at the road eyn wis like barbit-weer, the deid brummils war wee hard pirls o blaik, like rabbit's drappins. As they trotted atween the drifts o icy snaa, a craa on a gean branch abeen them opened an shut its dowp feathers like a leddy clickin her fan, an craiked efter them hairse wi cauld. The sheughs bi the road war rinnin fu o blaik bree.

Minnie teetit at the burn ower the side o the governess car, watchin a branch trail its fingers inno the watter. Lang patterns o lirks an swirls o blaik an fite ran far the sun catched the wattery treelips o snaa bree, garrin them shine in the yalla, blearie sun. There wid be nae skatin at the Leddrach dam this year ooto respeckt fur the Troot Wallie cottars, fa's dother Jessie hid drooned hersel there last Yule, raither than hae the bairn she wis cairryin. Fa the faither wis, anely himsel an Jessie kent, fur she tuik their secrets wi her tae the grave. "Watter christened her, an watter kistit her," Minnie's Ma hid said. "Fur the lips o a fremmit wummin drap as hinney frae the caimb, an her moo is smeether than ile ... bit her eyn is wersh as wirmwid, sherp as a twa-edged sword. Her feet gyang doon tae Daith, her steps takk haud o Hell" Minnie's Da hid said, quotin frae *Proverbs*, fur he hid taen it as a personal affront tae himsel an his poseetion as an office bearer in the kirk that ain o his maids hid gotten hersel bairned on his ferm, like as no wi ane o his feed men. Tho Jessie Mathieson hid brukken the commandments, as weak as Eve afore her, Steenhillock ooto thocht fur her faither Dod, an scunner o the Dam itsel, hid banned Minnie fae settin fit within a hunner yairds o't.

The governess car wis doon on the main road noo, bit the main road wis a thin cleared path atween waas o glimmerin snaa. Tibby's sherpened hooves, tho, held firm on the skyty ice. The snaa hid stoppit, the kirk wis reached. The Bruce faimly made ready tae step doon ooto the car an takk the wee pathie atween the heidsteens tae the kirk door, far the beadle wis ringin the summons tae prayer frae the muckle moo o the Steenhillock Pairish kirk bell. The smaaest steen in the kirkyaird wis vrocht in the shape o a hairt, an chiselled on't wis the bare twa wirds "Wee Jaikie", a cottar's bairn fa hid deed in last year's winter storms o pneumonia. Minnie chittered, tho her claes war warm. Her faimly hid gaen tae the funeral, fur the cottar faimly war kirk bodies, bit the gravedigger'd opened the wrang lair, an the grun bein hard it tuik gey near an oor tae full it in again an open the richt een. Minnie kent maist o the names on the steens, fur fowk didna flit verra far langsyne fin they merriet, nae like her ma, fa belanged tae Migvree awa at the back o Beyont.

Tae Minnie's faither, Hogmanay meant little. Bit the quine kent fine that nae suner wad they win hame frae the kirk an supp their denner, than her mither wad clean the hoose frae tap tae boddom, Sabbath or nae, in honour o the New Year comin in an the Auld gaun oot. At Migvree, she telt them, they'd licht fires fur the Daith o the Auld Year, an first fit aa their friens fur a wikk an mair. Her man, Steenhillock, widna entertain ony o yon Heilan kinno notions, they'd the whiff o the Heathen aboot them, he said. Fur aa that, he wad poor his neebors oot a seasonal dram fin they cried inbye the ferm ower the neist fyew days, nae eneuch tae senn them aff teeterlogic like some did, tho. Their beasts an their weeminfowk wadna thank ye fur sennin them hame blin fu. He hid seen ower many byres fou o hungry beasts roarin in the staas wytin fur their maisters tae cooer a New Year debauch an wis far ower ceevilised tae add a sup fusky tae the horse troch, like some fermers did, as tho the horse wid thank ye fur't!

The kirk wis near full fin they won til't. Like the beasts in the byre, aa kent their ain staas. Minnie's faither drew oot the tunin fork frae its boxie, and gaed forrit tae staun aneth the pupit. The beadle, Gordon Watson, hirplit up the wee steep stairs wi the great blaik Buik wi its gowd edged leaves, an opened it up far the meenister'd merked the place wi a lang reid ribbon. Syne he hirpilt back doon again tae repeat the trip, this time wi a glaiss joog o watter an a tummler in his rheumaticky hauns fur fear the Reverend John Geddes needit something tae clear his throat.

"I wish Mattha Bruce widna pitch his tunes sae low," Minnie heard Mrs. Baxter frae Lower Kilrogie girn tae her man. "An button yer spayver, Geordie, yer a damt affront comin inno the kirk wi yer shoppie door open."

"Haud yer wheesht, wummin," her man jibbit back. "A deid bird winna drap ooto its nest. Bit I'll faisten it tae please ye. It's nae as if I'd deen't on purpose!"

Minnie keekit up at her mither tae see foo she wis takkin this exchange. Sally Bruce's expression niver lat dab. Da widna hae thocht it wis funny, Minnie jeloused, piously.

A sma voice wis nae eese ava fur a precentor. Matthew Bruce's voice fulled the kirk, frae the baptismal font tae the lamplichts in the upstairs pews, the sort o voice that gaed roon yer hairt like a hairy wirm, sonorous, an rich, an roon. He didna ken mony tunes, bit then neither did the congregation ... French, Kilmarnock, or the Auld Hunner war the favourites, mebbe a dizzen tunes at maist. The pye wis sma, bit as her da remairked, it wis 'aa the easier tae cairry hame.'

There wis a reeshle o hymn buiks, the whiff o peppermints pitten inno moos tae be sookit, a twa three hoasts an blawn snoots, an the Rev. John Geddes wheeched throw the kirk in his blaik suit an his fite dickie collar, wi his blaik goon ower it aa like a hoodie craa. It bein near eneuch Hogmanay he hid fand a suitable text, frae *Peter* Chapter 5, verse echt.

Be sober, takk tent, because yer enemy the Divil as a roarin lion walketh aboot sikkin fa he micht devour.

Sittin atween Matty an her Ma, Minnie turnt feart fur her mither, Sally. Aften, afore Steenhillock's wife turned in fur the nicht, she wid poor hersel a skirp o fusky frae the bottle wi the Fite Horsie on the front o't, a trick she'd learned at Migvree, far fusky seemed tae be the cure fur aathing. Her Da anely drank strang liquor at communion, or mebbe ae wee dram at a waddin or funeral, jist tae be sociable like. Jock Dow, the grieve at Steenhillock, wid be teeterlogic at the bells, ay, an nae jist Hogmanay, either. Minnie myndit fin she an Isie hidd heard Jock Dow roarin ooto him fin he'd pitten a young fee'd loon throw the mystery o the Horseman's Wird, likely that wid be the Divil tryin tae chaw him, the nesty, drunken, grissly breet that he wis. Even the Divil tho widna devour Jock Dow, unless the Divil wis byordnar hungry.

It wis a lang service, an a langer sermon, an efter the elders hid taen the wee velvet baggies o siller forrit tae be blessed, an the congregation hid bin blessed, cam the anely bit Minnie really likit in the kirk fan the Rev John Geddes raxxed oot his blaik airms, an Da led the singin in the hinmaist blessin:

> The Lord bless ye an keep ye,
> The Lord makk his face tae shine upon ye
> An be gracious untae ye
> The Lord lift up his Coontenance upon ye
> An gie ye peace.

There wis something byordnar sweet ayont aa wirds, in thon blessin. Whether it wis the tune she likit, or jist cause it wis the eyn o the service, she cudna be sure, bit she likit it byordnar weel. Noo, tho, the elders war filin oot an the pews war skailin. Oot she gaed tae the moo o the kirk, far her mither an faither war newsin in the mids o twa separate boorachies o fowk. Bi bitter experience, she kent they'd be there fur a whylie. Minnie wyded throw the snaa atween twa graves, makkin fur a flat steen tae dowp doon on.

O a suddenty, her lug wis stung bi the fing o a snaabaa crackin aff the side o her heid. Her lug felt as if it wis on fire, it wis stoonin, dirlin, swallin. She furled roon, een bleezin, an anither snaabaa hit her full on the face this time, splittin her boddom lip. Nae ordnar snaabaa wad hae daen thon ... luikin doon, she could see a steen in the mids o the snaabaa that struck her last. Then, she heard a stooshie get up, a fecht atween twa loons ... Alec Mathieson was haudin her brither Matty doon in the snaa, rubbin his snoot in it, an Matty wis skirlin ooto him like a stuck pig. Alec Mathieson wis five year aulder than Minnie, ane o the Troot Wallie cottars, ane o her granmither's dairymen in the toun, hame fur the Sabbath day sae his mither micht wash his sarks.

Her faither strode ower an yarked Alec affa Matty's back in a towerin rage, winnerin fit hid taen his bailie's loon tae dae sic a thing tae Matty.

"He's jist fowerteen, min, ye'll kill him. Fit's aa the stramash aboot onywye?"

The beadle, Gordon Watson, hid seen Matty pittin the steens in the snaabaas an peltin his sister Minnie wi them, an tuik great delicht in tellin the precentor.

"Is this richt, Alec?" Matthew Bruce speired the young dairyman.

Alec Mathieson noddit. Steenhillock turned tae Matty wi a face o thunner.

"We dinna wash wir fool linen in public. Get in the car noo, Matty. You tee, Minnie, yer lug 'n yer moo'll need some sma attention." The faimly drave hame in silence, ahin the braid blaik dowp o Tibby. Fin the shelt drew up in the ferm coort, Matthew Bruce telt his loon tae ging intae the stable afore him. Minnie kent it widna be jist tae help rub Tibby doon an dry her oot, or gie her her feed. Faither wis lowsin his belt afore the loon won ower the stable door. The door swung tee, there wis a meenit's wheesht, an then the skelp o leather on bare flesh, nae eence, bit mony times, an the yelp o pain frae Matty as the belt wis yarkit doon on his bared erse.

Minnie's Da cam ooto the stable haulin Matty bi the lug, an flang throw the fermhoose gairden gate like a bun shaif.

"Did ye need tae be sae hard, Mattha?" speired his wife.

"He that spareth the rod, hateth the son. *Proverbs*, twinty three," cam the repon. "Forbye, wummin, hae ye seen the sottar he's made o the lassie's face?"

Matty wis pit tae the stable tae meat the horse wi the grieve efter his faither cweeled doon, an efter that tae muck oot the byre wi the orraloon, fur it wis Sabbath an the cottars' day aff. In the ordnar wye Matty wid hae bin upstairs, learnin the lessons fur hame that he'd gotten frae Strathbogie College in the toon. Bit the day, if he chose tae behave a beast, he cud bide wi them, his faither said.

Denner hid bin an unco strained affair. Sally Bruce thocht her man made far ower muckle o Minnie. Mebbe Matty hid bin some coorse, bit it wis ill tae thole seein Steenhillock pet her the wye he did, as if the cauld win shouldna blaw on her. Minnie's Ma an Da hidna spukken twa wirds tae ain anither, except fur the grace:

> *Some hae meat an canna eat*
> *Some wad eat, bit wint it,*
> *Bit we hae meat an we can eat*
> *An sae the Lord be thankit.*

The broth wis cauld, the pudden wis brunt, Matty'd bin thrashed an Minnie's moo wis split an her lug wis twice its size. Apairt frae thon, aathing wis fine. Matthew Bruce teemed his pudden plate, banged on the table an gaed upstairs tae cheenge ooto his Sabbath claes. The horse wid need fresh beddin, an ane o them needit liniment rubbit inno a sair jynt. Sally Bruce wis swypin the stoor frae ilkie neuk wi a vengeance, near rubbin the face aff the flagsteens at the ootside door. The maid, Meg Ramsay, hid born the brunt o the seen-tae-be-Hogmanay cleanin yestreen, an hid socht fur a full day aff. The sweep hid bin in an cleaned the lum a wikk syne. The New Year maun hae aathin clean an bonnie fur it, inside an oot. Minnie, tho, wis dowpit doon afore the fire, haudin a cauld cloot tae her hett lug an her fat lip, tae bring doon the swallin, watchin the flames lowp up atween the broon peats crummlin inno the aisse an smush at their reid, reid foon.

In the hinmaist oors o the auld year, Sally Bruce sat Minnie doon tae spreid egg sandwiches, while she bakit scones an bannocks an biscuits fur first fitters comin. Aa the curtains hid bin cheenged, even the beds hid bin strippit an clean beddin pit on. Dumplins war biled, tae see them intae the new year fur kinsmen wad tramp roon fur days seein aa their closest friens tae hansel the year. Matthew Bruce cam back intae the hoose fin the horse war sattled, an the milkin ower an by, wi Matty at his heels, an uneasy kinno a peace atween them. The clocks hid tae be wun up, the auld granfaither clock at the fit o the stairs first ava, an the fires biggit up tae keep the cauld oot, fur the snaa wis driftin roon the waas like a cat rubbin itsel up agin a cheer wintin a dry lap tae sit on.

Afore they kent, sae eydent they'd aa bin, the Auld Year'd gien wye tae the New, an Jock Dow the grieve wis chappin at their door wi a bottle ... a reid-heidit chiel, their first fit. Nae lucky, bit fit could ye dee? Turn him awa on sic a nicht as yon? Sae in he cam, wi a kirn some cottar bairns at his tail, singin their yearly pairty piece:

Rise up guid wife an shakk yer feathers,
Dinna think that we are beggars,
We're anely bairnies cam tae play,
Rise up an gie's oor Hogmanay.
The nicht's cauld, oor claes are thin,
Gie's a piece an let us rin!

Minnie's fowk tuik the bairns in aboot tae the fire tae gie them a heat, an a tangie, an a drink o rose-hip jeely, an tae dry oot their weet mochles afore Jock Dow led them aff like the Pied Piper tae the neist hoose.

"It's easy kent he's nane o his ain," Matthew Bruce said as he tuckit his wife aneth his oxter. "Or he widna be sae keen tae shepherd aa ither bodies' bairns. An I dinna suppose it wad hae onythin tae dee wi the fack that fowk'll aye open their door tae a bairn ... they michtna be sae keen tae let Jock ower their porch his lane wi a drooth like his."

Neither Minnie nor Matty war lat oot tae sing roon their doors, sae Hogmanay feenished seen efter fur them. Sally Bruce gaed her loon his first dram, fin his faither's back wis turned, an Minnie got a hett milk drink an a steen pig tae takk tae bed wi her. Afore she knelt doon in her goon on the cauld fleer tae say her prayers she tuckit her dallie Betsy inno her bed, an creepit ower tae the windae tae look oot ower the parks an the starny lift. It wis a peety Jock Dow hid bin their first fit o the Year, tho Da hid lauched an telt her Ma it wis aa superstitious styte. The snaa wis dingin on rale faist an saft noo, wi flakes the size o peppermints, the lug o the nicht takkin tent o the littlin's prayer:

Noo I lay me doon tae sleep
I pray the Lord my sowl tae keep
If I should dee afore I wakk
I pray the Lord my sowl tae takk
May Thine be the Pouer an the Glory
Foriver an iver an iver
Amen

For some reason it wis affa important tae Minnie tae say three forivers, like it made it three times as likely the Lord wad takk tent o fit she wis sayin tae Him. She winnert far the Lord tuik fowk that dee't, like Jessie Mathiesoon, puir glekit Jessie, fa's place in the kirk as yet hid nae bin fullt.

The Lawland Tradeetion

Sheila Douglas – Lallans 60

Onybody veesitin oor planet fae ooter space an landin in Scotland in 2002, micht tak it that aa oor muisic and sang cam fae the Celtic springheid o oor culture. Mony singers an muisicians complouter wi this, for it is the swey o the fassoun the noo. Maist o the wad-be fowk baunds ettle tae tak on a Hielan soun een gin the pipers an fiddlers belang the suthren hauf o the kintrae. The muisic o the Gael is shairly gey bonnie an winna be tint een gin the leid slips awa, an it has spreid its puissance throu oor tradeetion. Ye cannae twine oor twa leids the tane fae the tither, ony mair nor ye can sinner baith o them fae Norse. In the same wey, oor muisical tradeetions are aa jined thegither alang the same faimly lines. Sae tae cry them aa Celtic isnae the haill truith.

Maist fowk hae heard o Aly Bain the weel-kent Shetland fiddler, wha canna read ae note o muisic but has been gien an honorary doctorate fae the RSAMD as weel as an MBE fae the Queen for his heich an rare inpit tae oor musical cultur. He has borne the gree for mony a year aa roon the wardle for his skeel an airt an mony a young muisician hauds him in the heichest respeck. His ruits o coorse are in the Northren Isles whaur the leid an the muisic baith kythe the fushion o the Scandinavian lands. Aly bides in Swaden noo, as he has mairrit a Swadish lass. In fack on his maist raicent CD he has jined a Swadish fiddler Aly Moeller tae play tuins that mak their kinship as plain as a peerie. There is naethin Celtic aboot this muisic. The Vikings settled in the Northern Isles an maist o the Westren Isles as weel as pairts o Ireland on the eastren coast o England, an their leid an their muisic spreid its moyen amang thae fowk tae, in their speak an their names an their touns an their sangs.

Maist fowk wad tak the name o Adam McNaughtan as representin Glesca, the evendoun, yirden, snell-gabbit Glesca that has aye a makar's tung an a keelie's wit. In the mellin pat o the muckle toun, there are aa clesses, decks an kins o fowk, an mony different strynes o bluid, takkin in lawland an hieland, Scots an Irish, hamelt an fremmit. Adam's harns can bucht them aa, but his voice is his ain. In his time he has been a dominie, a buikseller, a fowklairist, a singer an sangsmith and an author. His sangs insere 'The Jeelie Piece Sang' (he cried it 'The Height Starvation Song'), 'Where is the Glasgow that I used to Know?' and 'Hamlet' (which ootlines Shakespeare's play in Glesca Scots). He heids the curn caaed 'Stramash' wi ither fine sangsters an muisicians, that is weel-kent for performin the sangs o Matt McGinn, as weel as mony ballads an auld sangs. Baith McNaughtan an McGinn hae a universal speerit that is Scots tae the verra hert, and no parteecularly Celtic.

Anither nest o Lawland sangbirds is fun in Lothian, whaur the Sangschule in Linlithgow an the Howden Airts Centre in Livingston forder a haill commoncy o singers an sangsmiths, amang them Ewan McVicar and Susan Thores. A festival that wis hauden in September 2001 haed warkshops an concerts wi guests Brian McNeill, singer-sangsmith an newly appyntit Heid o Scots Muisic at the RSAMD an the fower sonsie lassies o Stravaig. The maist byornar parteecularity o the weekend wis the importance gien tae the local singers, wha aa got the chance tae tak pairt in the festival. This is the richt wey tae uphaud the tradeetion. Maist festivals gie the local singers a back sate – in fack some fowk clubs dae the same – an seem tae think the guest artistes are the raison an ettle o the haill ploy. This is a fause concait an yin that daes muckle skaith tae the haill tradeetion. The Linlithgow Festival pruivit that tae allou local singers tae hae a shot at learnin fae mair skeely performers an then tae perform aside them, heezes up the stannert an gies self respeck tae aabody. We hae tae keep mind in this tid o tred an troke, that thaim wha sing for pleisure maitter as weel as thaim wha sing for siller. Gin we dinna tak tent o this, in fifty or a hunner year there'll be naebody tae cairry on the sangs.

The netwark o fowk clubs an festivals that wreaths the haill kintrae has raxit oot syne in the 1960s in the Lawland pairts, while in the Hielands it wis aye til no langsyne aither casual or aneth the umbrell o the Mod. Oot o this "fowk scene" haes come a wheen o singers an musicians, young an auld, wha sing sangs or play fiddle tunes in the style o their ain airt, be it the Borders or the North East or Fife. There may be a Celtic element in some o this, but there are ither fushions an aa. Nancy Nicolson's gentle pawkie sangs hae the souch o Caithness, while Jim Reid or Jim Malcolm yaise the Scots o Perth an Dundee tae pent the toun or kintrae scene. Alison McMorland an Geordie McIntyre pit wirds tae their luve o the land an the hills in the leid o Ayrshire an Glesca. Jack Beck sings wi a Fife tuin ye canna misken an Willie Beattie's voice haes the lilt o Liddesdale. In the samen wey, the fiddlin o Bob Hobkirk and Wattie Robson fae the Borders or Carmen Higgins and Bert Murray fae Aiberdeen refleck the mainner o their ain pairt o the kintrae. The foun o baith the sangs an the muisic is the leid, whase lilt an stot is refleckit in the sangs an tuins. Aa thae fowk wha ettle tae uphaud the leid suid keep mind o the vaill o the fowk muisic scene. It haes dune sae muckle an is aye daein it tae mak shair that the sangs an tuins keep the hamelie souch an soun o oor leid aye in oor mou an in oor hert.

The Mass Jack

David C. Purdie – Lallans 61

It wis the aix wheechin by Cherlie's richt lug an stickin in the new bleckboard he wis fixin on the clessruim waa, at telt him somethin wis needin tae be duin aboot Yakcam.

The wunter o saxty-fower wis hellish lang an bitter cauld. For months the grund wis froze a fuit deep an the snaw wis haiped up bi the sides o the roads lik prinkilin white caistle waas.

The biggin tred wis gey herd hit, nae concrete cuid get duin kis the watter juist froze in the mixer. Syne a wheen orra ferlies cam sooth frae the hydro schaims leukin for inside wark. At's the wey Yakcam got stertit alangside me an ma pals wi Syme an Son, on a new skuil we wis biggin juist ootside the toun. He wis a shutterin jyner, an like aa shutterin hans, he wis aboot as perjink as a radgie gruntie.

I wis in the lest year o ma time, an workin neebours wi Cherlie Clancy, an auld mate o Harry Train the gaffer's. Harry wis easy-gaun an quaet-like, but Cherlie wis a richt heid case. Hooanivver, he learnt me muckle at's stuid me weel in later life. Some wis aboot the jynerin – but eien mair important, he learnt me hou tae screive oot a bookie's line, hou tae pley pitch an toss, an hou tae keep my gub strecht at three caird brag. Forbye, he kep me in kinks, aa day, ilka day, wi aa his baurs an clairty sangs.

Yakcam's richt name wis Eck Mackay, but he got cried 'Yakcam' cos it wis 'Mackay' spelt backarts an 'backarts' descreived his brain pooer. Eien thaim at'd nivver tyauved alangside Yakcam, haed heard o him. Aabodie wis feart for him, kis he haed this reputation for lampin ony bugger he fell oot wi, an pittin them oot the gemme.

When Yakcam cam intil the jyners' hut at firsten mornin, thair wis a hish ye cuid cut wi a lance-teeth saw. He wis the scooriest leukin tredsman onybody ivver seen. Whit wee bit hair he haed wis Brylcreemt back intil a Duck's Erse hairstyle, an unner his Elvis sidewhuskers he'd twa'r thrie chins at hadnae seen a razzor for days.

Maist jyners, in thae days, wore bib an brace dungarees an ettilt tae leuk a wee bit claen an sproosh, ein amang the glaur an stour o a biggin site. But Yakcam haed on a mankie auld Teddy Boy suit, wi drainpipe breeks streitched ticht aroon his bahoukie. There wis a reid spatch on the left chowk, an a bit sash rope tied roun his waist. Stickin intil the sash rope wis this wickit leukin aix. But whit really gaff the lads tongue-tackit wis thir twa wee, nairrae, pale blue een – they brunt throu ye lik oxy-acetalyne blawtorches.

At day, at denner time in the howif, Cherlie wis leukin at the racin page, an he comes oot wi ane o his favourite baurs, "Itchy Erse shuid win at Doncaster the day – gin it disna get scratched!"

Yakcam stertit rakin through his ain racin bit, an efter a wee while he says, "I canna see nae cuddy cried Itchy Erse rinnin at Doncaster."

"Ach it wis juist a bit joke, man!" Cherlie telt him, an Yakcam leuks him up an doun, "Ony mair jokes like at an you'll eyn up wi a sair face!" he goes.

Efter denner time I took a dander ower tae whaur Yakcam wis hingin doors, an I couldnae believe whit I seen – he wis takkin a quarter o an inch aff o a lock stile wi his aix raither nor his jack plane! I rin back an telt Cherlie, an he says,

"Och aye, aabody kens aboot Yakcam's aix, he yaises it as a plane, a hammer, a screwdriver, an tae pit the fear o God intil his mates!"

The neist mornin, afore we got yokit, I seen Yakcam sherpenin the aix. He risped it wi a file, then honed it on his set-stane. Then he tried it oot bi shavin some o the hairs aff o his foreairm. I could see it wis as sherp as a cut-throat razzor. He cocht me leukin an I felt ma ain hair stannin up on eyn. His een birselt claen throu me.

"Whit's adae wi you?" he spiers, an I says,

"Naething, naething ava!" an I slippit awa, quick-smert.

Neist day, at oor mornin tea brek, Cherlie wis at his cantrips aince mair. Some o the lads wis sayin they cuid be daein wi a bit owertime, an Cherlie says.

"I've thocht up a wey ye could tyauve a twinty-five oor day!"

I kent I wis meant tae feed him the neist line.

"Hou cuid ye wark a twinty-five oor day then Cherlie?" I speired, an he goes, "Ye wark yer denner oor!"

Yakcam leukit gey fickelt. His brain clanked ower for a couple o meinits.

"Dinna be sae bluidy stippit Clancy! Ye ainerly get hauf an oor for yer denner!" he cam oot wi.

Aabody stertit lauchin, but they stapped when they cocht a glimp o Yakcam's gizz. He gien Cherlie the oxy-acetalyne an says, "Gin I thocht ye wis takkin the pish again, I'd pit ye throu the waa o this howf.'

Efter at Cherlie kept his heid doon an his mooth shut, but it didna make muckle difference kis his past misdaeins wis aboot tae catch up wi him.

Yin o the tricks Cherlie had learnt me, an the prentices o the ither treds, wis hoo tae mak blawpipes wi lenths o electrician's tubin an dauds o plumber's pottie. Ye pressed a bit pottie intil the eyn o the tube an gied it a blaw – sherp-like, ken? Gin ye got in the wey o ane o thae, ye kent aa aboot it, for it stang like hell!

For twa'r thrie weeks the site wis like Dodge City, wi dauds o pottie fleein back an forrit lik hails o six-gun bullets.

Ye wis takkin yer life in yer hans rinnin ower tae the cludgie for a slash.

The craze had deid doun efter aa the sherpshuiters got threitened wi the seck, but thair wis still a fair few blawpipes hid aboot the job in case o a resumption o hostielities. Plus, thair wis this fanton sniper gaun aboot. At odd times, when ye wisna expeckin it, ye'd get a daud o pottie ahent yer lug. It wad be gey sair, but when ye turnt roond, there wadna be a sowel thair. Gin ye went rakin, ivvery bugger wad be toilin awa, whustlin til thairsels an leukin lik stookie sancts.

Ae day, Yakcam wis bendin ower puffin screws intil the bottom hinge o a door wi the blunt eyn o his aix, whan PING! – he gets it – smack dab on yon reid spatch! He lowpit lik a troot risin til a flee, an lat oot the maist awfu rair. He leukit aa roond, but the fanton sniper had mowtit back intil the brickwark as uswal.

He stertit speirin roond the site. I seen him bletherin tae some o the jyners an ither tredsmen an seen thaim shoggin thair heids. He come an speired at me gin I kent wha wis pappin pottie aa ower the shap but I telt him naw, I didna. He gien me the blawtorch treatment an says, "Gin I fin oot it wis you, I'll kick yer erse richt up throu the tap o yer heid!"

Efter at, he stertit speirin at the labourers, then the prentice brickies, spreids, sparks etc. Ane o the laddies maun hae telt him it wis Cherlie at begun the craze in the firsten place.

A whilie efter at, the aix whustled past Cherlie's lug an we heard Yakcam gollerin, "Clancy! I dinna ken gin it wis you at hut me on the erse wi yon pottie, but I ken fine it wis you at got the laddies stertit on it. Gin I dae fin oot you done it, ye're a deid man!"

He poued oot his aix an merched awa leukin like Boris Karloff wi a bile on his bum.

Cherlie rin ower tae the gaffer's hut an I rin efter him kis I didna fancy bein by my lane. He hammert on the door an flung it aipen. Harry leukit up frae the sheddle he wis scrannin, lik a debutante cocht in the bath scourin her oxters, an he says, "Whit the bluidy hell is it, Cherlie? Ye've nae richt comin slammin in here, ein gin ye are ma mucker!"

"It's Yakcam!" says Cherlie, his gub as white as a painter's peenie, "He's juist threw a aix at me – ye'll hae tae get rid o him – pey him aff!" Harry telt him tae caum doun, an then he got the hale story. "Weel, the wey I see it, gin ye're no this fanton blawpipe mairchant, ye've no got naething ti get warked up aboot," he telt Cherlie.

"Aye, at's the tribble!" Cherlie said, "It wis me richt eneugh. Whan I seen Yakcam bendin ower, I juist haed tae hae a go at yon reid spatch on his big fat erse – it wis sic a braw tairget! For God's sake Harry, he'll fin oot it wis me, an I'll eyn up in the Infirmary gin I'm lucky, an a mairble slab gin I'm no! Pey him aff – get him awa oot o here!"

Harry tuik a blaw at his auld bleck cuttie an shoggit his heid.

"Christ Cherlie, ye maun think I'm buttoned up the back – gin I pey Yakcam aff, it'll be me ennin up on a mairble slab! Nae bluidy fears pal – no ein for auld time's sake!" An naething Cherlie said cuid mak ony difference. Harry wis a aisy-gaun gaffer, but he wisna daft.

"Aye weel," Cherlie said, "I canna say I blame ye – tell ye whit, ye kin buy me a pint at the Legion the nicht, juist tae lat me see we're still pals, OK?"

"Aye aa richt!" says Harry, "Ye're on, I'll see ye thair."

Neist mornin Cherlie wis his uswal cheery sel, whustlin an singin awa. Efter oor tea-brek we aa sat a meinit or twa langer, juist like normal. Then, o a sidden the door busts aipen an thare wis Harry, bleezin mad!

"Yez is aw quartert!" he gollert. "Yer tea-brek wis ower twa meinits ago, get aff yer lazy erses an get back til yer darg!"

I couldna trew it, I'd nivver seen Harry lik at! We got back tae wir toil gey swith an I says tae Cherlie, "At wisna lik Harry ava, whit's gotten intil him?"

"Ach it'll juist be 'gafferitis'" Cherlie says, "Harry gets like at frae time tae time. It's ainerly tuik a bit langer on this job, at's aa!"

Neist mornin it wis snawin hivvy, an maist o the lads wis lik snawmen whan they got intil the jyners' howf. We aw croodit roond the auld airn stove whilk wis lowin braw wi a puckle sawdust an shavins an cuttins o flairin. Bi the time we got thowed oot an got a bit feelin back intil wir hans an feet, it wis near eneuch ten efter echt. We got wir graith thegither an heidit oot the door.

Harry wis stannin wi a big tumshie watch in his neive.

"Quartert! Yez is aw quartert! Yez stert at echt o'clock sherp when yez is workin for me! Gin yez dinna like it, yez ken whit yez kin dae!"

It wis juist like yon picter, Jekyll an Hyde, where this douce, weel-daein, doctor fellae swallaes doun a tummler o bibblin, reekin, chemicals an tirns intil a ragin mad radge. Harry had went radio rental wi nae sae muckle as an Askit Poother!

Efter at we nivver got a meinit's peace. Ye daurdna be late in the morn, or sit a meinit ower lang at yer tea brek or denner time. Ye daurdna stap for a blaw or a fag. Ye daurdna nip oot tae get a pie or a KitKat, or tae gie a line til the beukie's rinner. In ae week, I lost twa oors' pey juist wi the nummer o times I'd gotten quartert!

Aa the jyners wis sayin they wis scunnert. Thair wis talk aboot cryin in the union but, as Cherlie pyntit oot, Harry wis mibbe bein a richt auld shithoose, but he wisna akwally brekkin ony rules.

I kep expeckin some bugger tae banjo the auld sod, but naebody did, he wis ower fly. He wad make a sidden raid, catch some puir bugger skyvin, tell him he wis quartert, then rin back an sneck the hut door at his back.

Cherlie got cocht as aften as onybody else, but it nivver seemed tae bather him; aa he wad say wis, "Gafferitis! – the auld bugger's got gafferitis!"

Efter mair nor a week o this kinna thing, the boys aa got thegither in the nearest boozer ae lowsin time. Aabody said they wis seick o Harry, an they aw haed tales o persecution, ilka story mair hert-brekkin than the ane afore.

I cuid see Yakcam wis gettin mair an mair fired up, an efter a wee while he sterts effin an blindin, "I'll brak the bastart's neck til him! I'll shiv his tumshie watch doon his throt! I'll caw doon at hut o his, an chap it intil wee bits, an stick the bluidy bat up his erse!"

"Na, na, Eck," Cherlie says, "At's no the wey tae sort oot the auld son o a bachelor – we've got tae play wi the heid here! Think aboot it, whit's the maist important thing in the hale warld til Harry Train?"

"The Jam Tarts?" suggestit a jyner cried Wullie.

"Pooderhaa dug track?" speirt Jock.

"MacEwan's Export?" pit in Sandy.

"Naw, nane o thae," Cherlie says, "I've kent Harry a lang time, an I can tell yez at whan Harry gets fell bad wi the gafferitis, it's kis he's worrit aboot the job faain ahent!"

"But it's daein no bad conseiderin the wather!" says Jimmy, "Maist jobs is at a stanstill kis o this awfie cauld!"

"Dinnae expeck Harry tae yaise a bit common sense when he's grupped wi the gafferitis," Cherlie telt him, "Tae me, the'r ainerly ae thing we kin dae tae sort oot the bugger."

"Whit?" speirs Yakcam, "Whit could wark better nor a wee tait grieveyous boadily herm?"

"A Mass Jack!" says Cherlie, "Gin we aa, an I mean aa, pit in wir notice the morn's morn, whilk is Wadnesday, bi Friday when the jotters is due tae get here, Harry wull be climbin the waas worritin aboot wha's gaun tae feinish his skuil for him. Tak it frae me he'll be singin a different tuin then!" He cocht sicht o me, an he says,

"O coorse, the laddie maunna jack in – he'd nivver get ony firm at wad lat him feinish his time gin he did." Shair eneuch, neist morn, Wullie, Sandy, Jock, Jimmy, Cherlie, an ilka ither jyner on the job telt Harry tae mak up thair cairds for Friday. Harry nivver turnt a hair, he juist said,

"Aye, OK. Gin at's whit ye wint, it's fine bi me!"

Wi Yakcam, it wis a different story, Harry juist said, "Ach! at's a big disapyntment tae me! Are ye shair Eck?"

But afore Yakcam cuid say onything, Harry goes, "You're the fly bugger are ye no, Eck! I expeck ye've heard aboot yon big hydro projeck up bi Ullapool. Ye'll ken as weel as I dae they've had a big thow an they're leukin for twa'r thrie shutterin hans. Mine you, ony bugger wintin a stert wad hae ti get thare firsten thing Setterday mornin!

"At wad mean gettin the train at the back o fower on Friday efternuin. Gin I wis you, I'd sen for a taxi tae pick ye up as suin as ye get yer cairds at hauftwa!"

I nivver pit in sic a meiserable couple o days in my life. It wis as plain as parritch Harry wisna for backin doun, an at Cherlie's wee ploy had went wrang. OK, so Yakcam wis on his road oot, but so wis aa my mates, an I kent I wad sair miss Cherlie Clancy's banter. O a sidden, the lang cauld wunter seemed langer an mair snell nor ivver.

On the Friday efternuin, Harry brocht roond the peys an the jotters. The boys wis aa shakkin hans an wissin ilk ither weel, an somebody says,

"Come on, we'll awa doun tae the boozer afore we split up!"

"Guid idea!" says Cherlie, an he shouts tae Yakcam, "Are ye for gaun doun the pub, Eck?"

"Naw Cherlie," Yakcam says, like eneuch feart ony o the ither jyners wad get win o the Ullapool job, "I telt the wife I'd get hame a bit airly."

Juist then his taxi cam. Yakcam, an his aix, vainished intil the wunter haar.

Aroond haufthrie Harry says tae me,

"C'mon tae the pub wi me an we'll hae a pint, son. The'r a wheen o jyners doun thare at's stertin here on Monday mornin."

"OK," I said, no really wintin tae gae. I thocht he maun mean a different shop frae the ane whaur Cherlie an the boys wis.

Whan we aipened the door o the pub, thair wis this aamichty rair!

"Guid auld Harry!" Sandy shoutit, "It warked a treat!" I leukit roon an thair wis Jock an Wullie an Jimmy an aa the rest o the lads!

"Come on ower here Harry, I'll buy ye a pint!" Cherlie says, "Man, ye deserve a bluidy Oscar so ye dae!"

Harry says, "Naw Cherlie, you deserve a medal, sae nivver mind pints, I'll get in the nips! Gin ye haedna come up wi the idaia o the Mass Jack yon nicht at the Legion, Yakcam an his aix wouldnae be on thair wey tae Ullapool this meinit. Wi ony luck they'll get snawbund an no get dug oot or efter the Treds Fortnicht!"

The Glasgow Unity Plays
Chris Robinson – Lallans 70

This paper anticipates the ASLS annual volume containin five Glasgow Unity Plays. Bill Finlay stertit this darg and Randall Stevenson haes cairriet it on tae the feenish. The plays is *The Gorbals Story* by Robert McCleish, *Gold in His Boots* by George Munro, *Men Should Weep* by Ena Lamont Stewart, *Lambs of God* by Benedick Scott and *All in Good Faith* by Roddy McMillan.

Glasgow Unity Theatre wis foondit in 1941 efter the model o the London Unity. Five amateur groups got thegither: the Glasgow Corporation Transport Players, the Jewish Institute Players, the Glasgow Workers' Theatre Group, the Clarion Players and the Glasgow Players (aince the Scottish Labour College Players, foondit by John Maclean hissel).

As Russell Hunter said in an interview wi Jennie Renton, in *Textualities*:

> "The actors in Unity believed in power to the people by telling them that they had power. Most people don't believe yet that they have power. At first, I just did a bit of carpentry and scene building. Within three or four months I was spending at least six nights a week at Unity Theatre, reading plays, arguing, having a glass of beer, having great fun getting to know people like Roddy MacMillan, who was an apprentice for Rolls Royce. Finally I got a couple of wee parts, and then some bigger ones.
>
> At the end of the war, ten of us gave up our jobs on a Friday night and then on a Monday morning became professional actors, and started Unity Theatre's Professional Group. We had a lot of fun, a lot of success,

we got to the West End and stayed there for six months with a play called *The Gorbals Story*. But Glasgow Unity Theatre had no real home, no theatre base – which of course will always be the death of any kind of idealist theatre. Unity broke up about 1949."

Unity defined thirsels as :

a group of Glasgow workers interested in the theatre, who intend to put on real plays for the entertainment and education of our fellow workers. Our main purpose is to build a people's theatre in Glasgow. All our activities are centred on this aim, for we believe that Glasgow has a great need for a Real Theatre, where life can be presented and interpreted without prejudice or without being biased by the controlling interests which has so far strangled the professional theatre.

And the plays in the ASLS edeition shaws nae sign whitivvir o bias or interference fae ony controllin interests.

They were naewise parochial, stagin an international walin o plays. For its first production, in Januar 1941 they pit on the Jewish Institute Players' version o the left-wing US dramatist Clifford Odets' *Awake and Sing*. Ithir productions includit Soviet and Irish drama – *An Optimistic Tragedy*, by Vsevolod Vishnevsky and Sean O'Casey's *Juno and the Paycock*. But, at the same time, they were yaisin hamegrowen talent. *Major Operation* and *The Night of the Big Blitz* by the shipyaird worker and novelist James Barke, Unity's first Chairman, wis jist moderately successful but merked the stert o a commitment til Scottish writin that depictit the rael experience o ordinar Glaswegians, wi their ain sense o humour and stoicism and in their ain speech, wi the production o plays that Robert Mitchell described as 'plays which hold their position in world literature but also plays which reflect the life and times of the world and country we live in'.

Durin the war wi aa the shortages and memmers gaein aff tae the forces, Unity got aff tae a shoogly stert, but, by 1946, they haed gaen professional, haudin on til a pairt-time section that haed muckle acclaim wi its production o *Men Should Weep* in 1947. It wis the richt project at the richt time – the new reformin Labour government wis gien howp tae wirkin cless fowk, een tho nae muckle chynge in the hoosin condeitions wis immediately apparent. The tension atween the rhetoric, the aspirations and the reality is apparent in thir plays, unnerscorin the need for immediate reform. On sic maitters as hoosin policy, the stage wis an overt poeitical platform. Randall Stevenson scrieves in his introduction tae the ASLS edition o the plays:

> "As Unity realised, Robert McLeish's sustained attack on the contemporary housing crisis was topical enough to allow a new directness of contact between theatre and city, using the stage quite literally as a political platform. Immediately before the first Glasgow performance, at the invitation of the company, the squatters' spokesman Peter Colin Blair MacIntyre addressed the audience – partly made up of the squatters themselves, ensconced as guests in the circle – while the Lord Provost and other city dignitaries listened uneasily, beneath them, in the stalls."

The Gorbals Story wis a smash hit and brocht in fower thoosand pound in five weeks at the Queen's Theatre. They haed tae leave the Queen's efter the five weeks acause it wis promised tae anither company, but they took it on tour wi the result that it wis seen by mair nor a hunner thoosand fowk jist in the first sax months. Wi this success at their backs, Mitchell wis gien the green licht tae tak on mair gritty, poeitically challengin plays by the likes o Ena Lamont Stewart, and by George

Munro and Benedick Scott, but *The Gorbals Story* wis aye the financial rock whan resources were shoogly ithergates. It een got tae the West End o London and the film o the play wis made in 1950.

In his introduction, Randall Stevenson reflects that the success o *The Gorbals Story* wis maybe nae athoot a doonside. Their reliance on it as a source o income sidelined ither new writing and, efter sax hunner performances by 1949, some o the cast wis gey scunnert gettin wi it. They were makkin names for thirsels an movin on. He pynts oot as weel that the political hard-hittin naitur o the original production wis gettin wattered doon and the comedy and entertainment side o the play wis takkin ower fae the underlyin seriousness o it. As he notes, *The Glasgow Herald*, for example, suggested of a 1948 production that 'the play as it is could be entitled *Fun in the Gorbals*'.

Unity got a wee bit o support fae the Erts Cooncil but further support fae them wis blockit by James Bridie hissel wha claimed that the financial management o Unity wis 'scatter-brained'. That's as maybe. Or it micht hae been that Bridie wis also an ex-chair o the Glasgow Citizen's Theatre. Whitivver the reason, it wis a sair deceision for left-wing theatre and athoot siller nor a permanent hame, Glasgow Unity cam til an end in 1951. A lean time stertit in Scottish drama.

It wisna until the 1970s wi Bill Bryden, Tom McGrath, and John Byrne that the spirit o Unity arose fae the ashes. Aince mair, the leid, the Glasgow wit and Scottish poleitical radicalism cam tae the fore. Nane o us that are ower a certain age will forget the 7:84 Theatre Company, blastin intil the public consciousness – and conscience – wi *The Cheviot, the Stag and the Black, Black Oil* in 1972. In fact, those o us that were still in hippens whan Glasgow Unity wis steirrin up the social conscience o theatre gangers thocht that 7:84 inventit political radicalism in the Scottish theatre. Stevenson minds us that:

> "In some ways, 7:84's work was closer to the idiom of the Glasgow Workers' Theatre Group's agit-prop revues and sketches in the late 1930s than to the rounded socialist realism Unity developed in the next decade. Yet McGrath's commitment to immediate political issues, and to the working experience of audience members, seemed familiar to anyone who remembered Unity's work. Summing up his tactics in 1980, in *A Good Night Out: Popular Theatre, Audience, Class and Form*, McGrath might have been quoting one of Unity's credos when he talked of 'an emergent mode of theatre ... which speaks the language of working class entertainment and tries to develop that language to make critical, progressive theatre primarily for popular audiences."

Stevenson gaes on tae quote Edward Boyd wha in the 1970s remarked:

> "It seems to me now that Unity was a seminal phenomenon, years ahead of its time ... Unity was more than just a theatre. It was an explosion, a release of energies and aspirations that had been repressed by wartime exigencies, and, stretching far beyond that, by the incredible deprivation, physical and spiritual, of the West of Scotland."

Whit cam oot o Glasgow Unity at the end o the war wis, as Boyd says, a product o the years o deprivation. The glamour o Hollywood, the New Look, fowk movin intae nice wee prefabs, the ettlin o the rest o the warld tae achieve a new and better wey o life maun hae left a soor taste in the mou o thems as nivvir had a chance o gettin oot o their cycle o poverty and deprivation. This fund expression in Glasgow Unity and 'jawbox drama' anticipatit the English kitchen sink drama by a guid ten year. Stanley Baxter, Andrew Duncan, Andrew Keir, Russell Hunter and Roddy McMillan cut their teeth wi it, and Roddy McMillan's first play wis *All in Good Faith*, ane o the plays includit in the buik.

Benedick Scott's The *Lambs of God* (later renamed *This Walking Shadow*) wis aheid i its time an aa. As ane o the first plays tae deal wi homosexuality, it wisna that weel received whan it wis first produced but whan it wis revived by Clyde Unity Theatre in the 1980s, the time haed jist aboot caught up wi it.

Ena Lamont Stewart, in a similar wey, gained popularity wi the passin o the years and the chynge in social mores. *Men Should Weep* appealed tae feminists, academics and a new generation o audiences. It wis gien mair o a heize wi 7:84 Theatre Company's 'Clydebuilt' season o Scottish Popular Theatre, staged at venues aa ower Scotland in 1982.

There is nae doot that thir plays are important as dramatic wirks in their ain richt and as wirks that rattelt the establishment o their day. But a play is naethin athoot wirds and whit wirds dae we finnd in the five plays in the forthcomin edition? Weel, the language is no Lallans. It is ane o the varieties o Scots that, like its speakers, hae been sair pitten doon in the past. They are maistly screived in a language that yaised tae be disparaged by the Scottish National Dictionary Association and William Grant screivit in the Introduction til the first volume o the *Scottish National Dictionary* "Owing to the influx of Irish and foreign immigrants in the industrial area near Glasgow, the dialect has become hopelessly corrupt." Nae doot the authors o thae plays wad hae come intil the category that he describes thus: "Another class of modern writers have no feeling for Sc. of any kind. Their background is St. Eng., into which they weave distinctive Sc. words or spellings sometimes borrowing wholesale from the dictionary." We canna blame William Grant ower muckle; the received wisdom o the day wis that the true custodian o the pure Scots language wis the auldest cheil on the fairm – an a Buchan fairm at that! Nooadays, Scottish Language Dictionaries taks a braider view and we recognise that urban dialects are richtly dialects o Scots, wi an importance that reflects the nummer o Scots speakers gaithert in the major cities.

The Linguistic Survey of Scotland wis less overtly exclusive, but the fact remains that the cities o Scotland wisna representit in the Survey and the aulder and mair rural the informants wis, the mair joco the researchers wis. There are plans tae dae a new Linguistic Survey – siller permittin – and ane o the priorities o a new Survey will be tae fill in the gaps, tae gie a complete picter o speech in the hale o Scotland – Glasgow includit. Scottish Language Dictionaries, wi the new National Word Collection database jist aboot up and rinnin, is awreadies daein whit it can and the draft o this volume o plays is noo pairt o wir collection.

Whit wey onybody could think that the dialect o Glasgow isna guid Scots is a fair mystery. In the glossary tae the plays are sic weel-kent and weel-looed lexical items as:

ablow, aboot, about, bairn, baith, bletherskite:, brae, braw, bubbly-jock, byornar, dook, drouth, dyke, ee, ettle, fash, fushionless, gait, gang, greet, grosset, hems, houlet, ill (in the sense o evil), inbye, jaloose, jaw (pour) and juke (fist), keek, kirk, laird and lug, limmer, lintie and lum, misca, midden, neb, nyaff, pitmirk, poke, redd, rowth, scart, semmit, sma-boukit, thole and thrapple, vennel, wheen – aw as guid Scots as onie prescriptive purist could wish for. Whit can we learn aboot the language o mid-twentieth Century Glasgow fae thir plays? Ae thing is the large nummer o Scots wirds that are daein awa fine in this 'hopelessly corrupt' dialect.

Anither thing that struck me seein the plays in their 'raw' state, afore Randall Stevenson got rid o the mony typos, wis the naitralness o the plays. I cudna for the life o me imagine ony o the playwrichts scrannin through dictionars. If they haed been o sic a mindset, they micht hae self-consciously gotten rid o a fell bit o the English-Scots mixed-lect that permeates the plays (includin sic combinations as: anyway, anywherr, onyone, paypoke wi ae English element and ae scots ane).

First, tae celebrate the range o Scots vocabulary that we dae finnd in the plays, A wid draa yer attention til prepositions and adverbs like aback and ablow; adjectives like antrin, bonnie, byorner, clishmaclash, gallus, sma-boukit; nouns like bletherskite, brae, breeks, bubbly-jock, claes, cloot, coof, galluses, grosset, hems, hoolet, lum, neb; verbs like chap, redd, swank etc. – aw wirds aboot whilk there can be nae argy-bargy and jist a tiny sample fae the fouth o vocabulary that isnae shared atween Scots and English). There is nae smell o the inkhorn or ithir indication o dictionar-traalin here.

A puckle o the wirds are worth o comment and A'll claim the lexicographer's privilege o inflictin some wirdie details on ye.

Bubblyjock

Aabodie likes bubblyjocks – at least the name, if no the ugsome craters thirsels. Accordin tae Jamieson (the faither o Scots lexicography) (1808)'The name seems to have originated from the shape of his comb [wattles], which has considerable resemblance to the snot collected at a dirty child's nose.' Jamieson supports this thocht wi a quote fae the lexicographer Francis Grose 'For the same reason, in the

North of Eng., snotergob is the name given to "the red part of a turkey's head"'. Later editors surmised, less creatively, that mair probably the name bubblyjock wis imitative o the soond made by the turkey.

Gallus

Gallus is a wird that mony wad associate wi the stereotypical Glasgow character. In fact, the Scottish Daily Mail (17 Feb 1950) says 'that indeterminate but much-used expression in Glasgow, means hair-brained in a gay and flippant way'. Tae finnd it in the Dictionar o the Scots Leid luik unner GALLOWS and that gies a clue tae its etymology. Originally, a gallus lad wad hae been ane deservin tae hing by the craig until deid and the wird wis by nae means restrictit tae Glasgow or een the wast. Illustrative o the original meanin is a quote fae Dumfries scriever J. L. Waugh in *Cute McCheyne* (1917): 'We should often ha'e been in the jile thegither, for he was a gallows falla'. Shawin a bit o the geographical spread is Lewis Grassic Gibbon fae the Mearns in *Grey Granite* (1934): 'She'll be able to sin as she likes and go free, with no need to marry the gallus childe'. It is still enjoyin some currency amang wir youth as an expression o approval: 'That's pure gallus'! Closely relatit is the plural form o the wird for suspenders or braces, gallusses.

Glaumrie

Glaumrie is recorded in the *Dictionar o the Scots Leid* as 'now only literary', and this micht be surprisin in a collection o plays that reflects everyday speech. This ane occurs in *Feed my Lambs* which differs fae the ither plays in haein a mair lyrical quality. We finnd it in an exchange atween Molly and Jimmie and she is aware that his language at this pynt is a bit heichtened abuin the norm:

MOLLY: But Jimmie it's this, this slippin out when nobody's about. Aye in fear o meetin someone who'll talk. And lyin aboot where you've been. It it's no the right way.

JIMMIE: Do I like it? Or want it this way? It's for your sake! We have nothing to be ashamed of. What I feel for you and you for me it's no hole and corner stuff. It holds a' the promise and brightness, a' the sweetness and glaumrie o life we're ever likely to reap in this world! It needs no lies or shadiness to keep it burning.

MOLLY: You talk like a wanderin bard, Jimmie!

JIMMIE: (Muffled, lips on her hair) Aye. Songless for years.

This is a fascinatin wird, meanin 'magic, enchantment, witchcraft; a spell, especially one affecting the sight, as in the phrase to cast (the) glaumrie ower someone('s een)'. Glamour, although noo adoptit by English, wis bein yaised in Scots afore and wis popularised in literary yiss use by Sir Walter Scott. Baith glamour and glamourie are maist like a corruption o grammar and gramarye, aince learnin in general, wi its later, sense of occult learning on accoont o the suspicioun that the uneducatit hae o obscure knowledge. This latter sense is noo archaic in English, but survives in Scots. The source is fae Auld French gramaire grimoire.

Swithering

Swither is a covert Scotticism descendir frae Auld English but noo survivin jist in Scots.

Rhymin slang

A feature o Glasgow speech is the yiss and coinin o rhymin slang and thir plays is nae exception. Amang the examples are bag o' yeast (priest); china (mate) reduced fae china plate; tin flute (suit); Joe Soap (dope); paraffin, paraffin ile (style);

plates o' meat (feet). Some o these are maist like fae London, includin plates of meat. China is shared wi London as weel but, pairtly thanks tae Francie and Josie (alter egos o Ricky Fulton and Jack Milroy) it haes become deeply associatit wi Glasgow. Ithers like paraffin must be Scots because ile rhymes with style and oil disnae. A slightly odd ane is shot-the-craw (gaed awaw). This wirks fortuitously as rhymin slang wi 'gaed awa', een if it maist like is a translation o English rhymin slang, shoot the crow for 'go'. This and glaumrie jist gaes tae shaw that cross-fertilisation wi English is twa-wey and nae necessairily skaithfu tae tane or tithir.

Cultural ephemera

An inevitable pairt o onie drama that wis topical in its ain time is the ephemeral naitur o mony o the references. Younger readers will no jist be confused wi tanners and hauf croons and the bairns' temperance organisation cried "the Bandy Hope" but they will need tae ken a fair bit o social history as weel tae appreciate the hale system associatit wi the panel. The Panel wis the welfare system o *The Gorbals Story*. In *All in Good Faith*, the puir gaed on the Parish: in ithir words, they were in receipt o unemployment benefit; as we micht say noo 'on the broo'. That gies a hale area o cultural studies on its ain: parish pey desk 'pay desk at the unemployment office'; parish inspector 'an officer who attempts to prevent fraudulent claims for unemployment benefit'.

For mony wifies, poverty wis nae excuse for lettin doon yer staunnards. Ye still haed tae keep up appearances. A guid hoosekeeper haed her front step decorated wi pipeclay and in *Men Should Weep*, Mrs Wilson gets fair upset:

MRS WILSON: Och awa! Ye'll see us a' in wur graves yet … I seen the men come wi Granny's bed the morn. My! Wis I mad! Big hob nails a' ower ma pipeclay … and the impidence o' them a ower ma pipeclay:

Menodge

While we are on the subject o finance, the 2006 Nobel Peace prize wis awardit for a system o microloans operatin in Bangladesh. The menoge in its many variant spellings: menauge, menoj, menodge, manege, manawdge is 'a kind of friendly society or savings club to which each member contributes a fixed sum weekly for a stated period, the members deciding by lot the order in which each is to receive the total contribution for any given week, subject to various deductions for entertainment, the expenses or trouble of the person acting as banker, etc'. (Jamieson 1825). The practice, orig. an alternative tae a savins bank, wis widely adoptit in puirer industrial districts by hire-purchase firms and smaa shopkeepers as a means o pushin sales and continues tae the present day. The 1845 Statistical Account for Renfrew commends the system: 'Of institutions of the nature of a manege, there are many in Paisley, and they have been the means of much good'. The Lanark scriever A. G. Murdoch in *Scotch Readings* (1889) gies a glisk o the management o the menodge

'Mrs Gruppy was a manawdge wife who had considerable experience in the business. She was a sort of accepted stair-head banker and chancellor of the local exchequer'. H Foulis, in *Erchie* (1904) shaws ane o the yisses tae which a menodge could be pit: 'I'm needin' a new kep mysel,' and, 'I'm in a menoj for a bicycle'. Finally (jist tae prove Christmas savin scams are naethin new), a report in *The Scotsman* (18 Dec 1917.) reads 'While acting as treasurer of a grocery "menage", [she] embezzled various sums of money, amounting in all to £25, 4s. 6d. About thirty-five women had joined the club for the purpose of purchasing goods from an Edinburgh grocer at Christmas'.

The gangs

Glasgow drama, from the Unity tae Taggart, haes aye been guid at projectin a sense o place.

The underprivileged areas that are the settin for thir plays is the haunts o the Glasgow gangs and reference is made in them til *Cheeky Forty*, *The Milligan Boys*, *The Paddy*, *The Plum*, *The Raw*, *The Ricey* and *The San Toy*. Religious undercurrents lurks there in references tae Billys and Dans.

The buildins and their inhabitants

The buildins are recalled in the shared toilets, called the mickey by ae character, the closes, the dunny and the stairheid, used by extension tae refer tae the fowk at bide there. There are references tae local characters sic as Rab Ha the Glasgow Glutton and Auld Hawkie.

Sangs

Nae accessible tae the modern audience and o its ain time is a passin reference tae Gilbert the Filbert as a wey o describin a vauntie, idle chiel. A can jist mind Tony Grocer and Clem Ashby singin whit wis then a popular sang 'Gilbert the Filbert, the colonel of the knuts', at a panto in Perth Theatre. Anither reference tae popular music is ham-and-haddie, a slice of ham and haddock, once a favourite breakfast in parts of Scotland, later meaning a state of confusion efter anither music hall sang.

Covenanters

In thae days o dwinlin interest in religion, modern audience are likely tae be puzzled by references tae Cameron and Peden. Richard Cameron, a martyr o the early Presbyterian Church in Scotland. Alexander Peden, ane of the maist weel kent Covenanters and frein o Richard Cameron.

Boys-fur-rags

Ane or twa o the references A cudna track doon masel. Boys-fur-rags A tuik tae mean rag and bone men but A wid be gled o confirmation. A think A wis safe eneugh glossin wi wur chanters kicked in as 'with our windpipes kicked in', gien that nae musical instruments seemed tae be in evidence at the time. If onybodie kens this ane, A'd be richt blythe tae hear fae ye.

Chanty rassling

A've ay wondered aboot the wird chanty rassling for a wideboy or flyman, a shifty or unscrupulous character. Chanty A ken as 'chamber pot' but the compound seems a bit odd. Again ony licht on the subject is welcome.

Liptons

Liptons: the aince familiar grocery chain maks an appearance. An Edinburgh gentleman wha visitit wir offices the other day was reminiscin aboot the auld shops in Leith and mindit us on the phrase a face like a Lipton's bairn tae describe a chubby, weel-fed bairn. Lipton's were weel kent for their guid wirks in keepin puir bairns fed.

A cud gang on aboot individual Scots words and expressions *sine die*, as they say in the plays, but A'd like tae move on tae somethin that'll maybe set ye're teeth on edge a bittie, but nae pain nae gain.

There are in thir plays plenty o evidence o language chynge. Some o the things that appear i the play are temporary. A Gilbert the Filbert lestit as lang as the popularity o the sang. Ithirs like some o the rhymin slang hae lestit a bit langer. Like vocabulary, grammar is aye chyngin. Alang the wey, Scots grammar an English grammar hae to some extent taen divairgent gaits. Features like the narrative present tense hae jist aboot deed oot o English but is still daein fine weel here:

'Big Steve lost an' instead o' peying up he gies me this cheque'. We get a rather mair frequent yiss o the continuous aspect than ye micht expect in English as in: 'I can dae onythin that's needin done wi ony baby that wis ever born', and this provides us as weel wi an example o the covert Scotticism of the type: the dog wants walked, my hair needs washed where South British English would require the dog wants walking or the dog wants to be walked; my hair needs washing or my hair wants to be washed. In this example the South British English equivalent wad be 'that needs to be done/that needs doing with any baby that ever was born'.

Ane o the muckle differences atween Scots Grammar and English grammar is that English haes the buik. Its grammar has been codified, set in amber, pickelt in formaldehyde, killt, deid. Scots grammar on the ithir haun haes nivvir been taucht in scuil. Nae thocht-polis haes set doon the richts an wrangs – or at least naebody that ony bodie is peyin ony attention til. We may hae the 'prescriptive grammar' in the future but it isnae here yet. Onie emergeant staundard will hae fause sterts and a 'stannard Scots' haes a fecht on its hauns afore it becomes accepted and we are naewey near that stage. As a result, maist educatit Scots hae English mair nor Scots preconceptions aboot grammatical correctness – een thae fowk that we micht think o as Scots activists. Hugh MacDiarmid wis weel-kent for it. They are brainwasht by early schoolin intae English grammar rules and they are resistant tae whit they see as bad grammar whan whit they are luikin at whit micht jist be pairt o chynges that are still ongaein in Scots.

Ye've maybe jaloused that A am aboot tae gang on aboot seen an done. There is a difference amang thir plays in their usage here. Robert McCleish and Ena Lamont Stewart seen and done it. Roddie McMillan jist done it and the ither twa hae their English grammar bunnets oan.

ALEX: She shoves me aff ... aye, she shoves me aff, but she disnae shove him aff ... I seen ye! I seen ye the night. Jist wait. Jist you wait.

ISA: Yer hat! A fryin pan wioot a handle! I never seen sich a Pairris muddle. (She shrieks again)

(*Men Should Weep*)

MRS BONES: Well, me and Mrs Harris wisnae gonna say onythin, but we seen her last week.

POTTER: Hame tae my bed? If you seen the carry on that's goin on in my bed just noo.

And if ye were wonderin whit that is aw a boot ye'll jist need tae read the play.

(*Men Should Weep*)

The levellin o the preterite and the past participle that extends done at the expense o did nivver skails ower intil the do/dae auxiliary as yaised for do support in questions or negatives, or whan replacin a langer verb phrase. I've nae fund it yaised as an emphatic do either – And I DID look, so I did. (Did ye dae? *Done ye gae? A didnae gae. *A donenae gae.) Whaur it daes occur is as a lexical verb in senses similar to 'deal with', 'perform' etc.:

MRS WILSON: (Seating herself gingerly) I'll mind. Oh! Ye're a' decorated! My! Isn't that lovely. Ta! (As MAGGIE hands her tea) Who done it? (Sucks up her tea with enjoyment)

ERNEST: I done the big yins, didn't I Pa? D'ye like ma fitba' boots?

JADIE: Oh yes, yes! Powerful patter that; billiard talk, monkeychatter. Ye be tellin next that ye've won a gem o' snooker recently.

NICK: Ah'll tell ye it now.

JADIE: Whit! Don't tell me some gaub walked in.

NICK: Aye, Ting Cassidy!

JADIE: Oh, so ye done him at last?

JADIE: Nutt at all – genuine maw – we never says a word

– then they dived us, an done the oul man fur his wallet an' his dough.

(*All in Good Faith*)

The same levellin is weel attested atween saw and seen:

ISA: Yer hat! A fryin pan wioot a handle! I never seen sich a Pairris muddle! (She shrieks again) Yon ugly big yin wi the navy blue chin, he says tae the wee yin, somethin aboot 'seein some rare views in this job', I just says says I, 'some back views is a hell o' a sight better than some front views, mentionin nae names' (*Men Should Weep*).

This is jist an extension o a process that haes been gaun on fae Auld English times. If Scots hauds on a bittie further nor English, wha is tae say its speakers are wrang? The Unity plays, wi their naitrel dialogue provide guid evidence for the wey fowk were speakin in Glasgow in the 1940s and 1950s.

The new edition is a walcum source o evidence for language but it is also a tribute tae a movement that wakkened the social conscience o twa generations and pit Scots drama intil a new dimension. Bill Findlay and Randall Stevenson deserve wir thanks for gien us easy access tae plays in a fine new edeition.

Supporting references:

1. Renton, Jennie (1986) <Textualities.net/collecting/profiles/hunter01.php>

2. Findlay, Bill and Stevenson, Randall eds. (2007) Five Glasgow Unity Plays, ASLS

3. Grant, W. & Murison, D. (eds) Scottish National Dictionary (1931-76), Aberdeen, AUP

4. Mathers, J. Y. & Speitel, H. H. (1986) The Linguistic Atlas of Scotland, London, Croom Helm

Scotscreive

George Philp – Lallans 71

This threip anent Scotscreive gies a glisk o aa that I hae ettlt tae dae on behouf o the Scots leid ower mair nor thirty year. It aa begins wi the word SCOTSOUN whilk I gied til the darg that Allan Ramsay and masel hae puitten intil the recordin o mony a poem, sang and story, forbye the soun o the pipes, voice and fiddle.

Housomever, lang afore this, my harns had been enlichtened by the wyce and warldly mense and sense o yin o my uncles wha yaised tae send a puckle poems tae my mither, his sister, screivit in braw Scots. Thir wordies puit the souch o Scots intil my harns and years later thay fair brairdit wi virr. My life has been chynged and enriched by Scots but oh, the spelling!

Acause SCOTSOUN and SCOTSCREIVE ettled tae puit the soun onto the page and lift the soun aff the page sae that soun and sicht were sib and a learner coud speik it in a siccar wey, it wes my lugs that were cockit whan I listened tae the kisties that gaed intil the Scotsoun Archive.

Tak a keik at thon word SCOTSOUN – soun not soon. This is THE hallmark o SCOTSCREIVE – ou not oo in wordies lyk dour, stour, doun and dour. It's dour that is the found o the haill ettle and it disnae tak muckle time afore yir een and yir thocht mell thegither tae see ou as oo – and oo as ou.

O course, thare are five wordies that wull gie ye fash – our, out, about, house and mouse. We are sae yaised wi reading thir in English mode; but gin a word is screivit the same wey in twa leids sic as content and miserable thay dinna soun the same. Thir twa words – content and miserable – soun gey differ gin thay're spoken by a Sassunach or one o thay "bleezin French-like folk". And sae I threip that gif ye're speikin Scots ye wad say our, out, about, house and mouse; but gif ye're speikin English it's owr, owt, abowt, howse and mowse. Sae tak tent o thae fykie five!

Bill Graham was my Scots guru. Born in Carluke in Lanarkshire he was a native speiker and as a past Secretar and Preses o the Ayr Burns Club wha better tae forder the first Brainch in Ayr o the *Lallans* Society as it then wes. He yaised tae screive anent Scots and Lallans in *Lallans* and mony's the time we argle-bargled about the 'richt' wey o't.

Bill wrote *Scom, My Inheritance* set in the Clyde Valley which ye can coff frae the SLS. Allan and I wared fower year editin this buik and its format shaws Allan's skeill in design and Bill's siccar Scots. I wad jalouse that muckle o the action reflecks his ain weird. Gif ye wad see Scotscreive at its best – prie this text and ye'll be the wycer for't. Thare's a whein o bon mots intilt I can tell ye. Further swatches o this format can be fund in *Empty Vessel* by James Robertson and the modern Scots version of Robert Henryson's *The Preiching of the Swallow* sits weill atwein the Middle Scots original by Robert Henryson and the Gaelic owersettin by Rev. Roderick Macdonald.

Forbye Bill, I wad hae tae thank Rod Lyall for the 'ei' question. Yin time gaun throu tae Fife whan he wes speikin tae the Robert Henryson Society in the Auld Gray Toun o Dunfermline, he wes tellin me that in Medieval times Scots gey near got itself codified and was fair set up tae go places. The orthography was siccar and weill foundit.

Man, it wes lyk crossin the Rubicon insteid o the Forth! The gist o't is that gif ye puit the letter 'i' efter a vowel it lengthens it. Sae hed (short e) becomes heid; gat (short a) becomes gait. Efter 'o' and 'u' it looks a bit fremmit. Hou mony times hae ye luiked at Rois (The Thrissill and the Rois) and wunnert hou tae speik it? Weill, ros (short o) wad be ross; and rois gies ye rose! Wi 'u'; but (short u) becomes buit (boot).

Wi 'i' as in git, ye dinna get giit but gyt/gyte. Consider the "Wyf o Auchtermuchty". It's never wyfe; (this gies a heize til lyk, not like or lyke). Gif ye luik at the "Sax (Scotscreive) pillars o Wisdom" (there were seiven!) nummer fower forders this threip.

Anither cheil that has aye takken tent o aa that Scotsoun/ Scotscreive wis efter is nane ither nor Derrick McClure. Ower the years he has aye kept a gleg ee on aa that we ettled tae dae and come July fairn-year he lat me puit forrit ma thochts anent Scotscreive. This is the orthography yaised for the Scotsoun Publications ten prentit texts. A puckle o thaim are bi-lingual (Scots and Gaelic) and the Scots intil ilkane wis tentily waled and testit afore seein the licht o day. Thay war inspeckit by Jack Aitken, sometime editor o DOST, forbye George Bruce, yon skeilly and kenspeckle makar. Baith o thaim war pautient and generous wi thair time and talent on behouf o Scotsoun.

The pynt about Scotscreive is that it is foundit on the soun o the leid. I tuik byordinar tent o juist whit option ilka reader waled. Aften, gif the screivit word wis in English the reader wad wale the Scots option. e.g. nicht for night; licht for light and siclyk. Thir hallmarks kythe in the Scotscreive texts

I hae been fair taen up wi thir options ower some 30 year and it is my howp that aa ye fowk 'out thare' will gie thir thochts a fair chance and, aiblins, yaise thaim in yir ain dargs! Think on fouth/fowth; scowth/ scouth and routh/rowth: the wey it's spelt gies the learner the help he/she needs – I jalouse it's fouth, scowth and rowth. But sometimes baith will be kent, e.g. a tousy/tousie tyke and/or towsy/towsie tyke. Thare war seiven* "Pillars o Wisdom" in my speil puit forrit at the Eighth International Conference on the Languages of Scotland and Ulster in Islay in July 2006 as follows:

(1) The hallmark of Scotscreive is that OU in Scots is pronounced as oo – always. This is the cornerstone of this orthography and is an absolute characteristic of it. In English ou may be read as ow in house or oo in you. In Scotscreive, ou is oo and ow is ow – and never the twain shall meet!

(2) OW is the other side of the watershed and is found in dowp, gowf, howff and smowt – not douf, gouf, houff and smout. Another group to ponder is lowp, cowp and rowp – whit for loup, coup and roup! There are some ow words that sound the same in Scots as in English but with quite different meanings e.g.how in English is a question – how? But in Scots it means a hollow and is spelt howe. Again, to differentiate Scots mode of speech (more Boreali) grow in English becomes growe in Scots, low in English but lowe in Scots (a flame).

(3) The (acute) accent. This is used only for a specific purpose to indicate that the letter i in such words as ambítion, píty and príe is stressed as if spoken as ambeetion, peety and pree. Accents are found in English as in blessèd and certainly in Gaelic. This feature is employed by Robin Lorimer, editor of The New Testament in Scots, where it is a characteristic of his father's text.

(4) The use of the letter i to indicate lengthening of the preceding vowel. By so doing. Ei/ie can be standardised to good effect so that ei = ee. New words can then be read with confidence as to their pronounciation. Thus you will find speir rather than spier for ask; beild for shelter, not bield; and screive, not scrieve, for write. The ei convention indicates that these words are pronounced as speer, beeld and screeve

(5a) Terminal IE. There is a tendency these days to use – ie to Scotticise words which used to be spelt with a 'y' – such as bonny, canty and couthy to the extent that we are in danger of losing 'y' altogether! The terminal – ie is also used as a diminutive and is a very real feature of Scots speech and writing (especially in the Doric).

(5b) Another group of words with a terminal – ie includes gie/give; hie/high; prie/taste and thie/thigh. Here the acute accent can be used with great effect to preserve the written Scots form, thus – gíe, híe, príe and thíe.

(5c) Another type of word with terminal – ie is to be found in poetry where. 'company' becomes companie to rhyme with bee. Also, "My Ain Countrie", not country.

(6) Scotscreive is not fixed in tablets of stone and a recent feature is the adoption of spellings of thay and thair for they and their in English. (Willie Neill has been doing this for years). Consider the Scots spelling of grey which is gray – as in the Auld Gray Toun (Dunfermline). The reason is that there is another word 'family' in which 'ey' has its own value. Thus, stey, pey, gey, Mey, wey, sey and agley (eye not ae).

* EE was reserved for Doric words such as steen, abeen, meen and leem, but on re-consideration, as weel is widely used throughout Scotland, this was dropped. The seiven pillars o wisdom becam sax!

And sae at the hinnerend I wad threip that this orthography is novel in that it is sound based. It ettles tae gie fowk an entrée til Scots via baith een and lugs sae that the soun and sicht o the leid are sib. I hope ye find Scotscreive (1) eye-friendly (2) consistent and (3) uncontrived.

Waashin Day Weirriors

Charles P. Connor – Lallans 73

"Chaaaaarge!" The Licht Brigade thunnert amang the claespoles. Hashin, sleshin, saberin, joukin sypin sarks an draigled drawers. Stoarmed it bi rairin cannons an flytin hoosewives. Inimy weir cries o – "Youse yins pule mah waashin doon an ah'l kill yes" – soondin abune the brattlin cresh o musketry an brustin shellfire, is wuiddin swords riss an fell, inveesible horses steered up cloods o stoor an the sacrit guidon in the shape o a perr o rivet knickers oan a fower-fit cane, passed frae haund tae haund is furst ae staunert bearer syne anither fell veectim tae the Russian guns. Dismuntit, horse blewn frae alow him, bit haudin ahie the flicherin banner lang enuch tae hae it wheeched frae a deein haund bi a gyte chairgin horseman wha's cairry it tae veectrie.

"Awa an pley elsewhaur, ye wee buggers" follaed thaim frae oot amang cannons, grapeshot, soacks an semmits is thai louped thair horses ower the owerthrewn guns an hackit thair wey hame.

"Whoa." Fatty Lowmond brocht the charge tae a haut. Hes horse bein the furst tae rin oot o pech. Alan an Wullie, aw thit wis left o the wile spurrin regiments, puled up. Heids doon. Hechin hard.

"Spell yer horses, men." Ten yeir auld Fatty telt hes fellae troopers.

Thai wir gled od't. Thair blewn nags widnae cairry'd thaim muckle further.

"Wull we hae tae gan throu thai guns again?" Alan peched, efter a meenit.

"Naw," seyd Fatty.

"Ay," seyd Wullie.

"Mak up yer minds," seyd Alan.

"Weel thai nivver in the picter."

"Ay, thai did."

"Naw thai nivver. Ye didnae see Errol Flynn gaun back throu the guns."

"That's acause he gat kilt."

"Ay, bit thaim thit didnae git kilt aw chairged back thro the cannons."

"Hoo d'ye ken?!

"It telt in thon poem," seyd Wullie.

"Poem?" Alan an Fatty lukkit it him.

"The ane in the picter." Wullie wis gittin fashed wi the twa o thaim. "Dinnae tell me ye cannae mind od't?"

"Naw," seyd Fatty.

"Ah wis watchin the picter no readin poems," seyd Alan.

"Bit it wis oan the screen aw the time o the chairge. Hauf a league, hauf a league, hauf…"

"Whit's that onywey?" Alan spiert.

"Whit's whit oneywey?"

"Hauf a league."

"Hou dae ah ken?"

"Ye wir readin the poem," Fatty minded Wullie.

"Ah didnae read it aw."

"Then hoo'd ye ken thai gaed back throu the guns?" Alan an Fatty raired thegither, lukkin chief wi thairsels.

"Acause it seyd it." Wullie wis tryin to keep hes hair oan. "An then thai rode back agane. Bit no the six hunder." He quotit. "It's a braw poem that."

Hes pals didnae luk insensed.

"Ay, mibbe," Alan gruntled.

"Weel ah dinnae feel like chairgin ony mair guns the day," Fatty telt thaim. "Cuid we no pley hingoseed instid?"

"Naw."

"Whit aboot a gemme o bools thin?"

"Ye gat ony bools?"

"Hmmmm. Whit thin?"

Wullie sortit oot thair swither.

"Bandits it fower a'clock," he raired.

The three o thaim lukked different airts o the lift, acause thai wirnae shair whit "It fower a'clock" meant. Bit they kent thon Jerrie bombers waantit fettlin agane.

Forleetit swords an horses swick becam Spitfires an Hurricanes.

"Thair thai ir," Fatty raired, pintin. "Tallyho. Tallyho."

Thai dinae ken whit that meant aither. Bit it wis something else thit aye gat seyd in the war pictures.

"Tallyho," thai yowled thegither. Ootstreeckit airms dirlin tae the recile o machine guns is thai rin back amang the claes lines. Alan dooned a German dive bomber an a widen streecher thigither. Allooin hauf a line o waashin tae trail in the glaur.

"Awwwwww." A stranglt rair frae ahent pit oomph in thair ingines. "Tallyho? Ye wee middens. Ah'll gie yer erses tallywheech whan ah gi haud o ye. Luk it mah waashin."

The fechter squadron heidit fir saufty amang the sweelin cloods o claes further doon the raw is fast is takkity buits wad takk thaim.

The squallochin o weemin's vyces, high pitched, iresome, brocht thaim near tae cresh laundin. Thai keekit frae amang weet claes tae whaur Lang Meg an Hoose End Ella stid neb tae neb. Weel, Ella's neb micht just aboot be even wi Meg's skleff chist, bit she cuid aye mak up fir her jimp hicht bi takkin up twa sates in the bus. Baith weemin hid the same scoorie luk, in thair auld frocks an peenies wi a cardigan on tap. Wrunckled stoakins, thick, bit no steive enuch tae hiddle the fireside tartan oan the frunt o thair liggs. Scriffed shuin an a heidscarf apiece. Ella hid her creashy hair screwed up in curlers made oot o her man's pipecleaners. Whit hid aw been yaised an wir broon whaur thai'd aince been white.

"An ah'm tellin ye its mah tirn fir the dryin streech the day," Ella wis bawlin.

"Ye hid twa tirns last week."

"Weel ye wirnae here fir yer tirn..."

"Disnae matter. It's mah streech the day..." Lang Meg raired. "Ah'm no argyin wi ye. Ah'm telling ye." Ella reestit her muckle breast oan her sture airms, is muckle's tae sey, lit's see ye daein that, ye flet chistit bissom.

A puckle neebors wir getherin roond the rid faced perr o argyfeers.

"Whit's the matter, Ella hen?" seyd ane, in a sweetie vyce. Auld Agg didnae like Ella, bit she likit thon lang skinny dreep Meg stull less. "Is sunth'n wrang?"

"Naethin fir ye tae git yer interferin auld neb intae," Meg telt her athoot takkin her een aff o Ella.

"Oh." Agg gauspit, pittin a haund tae her auld hert. "Is that no an awfy wey tae talk tae a biddy. An me jist ettlin tae help, ye ken." She lukked around the getherin crood o neebors wi muckle, saikless een.

"Weel mind yer ain bizzness," Meg gurled it her.

"Lissen ah'm no telling ye agane." Ella glowert up a guid hauf fit it Lang Meg. "Noo git thai rags aff mah lie."

"Rags? Ya bliddy wee tink. Fancy the like o ye haein..."

"The like o me? Ya lang swallae o pish..."

"Ay, the like o ye. Yer bliddy mither cam oot the Dowie Raw... an yer faither."

"Mah faither wis a guid man wha'd..."

"Wha'd neither waark nir want..." scraitched Lang Meg.

"Wull ye listen tae that?" Ella tirnt tae the oanlukkers. "Leddy Muck here, ower guid fir the rest o uis noo, wi her new watchcloth an her flair rug an aw her oarders. Nivver hid breeks tae her bliddy erse untae the wartime..."

"Ay, an she'd bother keppin thaim oan whan thai Poles wir doon thon airmy camp..." Auld Agg seyd, helpfu like.

"Dinnae sin yer sowl, ya leein auld bugger." Meg's hetchit face gat ridder gin that wis possible. "Yer nae better nor this wee trollach here... it wisnae mah dochter wha..."

Fat Ella pit an end tae the exchynge o pleesantries bi takkin haud o Meg's weet claes an pulin thaim sae sair she brakk the claes line. Meg's waashin laundit amang the stoor.

"Ahhhhhh! Ya fat ersed hoor!"

The Licht Cavalry, fechter pilots wir daein thair rid Indian bit noo. Sleekin alang the grund, keekin oot frae aloe the hems o a perr o holey sheets. Yivver tae watch the shenanigans bit no waantin tae git cotched. Thai lukked oan gabbin gabbit is Lang Meg flew it Ella wha wis bizzy stramplin Meg's waashin intae the grund.

"Ah'll bliddy kill ye." Ella lukked up wi a snorkin squeal, like frichtit elephants mak, is the lang wumman gresped her bi the hair, rivin an tearin. She ettled tae git a haud oan Meg, bit the skinny ane hidnae muckle airts tae grup. Ella kickit oot wi her cutty, fat liggs bit Meg jist stack her meatless erse further ahint her, keeping Ella's heid awa oot oan the ends o her lang airms an herself weel oot the road o Ella's swingin shuin. The twa o thaim aw the while rairin, squallochin an cursin tae the delicht an pretendit scandalizin o thair gowpin neebors.

"Is that no Dunfermline wark...?" speirt ane.

"Ay, an awfy wey o daein..."

"Grewn weemin anaw..."

"Fancy cairryin oan like that... G'oan Meg, pu her glaikit heid aff... Ay, awfy... titt-titt-titt..."

It wis plain is Lang Meg's lang sneck thit Ella wis gittin the waur o the incoonter whan Auld Agg rin ahent the fechter, an wi pretence o ettlin tae pairt thaim, sleekit a lig ahent the tall, spirlie wumman, thit brocht the kempin perr creshin tae the grund.

"Oh, dearie me." Agg lukked the picter o innocence is the rammie gat stertit in airnest noo thit baith weemin wir o a like hicht.

Meg hadnae lowsed her haud oan Ella's heid bit Ella managed tae git her claws gaen, ripin it the spirlie wumman's face an airms. The twa o them rowed aboot the grund an rauch gress, een steekit ticht, cheeks bloun oot, skin, hair an pipecleaners fleein tae the airts. No rairin ony mair, jist gruntin an pechin. Laundin dunts wi wechty shuin. Noo it wis Ella's tirn tae git the better od't. Yaisin her muckle wecht she rowed oan tap o Meg. Bit Ella cuidnae yaise her hauns ower weel acause Meg wis aye haudin her heid ticht bi the hair an intae her ain flet chist.

Ella cotched haud o Meg's big sneck, pit her frae haund oan the grund tae push herself oot o Meg's grup. Cuidnae manage. Bit cam up wi her luif smoort in dug muck thit hid been lyin hiddled in the gress. She drew her fingers doon Meg's face, ettlin tae shove the dug shite intae her mooth. Meg bit deep intae Ella's thoom wi her fause teeth, sput oot tap set an dug muck thegither an rived aw the sairer oan the bowsie ane's hair.

The Hoose End's unco wecht wis the undain o thaim baith. She wis ower fat tae warsle fir lang especially whan she cuidnae git braithin richt. An Meg hadnae the maucht tae push her aff. Thair rivin an threshin gat mair an mair fushionless, untae Ella wis jist lyin oan tap o Meg. Ivvery noo an agane gien a puggled dunt it the lang wumman. Meg lay ablow her, gien an odd pule it Ella's hair. Naither o thaim fit tae fecht ony mair bit neither o thaim aboot tae gie the ither best.

"You anes." A vyce raired frae ahent the boays. Thai didnae stey tae speir whit wis waantit. Thai wir aff the grund an aff thair mark like thai'd been stung. Stoorin further doon the raw. Whan thai'd pit a guid lenth atween thairsels an the vyce, thai stelled, lukkin back tae see twa men luftin Big Ella aff the tap o Meg an pulein her awa. Weemin wir gein the wabbit, skinny wife a haund tae her feet. Auld Agg wis scartlin aboot amang the gress whaur it hid been flettent bi the fechtin perr. Naither Ella nir Meg hid the braith ir the smeddum left tae cairry oan. Jist glowerin it ilk ither. Hechin an pechin an greetin wi ire.

The boays tentit whaur Lang Meg's lang man camm oot. Gruppit his wife's lang airm an near throu her inbye the hoose.

"Makkin an erse o yersel, fechtin wi thon wee tink..." thai cuid hear him rairin.

Hoose End Ella's man wis oot anaw bi this time. Bit he wis wee an peelie wallie lukkin, due tae the Silicosis. Widnae daur talk tae hes wife like thon. He'd gat cloored the meenit she gat him inbye. Mind she wis a guid wife fir aw that. She widnae tak her man doon bi scuddin him frunt o ither fowk.

Efter a meenit Meg's dochter ran oot an colleckit up the faimily's sodden, mankit claes frae aff the grund an the crood o gowpers aw gaed hame. Tellin ane anither it wis an awfy thing tae see twa weemin cairryin oan like thon. Bit ay, it hidnae been a bad fecht.

Naither wumman yaised the streech o waashin line thai'd cam tae lounerin ane anither ower. Hauf an oor efter the skin an hair's stopped fleein, an the boays, haein stid aff a fleysome onding bi thousands o youllin Fuzzy Wuzzies, (like the sodjers duin in the Fower Feathers) wir bizzy makkin a guttypole whan Lang Meg cam ower. Her naerrae face aw scartit like a baudrons hid yaised it tae sherpin its cleughs oan.

"Here you lauddies," she seyd, an she lukked like she wis haein bother wi her wirds. "Ah'll gie ye ffrup'mff apeiffe gin ye funff mah teeff fir me."

Thai huntit ivvery inch o the raw, howkin amang stanes an lang gress. Tae in the end thai'd tae gie up acause o the mirk. Bit thai nivver fund Meg's tap set. An thai wirnae like tae, seeins the teeth'd been speeritit awa in Auld Agg's peeny potch a guid whilie syne.

Voices o the Abbey Waas

William Hershaw – Lallans 74

A verse play in Scots for threi voices

Scene Ane

A tuim stage, i pit-mirk. It is midnicht i the ancient Abbey o the auld grey toun o Dunfermline. A licht glaims backstage. A loud bell sterts tae dunnle slawly, twal times. Syna aa gaes still an lown for a wee. Efter a bit, there is a souch an a laich sab fae the daurk. A far-awaa lauch is heard or is it mibbe a greet? Aiblins it's the cheipan o a mouse. The souchan grouwes, raxin louder an louder. Suin there are monie voices – doulsome, wud, reeshlin, hirselin, camsteerie, wanchancy, hatefou an eldritch. But there are nae words or sense amang the hurlygush an dirdum o aa this crazy feedback. There are monie voices threipan at aince, aa o them ettlin tae outdae the t'ither sae that naething can be heard ataa but a monstrous souchan that rugs at the hairt. There are speikers aa around the audience, sae it seems tae them like the voices are soundin fae ower their shouders an inby their very lugs. The sabbin grouwes louder an louder till it can haurdly be tholed. It sounds like taped voices, pleyed back widdershins. The lichts gae up sweir – like tae shaw ane o the columned aisles o the Abbey whaur the voices are kythin fae.

The tall skinny figure o Robert Henrysoun appears. He is happit in a ruid medieval dominie's goun an bunnet. He hauds a muckle buik wi baith haunds. He heezes the buik ower his heid an flings it wi a crash on the flair.

Henrysoun: Wheesht nou – be still!

Obey an thank your God for aa.

Richt awaa, the racket ceases. The lichts gae out an aa is pit
  mirk aince mair. The lichts come on an brichten a wee
  but the stage is aye in hauf daurk yet.

Single voices stert tae speik fae the Abbey waas.

First Voice: Aince I lived out a life weill an fou ...

Secont Voice: Wheesht nou, hush! Ye'll wauk the toun!

First Voice: Aince I lived a life afore aa this ...

Third Voice: Wheesht an thole the silence faa!

First Voice: Aince I bade amang the licht ...

Secont Voice: Let the leivin draim their lives!

Third Voice: Aye, since I was sae gleg an blyth, I was ...

First Voice: Memories deave ma hairt like gall ...

Aa: Obey an thank thy God for aa ...

Pause

Aa thrie: We are monie voices,
        a babble thirlt i the stanes,
        we are monie an we are nane,
        o ilka past second an daein.
        Stane ower stane ower stane ower stane,
        biggit an liggit, trig an strang
        an yet nae mair nor joukan molecules,
        bubbles o stour an air,

abyss an radiation, streetched attour time,
like fine Dunfermline linen on a washin line.
Whit infinities kyth atween these waas!
We are the dreich vampire saundstane that
souks up smeddum an fushion,
thrawn energies an deid-duin lives.
Gin our cauld stane hairt micht feel
it wad lippent til the licht –
insteid it dovers ower an glowers –
Obey an thank thy God for aa.

First Voice: Hear me for God's sake!

Secont Voice: Hear me enaa!

Aa: Haud still! Hear me out!

Ma tale is worth the hearin mair nor yours.

Robert Henrysoun appeirs.

Henrysoun: Ye are tongues o nae substance,
fou o dirl an dirdum,
ye rattle like the airn clappers
o the shilpit lippers' bells,
for your comin handsels nae guid.
Your time is aa puit awaa an duin wi,
your hour i the licht is ower wi –
Awaa wi ye an gie me peace!

A gantin hole i the waa appeirs. The First Voice faas out. He's a doddery pedantic auld man.

First Voice: Hear me out, I say!
Let me tell ye o but ae day,

ane quick minute o it aa,
the smaaest thing that I ere saw,
the skitteran o a grey mouse i the haa
as I gaed ben ...

A **Secont Voice** faas faurrit as a young lassie.

Secont Voice: Acht, belt up, ye auld blether!
I'll tell ye o the leavin o ma life,
the sneddin o the siller cord,
the mirk deith road atween twa dwaiblin lichts
...
an afore it, hou I lay in jizzen for twal hours,
an aa the ugsome pains I had tae thole ...
She sterts tae cradle a kid-on bairn in her
airms.
Dinnae fash, dinnae fret,
for I'll speir ye yet ...

Secont Voice: sterts tae sing saftly tae her imaginary bairn
in a doulsome voice.

Daurk an drearie is the nicht
an there's no a starn in aa the cairry,
lichtnen glaims athwart the luift
an the sound o houlets maks me eerie.
Oh are you sleepin, Maggie?
Oh are you sleepin, Maggie?
Let me in for loud the linn
is howlin ower the Warlock Craigie ...

The First Voice faas fae his dwalm an gaes up tae her an shaks
his neive at her pouerlessly.

First Voice: Shaw some respeck for age!
Midden! Ye'll hae your turn later on –
Auld an blin was I at the hinder end –
an the gowd was weill derned, in ablaw
Oh murder! Murder! Help me, I caa!
Will naebody come tae help me?
Though they brouk this auld grey bluidit heid,
I willnae tell them ... I willnae let on its
whaurabouts ...
He fends aff blaws an cowps back greetin.

Secont Voice: Hear him? Luik at him!
He lived till he was echty-fower, the auld
tichtwad.
Whit o ma wee brither wha claucht the plague,
an himsel no yet fowerteen years auld.
Why? No fair! When there were ithers got
faur mair ...
Men are juist bairns,
haud your greetan, hear how aince I was blyth,
nimble an comely,
wi canty fingers, aye ettlin an eydent
tae knead dough for pieces
or spin threid or stroke a laddie's pow ...
I was laid laich, lichtlied by love,
tae dee in sharn an pain,
sair reived an sair deaved!
I should be heard afore thon donnert
auld man!

First Voice staunds up an muives as if tae gie a michty blooter tae the Secont Voice wi his rowed up fist in fury. As he lifts his haund the claik o the voices smoort i the Abbey stanes kythes up aince mair, gey agitated. Their souchan raxes tae a crescendo o noise. Robert Henrysoun staunds atween the First an Secont Voices.

Henrysoun: Enough! Enough, I tell ye!

The noise fae the waa subsides.

The First an Secont Voices couer awaa, feart o Maister Henrysoun.

Henrysoun: Ye aa maun retour tae thon neuk o the waa afore ye wauken the haill o the toun. Your stories hae been heard. Depairt an bide at peace!

Wiout a word the First an Secont Voices vanish. They are wede awaa intil the mirk. The stage growes daurker. Robert Henrysoun, picked out by a spotlicht, comes tae the fore o the stage.

Henrysoun: Ma name is Maister Robert Henrysoun – dominie, lawyer, scholar o this toun i the days lang awaa. Oh aye, an Makar tae ... there hae aiblins been ane or twaa tae match me since ... but I dinnae fash masel wi thon havers nou. Betimes it seemed a moral threip worth the daein. The hours I spent on screivins were duin for the common guid – no for me tae be mindit in fame in the here-efter ... nae dout thon hotheid Dunbar wad argue an flyte me anent that though ... I dinnae ken why I am brocht back here this mirk nicht. I led a guid life i the service o God. Aa ma screivins were wrocht for tae teach the puir fowk tae tak tent o the word o the Lord an his beinly commandments. For I was juist like the swallow buird in ma fable. I was a guid an thochtfu man, an wi nae complaint I left ma life – aye, an wi a cleir conscience tae. Sae why am I brocht furth here in this purgatory? Was it for spiritual pride, I jalouse?

A noise is heard aff stage.

Whit was thon? There are unco winds blawin through the wynds an doun the braes o the auld grey toun this nicht. But aiblins the leivin aye sleep snod i their beds – God gie them mercy. Hou they micht lauch tae hear our auld faurrant leid, little kennin their ain blethers will suin sound auld tae the lugs o the Future's bairns. They will be wi us an jyne us suin, but for nou they draim an cheynge ablaw the waukrif muin.

Henrysoun turns an addresses the Abbey waas

Tak a guid tent o whit I say. Aathin is for a raison. I am no richt shuir for whit wittin or ploy I was brocht back fae a lang draimless sleep this nicht. I am weill past the carin o your petty grudges an silly plichts an egotistic pliskies. Ma ane concern is the savin o ma ain gangrel sowl. Amang ye here I jalouse there maun be but ane wi the maist richt tae step faurrit an speik furth. Be it commoner or crouned heid. Micht it even be Bruce whase leper's banes glaim ablaw these flagstanes? Daes he tyauve an warsel i the yirth, gruin at his skailin o the Reid Comyn's fowthy bluid? Is it big-heid Canmore or nae-heid Charles or even the sained Margaret? Ye will ken best amang yourself wha this ane is wi the maist need tae speik out.

I hae nae pouer tae pardon, nae means tae intercede. I am nae confessor or judge or sheriff but I will lend a lug, gin this brings some ease. But when this is duin, aa these frichtsome souchs maun cease. Nou wale!

At aince there is a michty reeshlin amang the deid spirits i the Abbey waas.

Aa: Listen! Listen! Listen tae me!

Lichts fade out. Lichts come back on. Robert Henrysoun stands tae the side. A Collier steps faurrit fae the Abbey Waa. A fadit image o High Valleyfield pitheid circa 1931 flochters on the waa ahint the collier. It's auld faurrant wyndin wheel birls slawly backweys. He is happit in mowdieskin breeks an cairries a Davie lamp an snap piece tin, but he is no the anely ane tae faa back intil space an time. Anither creeps out fae the waa ahint him. A smaaer man but better dressed. He is wee Aund Carnegie.

The Spellin o Scots – Again?

Derrick McClure – Lallans 82

Yin o my laddies speirt o me ae day, 'Paw, whan ye're daein somethin or sayin somethin an on a suddenty ye think it's aa happen't afore, is thon whit ye caa a sense o gardyloo?' Gin it is, a sense o gardyloo is whit I finn ilka time onybody sterts a lagamachie anent the spellin o Scots.

The Makars' Scots Style Sheet wes pitten furth in 1947. In the 1970s a Scots Spellin Comatee wes funnit, an efter a wheen lifie corrieneuchins proponit some mair parteiclar wycins for the screivin o the mither tung. George Philp's 'Scotscreive' is jist the newest o the lang paraud o assays at biggin up a set o ruils for Scots spellin, an thare nae dout at our umquhile frein, a weill-leirit scolar an a douchty kemp for the leid, gied us yin o the skeiliest, the maist wyce-like an the maist lucentlie setten furth o thaim aa. But we needna trou at it wull be the lest: mony anither makar, leid-scolar or amateur (amator, 'luvar') o the auld leid is suir tae gie us his ain thochties or aa's duin. An are we ony nearer, efter mair nor saxty year o argie-bargiein about the spellin o Scots, tae haein a set o ruils at aabody grees is tae be our 'staunart'? No by the lenth o your fit.

Aa the same auld tifters – doon or doun, weel or weill, faa or faw, bonnie or bonny, muckle or mukkil, tae or ti – hes been thraipit ower an ower again, an aye an on aabody jist uises whit spellins thay want. It seems we hae aa sattl't on ae wee parteicularity: the apostrophe is deid. Naebody screives no' nor ca' nor fin' ony mair, nor sees the need for ony tuiliein about it: thon's a forderin as faur as it gaes. But a 'staunart' spellin for the leid is jist as muckle o a whigmaleerie as it ever wes. Forbye, aa the argiements hes been caa'd throu mair times nor ye can tell; an still an on we dinna gree amang oursells gin siccan a thing is needit; faur less on whit it bude tae luik like gin e'er we war tae staibliss it. An sen we hinna wan til ony greeance or nou, suirly it's as eith tae see as Embra Castel at we never wull, an at thare nae sense in haudin furth wi aa our simmerin an winterin about it. The Doric makar Mary Symon hes a sang anent an auld cheil ettlin tae screive an Immortal Memory, an decidin, efter hours o scartin his pow, at

> There naethin left aneth the lift,
> Eenoo, tae say o' Burns!

Siccar wes he wrang thare, as we finn ilka year; but I dout thare naethin left aneth the lift tae say o Scots spellin – naethin at hesna been said mony times afore.

It's time we war takin a fresh scance at the haill affeirin. An whit we bude first tae tak tent o is iss: aa throu the lang while some o us hae wair'd on canglin ower hou tae write Scots, ithers hae jist wrutten it. Wantin ony spell-buiks, only ruils or ony staunarts, we hae ne'er devaul'd frae eikin tae our bonnie huird o sangs, tales, plays an ilka ither kinkyn o screivins. Thare mony o's wad argie the need o a staunart spellin-seistem for Scots; but siccar, gin thare is siccan a need, nae pairt o't affeirs tae the possibeility o uisin the leid tae bigg up a letter-huird: for that we hae, yin at's worthie o ony nation in the warld; an it's burgeonin an growein ilka day wi as muckle bensel as e'er it hed. In Buchan, in Shetland, in Fife, in the Borders, in Glesga an Embra an the ither muckle touns, makars an talesmen hes crawn crouse an keivie: some lattin the souns an wirds o thair ain deialecs dirl furth, ithers uisin spellins at disna, or no in ony kenspeckle wey gar the vyce o ony steid kythe mair nor ony ither. In iss we're no jist whaur we war in 1947: syne we hed a splendant fouth o screivins in the auld leid; nou we hae a braw hantle mair. Thare some hes aye thraipit at a staunart spellin wad smuir the insprcaution o makars: gin thay bude tae screive accordant tae a set o ruils thay wadna cuid uise thair ain deialecs, nor lat nories an whigmaleeries o their ain imaginin kythe in their sangs an bardries. Gin iss war truith (whilk it's no, in course) jist the peeriest glisk o the Scots letter-huird o the lest saxty year wad insense ye tae forhou aa thocht o ettlin tae staibliss ony staunart ava.

Anither argiement for a staunart spellin hes aye been at ither leids hes thair ain staunarts, at the bairnies lairns in the scuils an fremmit fowk ettlin at a kennin o the leid can finn in spell-buiks an grammar buiks, an at wantin siccan a steidin Scots canna be a richtsome leid. But thon argiement taks-na tent o the kittlesomeness o decidin whit a 'leid' is. Thare nae aefauld wale atweesh 'leid' an 'deialec', nor ony dividwal awnin at wad mak a 'leid' out o a 'deialec', a staunart spellin seistem nor onythin ither. A while syne fowk coud thraip at gin Scots hed its ain offeicial spellin it wad kythe for a 'leid' afore the warld; but the warld's no like thon. For ae thing, thare a haill bourach o factors at gies a tung its staunin as 'leid' 'deialec' or ony o a wheen ither things; for anither, the fowk at winna trou eenou at Scots is a 'leid' wadna trou it ony mair gin thare war a set o spellin ruils tae shaw thaim. Mairatowre, we hae twa wappin muckle Dictionars as the scuncheons o a haill buikbeild o wittins anent Scots: hou can onybody lat on no tae ken about Scots, or no tae ken hou tae spell this wird or thon wird, whan thay needna dae ocht but gang an tak a scance at the buiks, on the Wab gin thay canna win tae a buikbeild?

A staunart spellin isna needit for screivin in Scots; an it wadna be eneuch tae win for Scots ony mair o the staunin o a 'leid' nor it hes eenou. An thare anither quistion forbye, at says-na muckle for the warld we bide in the-day but hes tae be speir't aa the same. Sen aa kinkyn o 'staunart' spellin kythes tae be eelyin awa, is thare ony sense in ettlin tae upbigg a staunart for Scots whan naebody heeds the staunart for English? Weans in the scuils disna get taucht tae spell ony mair, dae thay? – thay trou at spellin disna maitter. Daes onybody but auld daunert carles like me myn o the days whan ilka nicht ye got a list o wirds tae lairn for 'spellins', an gin ye coudna spell thaim richt the neist day ye got keepit in tae write them aa out five times? The bricht ying louns an quines takin thair courses in Aiberdeen Uiniversity's English Depairtment, whan I wes teachin thare, coudna screive an essay athout makin mistaks in spellin (an grammar forbye) at wad hae pitten thair faithers tae shame at seiven year auld. We wadna hae iss tae be sae, but it is sae; an wi flegmageeries like thon haudin the flair in the warld o edication, whit howp wad thare be for a 'staunart' Scots tae come ony speed?

Aa iss is no tae say at we shid drap the haill ploy: atweel we shidna. For thare ae thing certain: the on-endin lagamachie itsell is a bonnie signacle at fowk stull hes a likin for the auld wirds an a concern for thair weill-faurin. Houbeit thare naethin ever decidit, the canglin forders the hainin o the leid on life; an the day we devaul frae dibber-dabberin ower the screivin o our Scots wirds wull be the day we stent frae carin about thaim. But thare a mair wechty argiement. A componin o aabody's daily-day leivin eenou, at we canna redd oursels o an at's gaun tae rax its lang fingers mair an mair intae aa our ploys, is the Wab – the internet. The auld leid bude tae tak a place in this. We're aa weill acquent wi the winnersome Scots Language Centre wabsteid, but whit about our Pairliament an our Government, or the likes o VisitScotland an Creative Scotland: the wabsteids at fowk ettlin tae finn out mair about the fowk, the cultuir, the leids an the leivin o Scotland gangs tae keek at? There wull, or lang, be mair o the Scots tung tae finn thonder an in ither steids on the Wab: this wes ane o the wycins gien tae the Government frae the Meinisters' Wycin Comatee anent the Scots Leid, an as we hear, the Government is ettlin tae implement its moyenins. The mither tung wull suin be kythin whaur the haill warld can see it: an thare mony fowk wull be unco interestit whan thay tak a scance.

Here is whaur the need o a staunart is sairest. The Scots at hameart an fremmit fowk is gaun tae see on the Wab wull be the first inleitin, for mony o thaim, tae the leid. It maun be rael Scots, in the wirds, souns an grammar o't: thare nae uiss in takin a blad screivit in English, chyngin the ands tae ans, the ofs tae os an the tos tae taes an pittin thon up for Scots. An the spellins maun be mensefu, an thay maun be confeirin no jist wi the souns but wi the etymologies o the wirds. Oar for or, bit for but, hur for her, kin for can an the likes o't is no Scots. Thair micht be some uiss for spellins like thon gin the screiver is ettlin tae gar the soun o Castlemulk or Wester Hailes demotic dinnle in your lugs, but no in onythin pitten furth as the offeicial version o the leid. Thay budena stravaig ower faur awa frae whit fowk at canna read onythin but English can get uised wi efter twa-three ettles; but thay bude tae differ enew frae the English tae kythe athout ony dubiety for a rael leid. An on aa this, we maun mak our deceisions or lang; for the time whan a braw fouth o Scots maun kythe on the Wab is no gaun tae be lang in comin.

We hae thraipit about the spellin o the mither tung for a lang while; an for as lang as it wes jist a maiter o Scottish screivers an Scottish scolars takin tent (or no takin tent) o ither, we coud jist enjye the argie-bargies an win furth wi our daily dargs. But nou Scots maun tak its place in the Warld Wide Wab, an the wide warld's gaun tae see it. The time for claverin is bye: we maun get yokit.

Maidie

Iain McGregor – Lallans 83

Maidie aye luved sunbakin sterk nakit. She wis a guid leukin, deep-ribbit, sonsie wumman in her thirtieth year, wi moosie-broon shouder lanth hair, skin like Carrara marble an skyrie blae een. She wad stot oot the hoose at Staneyburn like a kittled up hauflin, run up the loanin, up by the Bailie Hoose, up the stey brae tae the yowe faulds an hechle on up the rodden tae abin the auld stell on Pikie Scaur. Thare she wad hover a wee an cast her een ferr an near ower the hull. Whan naebody wis veesible she wad rip aw her claes aff wi bauld dereliction, skailin thaim hickertie-pickertie ower the bracken an bell heather. Syne she wad spelder hersel erse-doon on the gizzent gress, raxin oot baith airms tae lat her hivvie breists faw tae her sides, syne she wad steek her een agin the strang sun wi a auld cloot. It wis seilfae! She had read in yin o her weeman's magazines thit the sun gaed ye veetimin 'D'. No thit Maidie kent muckle aboot veetimins, but whan she read thit efter a lang dreich Wunter, sun-bakin in the sun wad gie her mair virr, an mair virr wis whit Maidie ettlet efter, sae she thocht sunbakin in the scuddie wad lat the sun reak tae aw pairts, forby, the hait o the sun kinnlet a reid lowe in her wame thit wad birn lang efter sundoon.

Lachlan MacLachlan wis a makker o pomes an a screiver o farce. Chaisin tae bide his lainsel it Dugknowe, a empie hird's hoose on the lee o Pikie Scaur juist abin the linn on Linnmire grund. Bein alane for him wisnae lanelie, an leevin it Dugknowe wisnae runnin awa. Lachlan looed his buiks. He dramt aboot buiks. He thocht aw day aboot buiks. He sickert his shooglie table legs wi buiks, an yaised buiks tae prap up his bed. He ein brunt auld yins in the ingle for hait. An he writ buiks hissel wi a guid monie o thaim in prent.

The hull gaed him the upsteerin an smeddum tae stick in wi the screivin. The hull soonds, his symphony orchestra croonin a hushiebaloo. The whaup skirlin; the lintie tweetlin; the bumbee-bizzin an a singil yowe blaein on a hyne awa hirsel. Hinnie tae the cantie mind. An whan the mind gaed tuim an the glooms taen ower, an a white sheet o paper wis a frichtsome ghaist, Lachlan wad tak a streech doon tae the lip o the linn. Thare he wad glower intae the glessie green watter as it wheeched alang the graivel wi skeerie pooer, afore spewin oot an thunnerin ramstan doon the craigs intae the Laid-puil ablow, syne chyngin intae a white freith.

Gin the glooms war awfae baud an the muse richt scant, Lachlan wad juist stand an gowp intae the linn, like a stane stookie in a drowe kirk-yaird. Uswallie efter a meenit nor twae gowpin he wad birl roond an daunder up tae the yowe brig whaur he wad tak tent o the wee troots dertin aboot in the cauld. As wis his wey, lairnt aff a aulder sib twintie year syne, he wad staund on the sleeper brig, facin the watter, unbutton the ballop o his troosers an pou oot his tossel. Syne pyntin it at a hielan troot wad pish in the watter abin it. The troots skailt awgate an the yellae peeins fleetit unner the brig mellin wi the burn watter. This aye brocht a smirk tae his dial an brocht back mindins o his aulder brither giein henners oot adae wi fermer Drysdale's bantim cocks. The henner went this wey –

Slerp doon a hail bottle o leemonade, wyte a hauf-oor for it tae full yer bledder. Whan ye war birstin tae hiv a pish, the henner wis tae powk yer tossel throu the weer-nettin o the hen-ree an ettle tae pish on a Bantim cock, afore it gotten roosed, birlt roond an claucht ye. It taen smeddum stanin thare makkin a exhibeetion o yersel an sair in yer painches haudin back fae daein a wizzie. The mair nearhaund the bantims war tae the nettin the mair skooshit it wis tae scoot thaim, bit whan ye did, thay wad flee it ye wi maleecious ill-intent in thair een an bein thrawn-heidit an glegfittit yer manheid wis unner thrait gin ye warnae jingil-jyntit an henned back fest. An hen back a guid yaird or twae, for the wee wickit cocks cuid powk thair heids weel throu the neetin holes in a spleet saicant.

Yin day Lachlan wis dwamie an haed the scaurs tae pruive it!

Maidie wis nae likely tae mairry wi her mindin the Big Hoose for her faither an brither doon on the flet-grunds o Staneylinn, bit she wis stull clockin an aye howpfae. It wis whan her faither deid an her sib taen ower the ferm, an him merrit an wantin the Big Hoose for his ain faimily, thit Maidie needit tae flit. The twae weeman juist glowerd at ilk-ither an cuidnae thole the hoose an haud.

It wis a het simmer's day, an for ordinar Maidie wad hiv bin oot sunbakin nakit on the hull abin the auld stell, bit the thocht o flittin awa fae her loosome hulls fasht her sair. She daundert easy-osie up the hull tae little maitter. Up the Staney burn tae the Laid-puil an glowerd glaikit-like intae the watter, syne climed the heather braes tae the tap o Dugknowe. It wis while she wis stravaigin roond the knowe empie-heidit, thit she furst clappit her een on this uncoleukin ootrel. He wis a tousie trollop richt eneuch, skleff is a rownpipe an lang, wi a muckle tautie baird an lang gowden hair like corn strae hingin fae a midden waa. The sleeves o his gansey war rowed up an his serk-tail wis blown in the sab o wund. Thare wis a teir in the erse o his breeks an that's whit Maidie ee'd furst, ein sae ferr awa. It bothered her sair thit this chiel went aboot like a tattie-bogle whan she cuid cloot his breeks an shew, for shewin an clootin wis whit she wis guid at, forby redden-up the hoose an cuikin.

He wis unawaur o her praisence. She ee'd him for a wee, an wis taen-on wi him gabbin an sprauchlin his airms aboot like a tethered craw. She cawd cannie, stap bi stap, makkin her wey doon the brae athoot makkin ony soond nor carfuffle, till she wis near eneuch tae hear his vice, bit she cuidnae see onybody takkin tent. She stuid still an tholed the wyte.

Lachlan wis awa in his ain heid wi his pome an didnae ken he wis bein observed. He screed aff verse efter verse, blawin his ain horn whan it soondit guid, flytin hissel whan it went wrang, aw the time waffin his airms an gesterin his haunds. Maidie clap doon on the gress ahint an divertit hersel bi makkin a daisy-cheen while cataloguein the cantrips o this strynge chiel. She cuid hear ilka wird he wis roarin oot, but thay soondit like a raw o haivers, thou she jaloused it wis poetry wi the lilt an virr he pit intae parteeclar wirds. That wis whit she lairnt it the scuil whan she wis allood time aff her chores an her faither lat her gaun, thou poetry an reading buiks wisnae conseedered fittin for a puir ferm lassie.

Whan Lachlan feenisht his creed-aff he taen a sate on the grund an poud his gansey ower his heid. It wis that precesse meenit he seen Maidie oot the corner o his ee an wi the fleg, he taen a riddfacer. Wi skeerie pelter he stertit stitterin an mummlin wirds thit afore wad hiv bin clair an croose ein heich-heidit. Onybody hearin him wad caw him a rummlieguts.

"Whit you daein here? Whaur dae ye bide? Hiv ye bin here lang? A've no seen ye afore! Div ye hae ony gab?"

"Weel gin you wad haud yer wheesht, A micht get a wurd."

"Ay! Did ye hear iz screedin aff ma pome? Did ye like it? Wis it ower lang? Wad ye like tae hear it agane?"

"See, ye gab for baith o us!"

"Sorry, A'll no say anither word! Whit's yer nem? Whaur dae ye bide? A've speirt ye that afore."

"No anither wird! ... Tut! ... Tut! Juist steek yer gab!"

An that wis thair furst meetin. A meetin that went on till gloaminfaw. Whiles wi lang seelences bit no ackwart yins. Baith speirin ilk-ither wi different tastes. Baith lauchin thegaither an lint wi yin anither. Baith stryngers wi yin fameeliar vice. Baith hull fowk. A wee sperk had bin kinnelt an the lowe wad suin bleeze. An bleeze it did for Maidie. A prood wumman an a hoose-deevil, she tryst tae veesit Dugknowe ilka-day wi the excaise o giein Lachlan a haund tae reddup his auld hird's hoose. Hidlin-wise this wis the inlat she wis leukin for, an a wey oot the Big Hoose.

Years o saund an sile fae traipsing in aff the hull wi clairtie buits fyld the cairpets. Suit an speeder-wabs melled thegaither happin the waas, an hingit ablow sklent picters hauden up on camshauchelt nails. Stour biggit up in corners an cooried doon ahint presses. Loast buiks war foond, thou the prentit pages war sypit wi bleck foost. Disremembert screivins writ lang-syne war poud fae ahint kists, refleckit ower syne cast in a haip. Lachlan's hail warld wis birlt tapsalteerie, an like a yaud gaun tae the knackery, pit up nae fend, ein leukin forrit tae her veesits.

Whan aw the ben rooms war sorted, Maidie stertit on the scullery. The flair wis soopit oot wi a new heather-cowe an screenged wi green carbolic saip tull the peasie whin-setts glent. On baith sides o the deep cheenie sinks the widden bunkers war licht on wi a coorse rubber tull the grain o the widd stuid prood. Maidie wad swaible aw day like a dug waggin twae tails, an wad whustle an croon awa tae hersel. The windae abin the sinks leukin ower the pate-bog whaur the cotton-gress floored wis sloonged an washt, allooin day-licht in. Wi awthin thoro claen an glentin like a new preen,

Maidie set tae an pentit the widdwirk, limewasht the presses, distempered the waas an bleck-leidit the reenge. She hung new nets ower the windae, pit new waxclothe on the press shelves, an gaithered marigolds oot the gairden an gowens aff the hull tae fill vawses tae daiker the table.

An Lachlan stertit haen denners, the like he nivver kent. Rael denners wi theek Scotch broth in deep plates. Muckle ashets o harn lamb, beef-links an haggis puddins, falloed bi clootie dumplies an crannachan. Aw this liftit fae gran Doulton cheenie set oot on twal-hunner linen napery thit Maidie wad fess up fae the Big Hoose an yaise at Dugknowe. An his claes wad gaun amissin. The day-claes, auld freens wi tiers, troosers wi nae erse, serks in want o buttons an broon guffie summits wad mizzle awa, an kythe agane in a day or twae, clootit, shewn an washt. Maidie wis blithe. Lachlan wis blithe, bit chynge wis comin. Chynge thit wad test thair sibness for ilk-ither an chynge the hull forever.

The Fowk That Time Forgot

Frances Robson – Lallans 86

We've aw seen it – the muckle monument tae wan o Scotland's greatest scrievers – Sir Walter Scott. An statues tae ither weel kennt fowk: Burns at the end o Constitution Street; Robert Fergusson harin awa fae the Canongate Kirk as if he cannae get oot o the kirk fast enough! An it's no that we grudge these monuments tae merk ony contribution tae literature – but thir's no much tae merk ithers in Scotland i.e. the wummen whae scrieved aroond the same time as Scott and Burns but fur some unkennt reason they've been conveniently forgotten.

Scott hissel wis an admirer o Susan Ferrier (1782–1854) whae he considered as Scotland's answer to Austen. Ferrier wis the dochter o a freend o his faimily. Her faither wis a weel kennt lawyer and she wis born in a hoose in Lady Stair's Close. She wis nivir mairrit which micht be ironic given that her maist famous novel wis cried *Marriage*. It wis originally a jint work atween her an Charlotte Clavering (niece o the Duke o Argyll), stertit aboot 1809. Charlotte wis awfae keen tae turn it intae a Gothic novel, so Ferrier jist went aheid oan her ain an managed tae feenish the novel in 1818, leavin oot the deid bodies, ghaists, bogles an suicides. Of coorse, she published anonymously as lassies werenae supposed tae dae onythin ither than keep hoose an hae bairns.

As the title wad indicate, her novel *Marriage* is similar tae some themes in Austen's work, tho this novel sterts wi a mairrige insteid o endin wi wan. An whit a mairrige it is! Lady Juliana, whae's mair yaised tae wee pug-dugs than Heilan coos, elopes wi her beloved Henry Douglas aiblins tae Gretna Green ('at the altar of Vulcan'). Her husband has nae siller at aw, jist a castle. Of coorse, it's aw aboot luve, till she finds hersel in this bauchelt Heilan castle wi naethin much tae commend it, excep braw views o the muntains, an life wi the in-laws – a far cry fae the romance o Scott's novels! It's no a book fur those that tak things too seriously!

The novel does look at whit maks a guid mairrige an tackles heid-oan issues lik heid an hert; nature an nurture; daur Ah say sense an sensibility?

The novel itsel is hilarious an, jist like Scott, Ferrier maks guid yuise o Scots in the dialogue. Wan ither remarkable thing is that ye feel ye ken fowk lik this – which isnae a surprise as she yaised real fowk she kennt as characters. This might explain why she wanted tae stey anonymous an haud aff ony libel cases agin her!

Scott hissel recognised the talents o this writer. He cried her 'a sister shadow... author of a very lively work entitled *Marriage...*' (in a postscript to the last of his *Tales of my Landlord* in 1819).

Susan Ferrier isnae the ainly wumman scriever that's been forgotten. Belfast-born Elizabeth Hamilton (1756 – 1816) wis anither remarkable wumman. She had limited education, but nivir let that stop her fae scrievin. She loved readin an wis gey interestit in moral an educational philosophy which wisnae a surprise fur somewan livin at the time o the Enlightenment. Tho she wrote ither books aboot contemporary society, she's aiblins best kennt fur her novel *The Cottagers o Glenburnie* (published 1808) that pits future kailyard literature oan its heid. Agane, it's no fur fowk that hae a rosy eened view o country life in Scotland centuries ago. Ye get a feelin o authenticity.

The main character, Mrs Mason, has spent time awa fae Scotland, an has come back tae the village o Glenburnie tae stey wi her relatives, the MacClarty family. Glenburnie is a clarty, rundoon place. Mrs Mason whae's yaised tae awthin clean an tidy, thinks she'll mak a difference an try tae cheynge awthin. She's wantin the place tae be as clean as England. But the villagers' catchphrase sums up thir attitude: 'I cou'd na be fashed'. At the time the MacClarty family an 'cou'd na be fashed' becam weel kennt and the novel wis read bi mony up an doon the country. An like Ferrier, Hamilton didnae mince her wurds when criticisin whit she seen as the failures in her society.

An in case yer no awfae shair aboot readin Hamilton, it's wurth notin that in a letter (November 1813) tae her sister Cassandra, Jane Austen scrieved (in connection wi the saicont edition o *Sense an Sensibility*) '... it was given to Miss Hamilton. It is pleasant to have such a respectable Writer....' A recommendation fae Austen? Ye cannae get better than that!

Tae return tae whaur we stertit... anither Edinburgh born Scottish scriever, a wee bit later than the ither twa abuin, wis Catherine Sinclair (1800 – 1864). She wis educated at hame, then worked as her faither's secretary whaur she must huv learned the airt of pittin wurds thegither! Eftir her faither's daith, she hud mair time fur her ain work and published her novel *Modern Accomplishments* in 1836, which described fashionable life o her time when lassies wir supposed tae be 'accomplished'. The meanin o this idea is answered thro the conflict o characters: Matilda Howard brocht up by an intellectual mither; an her cousin Eleanor Fitz-Patrick tae be a debutante. Does this no soond familiar?

Of coorse, she published in ither genres, but unlik some ither scrievers, she did pit her name tae her work, jist because her faither frooned oan anonymous publications.

Her maist weel kennt bairns' book is *Holiday House*, published in 1839. It wis a bit o a landmerk in children's literature because it's wan o the furst books tae gie a real picture aboot bairns bein bairns, withoot judgin them. An considerin the time it wis published – jist aboot the stert o Queen Victoria's reign – ye culd argue it wis groondbreakin, or aheid o its time onywey.

But Sinclair taks us neatly back tae the stert. Unlike the ither wummen scrievers in Scotland, Catherine Sinclair does hae a monument! It wis pit up aroond late 1860s at the corner o Queen Street an North Charlotte Street, though it's no a patch oan the monument oan Princes Street! Nor is it as muckle as the Burns monument oan Constitution Street an it's certainly no sae weel located as the statue o Fergusson beltin awa fae the Canongate Kirk. Some wad say that the monument is as easily forgotten as the wummen thirsels huv been – but Ah culdnae possibly comment!

Aa in a Day's Wark

Ian Nimmo White – Lallans 89

Whunivir Ah memmer it, yon day is jist yestreen, and no the twelf July, 1966. Ah wis aichteen and innacint whun it dawed, but no whun it cam tae an end.

Ah wis waukit it fower in the morn for tae dae ma airlie shift – pert o a student's simmer job is a clippie it Paisley's Gordon Street garage, a twa mile waak frae ma hoose. No a caur cuid be seen, faur less jinked, sae doon the mids o main roads Ah daundered, hummin awa it 'Day Tripper' and 'Paperback Writer.' The ainlie ither soond wis Ferguslie Mills, gaun is it did twenty-fower oors a day and fifty weeks o the year – lik some humungus fan frae ooter space gaun fou blast in yir lugs. Jimmy McGlynn, ma drevver, wis waichtin for me, and efter a cup o tea he turnt his ingin ower.

Jimmy didnae ivir say much, he wis quate and tholin, a guid catholic boay born and bred. Mind tho, he wis a muckle big man, mair nor aichteen stanes. He'd been the drevver o the Green Road rin for sixteen year, and he liked it fine. Naebdie ense wid tak it, stawin is Hell it wis – up'n'doon the sem road umpteen times a shift frae wan end o the toon it Green Road tae the ithir end it the Racecourse – and pensioners it baith ends, nae chance o a 'Keep the cheynge'. Bit Jimmy liked it fine, it wis his rin, and his bus – his praicious bus.

Aathin wis douce and normal, unner a perfit blue sky. We'd mad five retour rins nae bother. Then cam Paisley Croass and the stroke o eleevin on the Toon Ha Clock. Ah hud tae rub ma een tae believe it. Afore me wis a sea o orange. Ah didnae ken a damn thing aboot The Lodge, faur less theh wir haudin thir national gaitherin yon day it the Racecourse, Paisley. Big steid wis the Racecourse, Glesca Airport stauns on it noo. Jimmy kennt fine whit day it wis, bit naebdie hud tellt him aboot the gaitherin. And bein the guid catholic boay he wis, he wisnae best pleased. Five hunner orangemen had picked oot 'Racecourse' on the heid o oor bus and thon wis jist the ticket for them. Theh went for it lik dugs tae mince – oor wee bus, Jimmy's praicious bus.

We wir fou up afore Ah cuid say 'Ferrs please'. It wudnae hae maittered oniewey. The heidman haundit me a fiver and tellt me tae keep the cheynge. It wisnae a bode, he'd areddy decidit, and oniewey Ah wis ower fest tryin tae stem the tide, faur less able tae dae siller maths it sic a time, warkin oot aa the fowerpenny ferrs etcetera. Aa thit maittered mathswise wis the maxmim allooed sieventie five aareddy on board and Goad help me, the jist aboot anithir sieventie five ettlin tae embark.Theh wir aa singin 'The Sash.' Weel, whit wis Ah tae dae bit surrender? Wan big yin, steamin he wis, fell on tap o me on the lang conductir's seat. The siller bag hingin roond ma neck twistit roond wance, twice, and damn near thrappled me. Ah cuidnae dae oniethin aboot it, for his elbuck wis rammed richt up agin ma neb. The ainlie een Ah cuid open made oot hauf a dozen blootered nutters hingin ontae the guardrail on the pletform.

Jimmy said nuthin, jist sat it his wheel starin aheid, or his auld Leyland hud reached the corner o Caledonia wae Love Street. Is chance wud hiv it, Ah'd no lang rid Stevenson's *Doctor Jekyll and Mr. Hyde*, bit it wisnae the hauf o whit happened nixt. Ah wis nivir tae ken, and nivir will, whit it wis cam ower Jimmy. Suddentlie, he turnt frae a quate tholin moose tae a dancin mad grizzly bear – stoaped his bus, his praicious bus, in the mids o the road (nae problem oniewey, he'd been gaun it less nor five mile an oor hemmed in is he wis bi five hunner orangemen),stormed roond tae the pletform it the back and hurled the danglin six oot intae the road. Theh wir legless and cuidnae pit up a fecht, excep wan wee chap wha ferr squerred up tae ma horndaft drevver. Jimmy pit his muckle haund roond his hausepipe and liftit him twa fit aff the grun. Then cam a tap on his shooder:

"Excaise me, Heidthebaa, pit ma wee brither doon. Noo!"

"Weel pardon me aa ower the pless, Ah hud nae idea", said Jimmy, "Ach then, ye'll dae jist is weel."

Jimmy drapped the wee man, afore sennin his big brither intae the mids o nixt week wae a blink and miss it punch fit remindit me o the wan wae whilk Cassius Clay flaired Liston.

Bit Jimmy wisnae feenished. Wan bi wan the oranges wir flung oot Jimmy's bus, his praicious bus, til he wis happy wae the load inby, then he turnt tae me: "D'ye huv a drevvin leecence, son?"

For wance Ah wis quick on the uptake:

"Naw, Jimmy, naw, nae wey!"

"Ah'll tak that for a YES then."

He gied me a stare fit tae stun a chergin elephant. Ah hud saiconds tae lairn hoo tae drev an auld Leyland bus, whil Jimmy spraid his aichteen stanes athort the back pletform lik a Sumo warsler, and foldit his airms lik Yul Brynner in '*The King and I*,' leavin onie oncomin oranges in nae doot whit wud befaa thim gin theh attemptit entrie. And Jesus, whit a time Ah hud wae yon first gear! Ther wis nae end tae the stoapin and stertin, and it grindit goin in, it grindit comin oot. The shoak thru ma bodie wis beat ainlie bi the thocht o whit Jimmy wid dae tae me gin Ah daimished his bus, his praicious bus.

Mair bi heivenlie intraveention nor onie plan, we raucht the Racecourse, aabeit twinty meenits late. Is the oranges tummelt aff, the heidman turnt tae Jimmy:

"Weel done, Drevver, or mebbes we sud say Drevvers, eh no?"

"Eff off" wis aa Jimmy wud say, then croassed himsel for forgieness. Ah wis canny eneuch no tae speak tae him til he'd drawn braith again. Efter whit seemed eeternitie, he slippit his cap back ower his heid, hud a lang seuch, and spak:

"Haw son, huv ye clocked thit ther's naebdie waichtin for the bus?"

"Thon's no ushal, eh?"

"Naw, bit maist likely theh're steyin put the day, whit wae the Gaitherin and aa. Luik up it thir windaes, aa the hingers are shut."

"Mebbe a pickle gied up on waichtin for the bus."

"Naw, theh're aa hauf deid doon here, theh dinnae ken the time o day, theh dinnae e'en ken whit day o the week."

"Whit aboot the fowk it Green Road?"

"Sem deeference. Theh're aa hauf deid up ther an'aa."

Ah wis wunnerin whaur he wis gaun wae this, and suin fund oot. Withoot anithir wurd Jimmy waaked aroond the bus and intae his caibin. He shuffled aroond a bit, then switched oan the ingin. Gin Ah thocht he wis heidit for Paisley Croass, Ah wis in for anithir think. He did a three pint turn, and then a left up a street affie narra for a big bus lik oors. Ah went up tae his caibin and gollered thru the gless:

"Whaur the hell are we gaun, Jimmy?"

He peyed me nae heed. Ah ettled again and again, even gied it the three bells. Nuthin doin. He turnt wan mair left, then a richt, afore grindin tae a halt it a wee corner shoapie. He got oot, wannered roond again, pit his haun in his pootch, and takkit oot hauf a dollar:

"Ther ye go, son, this sud be eneuch. Wan bottil o ginger, twa choaclit bars, and a *Daily Record*. Quick is ye like!"

Ah did is Ah wis tellt, and Jimmy tucked intae his sherr o the goodies, afore readin the first pages o his pepir, then plessin it ower his face, streechin his fou lenth oot on the conductir's seat, and gaun baw-baws. His cap steyed on the hale time …

"Jimmy." Nae answer.

"Jimmy!" Ah hud tae shoogle him. He cam roond:

"Whit time is it?"

"Hauf twelve."

"Fine. Ah'll drev tae Green Road wae the "Not in Service" up. We kin stert the five tae wan rin frae ther, and mebbes we'll see no sae monie o they orange morons."

"Aw Jimmy, we're no gonnae get awa wae this."

"Whit's the WE for? You keep tae yir student thochts. This is ma bag and mine's alane. Lat me figur it oot."

"Bit whit aboot the reglars it baith ends? Theh'll shairly hae compleened aboot missin buses."

"Is Ah've tellt ye afore, theh're aa hauf deid. Theh dinnae ken the time o day or the day o the week."

Bi this time Ah wis nar tae pishin masel:

"Whit wull theh dae tae ye, Jimmy? Wull theh fire ye?"

"Naw, the maist Ah'll get is ten quid aff ma wages. Hoo in the nem o Goad wud theh fire me? Wha ense in the hale garage cuid theh get tae drev the Green Road rin?"

Is Jimmy hud tweird, we wan tae Green Road jist in time for a five tae wan ootsettin. Ther wis ainlie wan auld wummin waichtin. Insteid o steppin on tae the pletform, she waaked aroond tae Jimmy's caibin. Ah'll ne'er lose mind o her. She wis happit aa in black frae her hat tae her lang dress fit feenished it her cuits, tae e'en her black boots. She wis a deid ringer for Queen Victoria. And yit, for aa her regalia, she manished tae step on tae the forenent fender and rap on the gless o Jimmy's caibin wae her brollie:

"Young man, I've been waiting on your bus for an hour. I'm going to report you to your inspector."

Jimmy said nuthin, jist pointit tae his lug tae mak oot he cuidnae hear her. Yon wis rich, for Ah cuid mak her oot frae whaur Ah wis sat it the ithir end o the bus. Efter ettlin three times, she gied up and got back on, mutterin awa tae hersel the hale time.

Naebdie ense hud jined the bus bi Paisley Croass, and suddentlie, insteid o makkin the normal turn left intae Moss Street, it turnt richt doon Saint Mirren Brae. Ah wis stertin tae lose the will tae live. Jimmy et lang and last turnt intae the Gordon Street garage. He pit the ingin aff, got oot and waaked lik a man possessed intae the offish. Ah follaed him in a daze, ma heid mince.

Jimmy caad Inspector Mitchell ower tae him:

"Haw Wullie, ther's a wummin on ma bus waants a wurd wae ye."

The Future's Oors

Billy Kay – Lallans 89

Thaim That Tholes, Owercomes

Ower the years, I hae been yokit tae the darg o bringin a kennin o the history o ma native leid tae as monie fowk as I can communicate wi at hame an in ither airts roun the warld. Ae parteicularly vieve memory wis giein a praisentation entirely in Scots at a Burns Symposium in the Leibrarie o Congress on Capitol Hill in Washington DC. It felt guid tae hear the vyces o weans fae Sanquhar that I haed recordit speakin oot in thir august surroondins an shawin the wheen scholars there that Scots wis still a leivin, ayebydand leid in the kintrae Burns grew up in.

I pyntit oot tae the audience as weel that North America wis thrang wi Scots: gowf coorses in Cape Breton wi lang whangs, Bonny Doon wyneyairds an Wee Kirks Amang the Heather in ceimeteries in Californie an gowfers giein the toast 'lang may yer lum reik' at gaitherins. Americans even whiles preserve neerhaun the oreiginal Scots pronunciation o names sic as Lockheed or Polk, whaur in Scotland itsel fowk aften pronounce thir name as Lochhead and Pollock – wi the lang 'o' in the latter name soondin like the aw in braw, raither than the aulder Poalick wey o sayin it. The Polks wis a poleitical dynasty in Sooth Carolina, but a bittie faurer north on the border wi North Carolina wes a child cried Charles McNeill wha becam Poet Laureate o North Carolina, and actually scrievit a pickle poems in Scots. Scotland Coonty wis hame tae Gaels fae Kintyre an Skye, as weel as fowk fae laigh kintrae toons like Campbelltown, an this poem tells the story o his fowk ... wha haed a habit o walin the side that aye tint the poleitical chaves they wis engagit in ... the '45, the American War o Independence an the American Ceivil War

... or the War Atween the States as thaim frae the Sooth still cry it. Onywey, here's a guid poem by McNeill published roun aboot 1907:

Prince Charlie an I, we war chased owre the sea
Wi naething but conscience for glory.
An here I drew sawrd, when the land wad be free,
An was whipped tae a hole as a Tory.

When the Bonny Blue Flag was flung tae the breeze,
I girded mysel tae defend it:
They warstled me doun tae my hands an my knees
An flogged my auld backbane tae bend it.

Sae the deil wan the fights, an wrang hauds the
ground,
But God an mysel winna bide it.
I hae strenth in my airm yet for many a round
An purpose in plenty tae guide it.

I been banished an whipped an warstled an flogged
(I belang tae the Democrat party)
But in gaein owre quagmires I haena been bogged
An am still on my legs, hale an hearty.

Thon's somethin I cam across in ither kintraes as weel e.g. a sojer's faimily in Sweden that left Aiberdeenshire in the early Seiventeenth century, but still spelt their name the wey it wad hae been soondit in the Noarth East lang syne – Crafurt! Similarly in Poland, I met an auld Scots faimily cried Taylor that still pronoonced their name Tyler. In the same kintrae I've cam across braw examples o Scots screivin fae the same period in documents like the wills o walthie Scots merchants that belangit the Scottish Britherhood in touns like Cracow. The Jagiellonian Leibrarie in that city haes a braw example.

I've aye seen Scots in an international context – wi ma kennin o the leid haein faceilitated ma ain learin o French an German at the schuil, an that bein ma passport tae universitie, I could dae nocht else. When ye're awaur o hou sib tae ither leids Scots is as weel, the dounricht ignorant luikin doon on Scots fae heich heid yins gars ye grue an maks ye siccar that anither, mair enlichtened wey o approaching the langage haes tae be taen.

But though I hae aye been eident tae shaw thir international echoes o Scots in a wheen airts, an that haes mebbe helpit heize up the status o the leid amang thaim that kens ma wark, I think a simpler an gey different aspect o that wark haes been mebbe mair important. I think ane o the maist lang laistin contributions I made back in the 1980's wis simply tae 'come oot' an be a Scots speaker in public airts whaur Scots speakers tendit aye tae defer tae English. I decidit tae mak a conscious deceision tae shaw that Scots stull haed the smeddum an reinge tae be yaised tae discuss ony subjeck ... sae it followed that whan I wes staunin afore an audience interestit in *Scots: The Mither Tongue* or ma radio or TV programmes, I needit tae get yokit tae the darg an dae the talks aw in Scots.

Noo, I dinnae want tae insult fowk that haed tae thole unco discreimination in the same raicent past a cause o their sexual orientation, but I'm gey shuir there wes seimilarities in the feelin o relief they and I felt when we did 'come oot.' I mind hoo nervous I wis the first time I addressed an audience entirely in ma mither tongue ... but hou guid an naitural it felt tae actually dae it. It wis as if a muckle wecht wes taen aff ma shoothers, an haein duin it aince, I never luikit back an hae presentit shaws an lectures in Scots ever sinsyne, glegly an joyously. Gin ye've never tried it yersel. I can recommend it as therapy for the saul!

I raicently interviewed Diane Anderson, wha wis ane o the furst Scots Language Co-ordinators in oor schuils, an she re-iteratit hou important it wis tae shaw fowk that Scots cuid be yaised in ilkae seituation. Gin thaim that's promotin Scots cannae yaise the leid proodly in public, whit howp is there tae convince bairns, parents an the Scottish public that oor raucle mither tongue is relevant tae the 21st century? Anent Scots, I keep sayin on Twitter 'Tak tent or it's tint' – yaise it or loss it, use it or lose it!' That's no tae say the Scots leid movement maun baur speakers o English an ither leids fae its collogues an discussions – on the contrair – we need aw the friens we can get, but in ony airt in Scotland whaur we are tryin tae heize up the leid, we shuid aye hae guid Scots public speakers tae the fore.

In a raicent update o a radio series fae 1986, I eikit a new seiventh programme aboot the seituation facin Scots the day. Fortunately there wis a wheen advances we had made that had garred fowk chynge some o their negative attitudes: the 2011 census question on Scots an the pruif that at least 1.5 million brither an sister Scots fae Maidenkirk tae Johnny Groats spak the leid. We noo hae Scots Language Co-ordinators in the schuils, a Scots Scriever Hamish MacDonald warks at the National Leibrarie o Scotland, an a guid wheen Scots Ambassadors heize up the profile o the langage sic as singers Robyn Stapleton and Sheena Wellington, as weel as yours truly.

I endit the final programme wi thir words an ane o ma monie favourite quotations fae Hugh MacDiarmid:

> 'Scotland maun cherish an haud deir its native leids gin we're tae be ocht ava as a nation.'

I'll lea ye wi a wheen vyces whae aw howp that as faur as Scots is concerned, MacDiarmid's prophetic lines will bear the gree in years tae come:

> For we hae faith in Scotland's hidden poo'ers,
> The present's theirs, but a' the past an future's
> oors.'

Billy Kay

'Here's a tweet I did back in August whan I wis promotin the *Scots Tongue* series on Twitter. The tweets in English didnae cause a muckle steir, but ane or twa o the tweets in Scots garred some cereebrally challenged fowk repone wi delichts like: 'In English, ya tadger.' or 'You speak the language of a demented budgie.' This is whit I scrievit in repone:

If you love Scots: Tak tent or it's tint - use it or lose it. If you hate Scots: Thaim that tholes, owercomes. We who endure, win in the end.

Sheddaes ower the Sea

W. S. Milne – Lallans 91

CAIST

Ross Mackie, an auld retired fisherman
Maidie Mackie, his wife
Jeemsie Mackie, thair son
Agnes Mackie, thair dother-in-law *(mairred ti Jeemsie's brither, Alickie)*
Bella Leslie, thair neighbour
Dr. Masson, a minister
Dod Craib, an auld fisherman, freend o Ross's

Kitchen cottage wi fire-place. Maidie and her husband Ross (in thair late fifties) sit either side o the lit fire. Dounstage at a table sits thair dother-in-law, Agnes (in her early twenties). The wa's are whitewashed; a door (closed) ti the richt that leads ti a yaird; anither door (also closed) ti the left that leads ti a bedroom. Thar's ane windae in the room. Nets are hingin frae huiks, and oilskins; thar's a few empty creels lyin aboot the place.

The setting is a fishing-village in North East Scotland, Christmas Eve, 1806. A terrible gale blaws ootside.

Agnes: The weather's coorse.

Ross: Tell us something we dinna ken!

Agnes: I've warmed his brogans bi the fire.

Maidie: Leave thaim bi the fender. He'll be wantin thaim.

Agnes: Shall I wash the dishes?

Ross: Dae something! Stop fussin aboot the place.

She sits doun bi the fire.

Agnes: Whit a nicht! Nithing ti be seen in the black watter. Somebody said thar was a licht winkin in the bay.

Ross: Thai'll hadd thair shooders ti the wind yet, at thai wull – aa nicht lang if thai hae tae.

Maidie: Thai're benichtit, sure – safe in a herbour somewhaur.

Ross: Whit would you ken aboot it? Awa and bait some lines, or something. Dae something useful, wull ye?

She disnae move.

Agnes: It's nae a nicht ti be oot in an open boat. It juist isnae.

Ross: And whit the hell's wrang wi it?

Maidie: Nae on a nicht like this, Ross!

Ross: Awa and bait some lines. Dae something! *(Ti Agnes)* Scrub the hoose, and redd it up.

Agnes: *(Rises frae her cheir)* But it's an awfa storm, and I'm feart for Alickie!

Maidie: Sit back doun, quine, and dinna listen ti him.

Agnes graibs a brush, sweeps for a puckle meenits, then sits doun again.

Maidie: He's swack ti row, that ane, and swippert. He's weel-kent for it.

Ross: The fishing's alwayis guid this time o year roon The

Knuckle. Thar were fine landings last ouk. Thai'll ride the sea yet – see if thai dinna.

Agnes: *(Thinkin o the gale)* Has it quietened doun yet?

Maidie: Nae yet, quine, nae yet.

Agnes: The sea was like gless mingled wi fire last nicht ...

Ross: Niver mind that ...

Jeemsie enters the hoose.

Maidie: Onie news, loun?

Jeemsie: Snippets, that's aa. The cliff wa's doun bi the Black Road. The provost's at the meeting-hoose wi the baillies. Cruive's lost his corn and hey. It's a sair nichtdarg richt aneuch. The fields are smoored wi snaw. Findlay's back frae Buckie. He was fishing up in Lerwick. Thar's a bark in frae Peterheid. That's aboot it.

Ross: Whit o The Fortune?

Jeemsie: Nithing, sae far.

Ross: Tak the sheltie doun the brae. The taickle's hingin in the lavvie. See if thai've heared oniething doun thar.

Jeemsie leaves.

Ross: If anerly he had his brither's virr.

Maidie: He's sweirt ti wark, oor Jeemsie.

Agnes: He's alwayis aff his stotter.

Ross: Whit's it got tae dae wi you like?

Maidie: The quine's richt – he's alwayis on the ran-dan.

Ross: Find something useful tae dae, woman!

Maidie: Ye canna nidge him ti oniething – I should ken, I nursed him!

Agnes: A guise o a man, that's aa he is. Whit wey's he nae oot fishing, like Alickie?

Maidie: He was alwayis sweirt ti tak thon road – niver ain ti follow the herring. He thinks o daein nithing, oor Jeemsie. Ye ken this, he was alwayis like that, even as a bairn.

Ross: Shut your mou, woman! Havers, that's aa I hear aboot this hoose! Mind on something else.

Maidie: I'll mind on Alickie. He'll plunk his heels down oniewey, and wark that loun wull, nae like thon – thon fantousherie! *(pyntin eftir Jeemsie).*

Ross: Awa and shell some mussels. Dae something! I've telt ye. Keep your tongue atween your teeth, woman.

Maidie *(Ti Agnes)*: Awa and get Bella, she'll help us oot.

Agnes gets dressed ti leave.

Ross: Thon interfering witch? Whit can she dae we canna dae for oorsels?

Maidie: Your thochts are black and rotten, so thai are. She's the anerly freend I hae in this gutter-hole o a place.

Ross: Keep thon flat-fish face o hers oot o mine – that's aa I say.

Maidie: Ye care for nithing but yersel – ye alwayis did, juist like oor Jeemsie.

Ross: You're a confusion in ma face, woman.   Awa wi ye!

Agnes returns wi Bella.

Maidie: Step ower the door-sill, Bella, and tak a seat, wull ye?

Agnes and Bella tak aff thair coats. Bella sits doun bi the fire.

Ross: Slummochin in a corner, whit eese is that gaan tae dae?

Maidie: Awa and feed your cran, man. Ye're a soor auld deil, ye really are.

He gings inti the bedroom, shuttin the door ahin him. She turns ti spick ti Bella, pyntin eftir Ross.

Maidie: He's ramfoozled wi auld age, that's aa it is, Bella.

Bella: It happens ti thaim aa – like Flo's man – a wolf alwayis girnin at the door.

Maidie (*Turns ti Agnes*): Pit some tea on, wull ye, quine?

Agnes gings ti the stove, and stairts gettin the tea-things ready.

Maidie: He's been up for oors juist scutterin aboot the place, gettin unner ma feet – whit can ye dae wi thaim – men?

Bella: Nae eese ava. Luik at thon Jeemsie o yours, year in year oot the same – alwayis squintin doun his nose at us, nae eese ti oniebodie ata that loun is.

Maidie: Alwayis stoshious, aff his heid, niver oot o the bar.

(Pause.) Listen ti that sea-souch and girn.
Thai baith listen ti the howlin gale.

Bella: Mind The Sturdy? Fish-boxes, that's aa thai foond in the end, and a life-belt, I think, lost wi aa haunds, swamped bi a wave. Sheila's man was on that boat. Thai'll aa lie in a cauld bark, so thai wull, if this disnae let up. The wind's skelpin at the buirds.

Agnes: Dinna think like that, dinna think like that!

Agnes stairts greitan.

Bella *(Turns ti Agnes)*: Get the stovies on, and feed the men!

Maidie: Go on, quine, go on.

Agnes daes as she's telt.

Bella: He's nae a vaigin spirit, Jeemsie, niver was, even as a loun. Alickie nou, Alickie, he was aye ain ti dream o catches o haddock and herring, was he nae, Maidie, even at schuil?

Maidie: He was at, Bella, alwayis. Born-days ti the fishing thon loun was, nae like thon lump o a brither o his. He was alwayis virrless, thon ain, alwayis wanted his ain life. Thinks we're nae respectable aneuch, I jalouse.

Bella: Wearit wi fine living, that's aa he is.

Maidie: Sma bit steer, richt aneuch.

Thar's a knock at the door. Agnes opens it.

Agnes: It's the minister.

Maidie: Weel, let him in.

Dr. Masson enters.

Maidie: Help the minister oot o his coat, Aggie.

Agnes daes juist that, then guides him ti a cheir. She sosses aboot wi the tea-things again.

Dr. Masson: I think I'll staun gin ye dinna mind.

He stauns wi his back ti the fire, warmin his legs.

Dr. Masson: Thar's a boat doun at Rottenslough, near Buckie wey.

Maidie: Dinna tell me at, Masson, dinna tell me at!

Agnes: Nae The Fortune, surely?

Dr. Masson: Thar's a meeting o the elders, that's aa I ken. I've juist come frae it.

Agnes: And?

Dr. Masson: Thai think the boat's tucked in ahin East Neuk.

Ross appears in the doorwey.

Ross: Whit the hell would you ken aboot it?

Maidie: Dinna spick like at ti the minister, Ross. Awa and get him a dram.

Agnes gets a bottle doun frae the shelf, and pours a whisky for the minister. He taks it.

Bella: Thar's siven in that boat, nae juist Alickie. Thar's Rab the skipper, Flo's man, George and Joseph Main, Alan and Tam, Beattie's brithers, and John Baikie that's gaan wi Marie.

Dr. Masson: I've suin maist o thair faimlies – it's your turn.

Agnes: Whit dae ye mean?

Dr. Masson: Juist ti say thai'll rax hame ti safety yet – that's aa. The Almighty's Hand is strong to save. Ye ken that.

Ross: We ken nithing o the sort.

Maidie: Niver mind him, Masson, he's juist got oot the wrang side o bed this morning, that's aa.

Ross: Oor Alickie's mair gumption in his little crannie than the haill lot o yiz put thegither, so he has! Christ, ye gie ma erse the kinkhoast, you lot, ye really dae!

Maidie: Dinna spick like that ti the minister, Ross!

Ross: Get your erse back up the brae – ti the manse – and oot o ma hoose!

Ross gings back intil the bedroom.

Maidie: Bide, it's juist his nerves, minister – he's worried sick aboot oor Alickie.

Dr. Masson: Wha wudnae be, Mrs Mackie? Wha wudnae be?

Pause, as he taks a sip o his whisky.

Dr. Masson: Thai'll be hame bi Yule-tide you'll see. Gie it a thochtie.

Maidie: Pit some eggs oot, and butter, Aggie, and some cheese and oatmeal for the minister. He's hungry. Thar's salted herring in the aumry.

Bella: Plunk yersel doun, minister (*offering him her cheir.*) Your banes could dae wi a rest nae doot on a nicht like this.

Dr. Masson: It's aaricht, Mrs Leslie, I'm aaricht staunin, thank you.

Maidie (*Ti Agnes*): Thar's some sole or whiting in thar as weel, I think.

Dr. Masson: Niver mind, Mrs Mackie, niver mind aboot at – some ither time maybe, ech? (*Pause.*) And hou's your loun, Mrs Leslie?

Bella: Daein fine, minister, daein fine, doun Yarmooth wey, fishing, we think. He's mairriet recently, a fine English quine – hippins frae nou on, we think.

Dr. Masson: Aye, that's fine, Mrs Leslie, that's fine. Good ti see a faimlie getting on for aince, ech?

Bella: We're aa meat for Mammon these days, minister – haein ti hike like that for wark.

Dr. Masson: Richt, Mrs Leslie, richt.

He listens ti the wind blawin haird as he taks his drink.

Dr. Masson: God, but the sea's bullerin, is it nae, the-nicht?

Bella: It's nithing but a blinnin stew ... ye're richt.

Pause. Agnes stairts ti greit.

Agnes: Thai'll nae win thair wey hame nou, I'm thinking. He should be huggin the fire on a nicht like this, so he should! Thai'll aa be sunk on the rocks, minister, sae thai wull. I ken it, the boat wull be broken ti blauds!

Thai'll be swamped, swamped richt aneuch, aa the wey throuch – thai wull! I ken it!

Bella: It's black hell oot thar richt aneuch. Still, fowk want thair fish on a Setterday – dae thai nae? *(Pause.)*

Dr. Masson: He's a fine ying birk, Alickie, thar's nae dootin at … He'll pu throuch yet, quine, he wull. I'm sure o it *(comfortin Agnes).*

Maidie: He is that, minister, Alickie's an expert rower, alwayis was.

Dr. Masson: Swack and swippert, I've heared.

Bella: Niver feart.

Dr. Masson: Thai'll be hame bi breakfast, quine, I'm sure o it. Thai'll hae run ti shelter somewhaur – see if thai hivnae. We'll hae news yet, juist wait. Thai'll be hunkered doun. Juist knit – find something for your haunds tae dae, quine. Thai'll be here in a meenit, you'll see.

Ross appeirs at the doorwey again.

Ross: And whit the hell would you ken aboot it?

Dr. Masson: We'll pray for the sea ti caum doun, that's aa, Mr Mackie.

Ross: The sea has a mind o its ain, man – nae like some *(Luikin straucht at the women).*

The main door opens and Jeemsie comes in wi an auld fisherman - Dod Craib.

Dod: Christ but I'm soggit. *(Sees Dr. Masson.)* Sorry, minister – it's soppin-weet oot thar.

Ross: Whit do you want, Dod?

Dod: Your loun's oot thar *(pyntin at the sea)*.

Ross: Tell us something we dinna ken.

Dod: Ane boat's aareadie in.

Jeemsie: Thai say The Fortune's doun – she was last seen coast side...

Dod: Foonerin ...

Agnes screams, then faints.

Dr. Masson: Gie her a sup o watter, bring her roond.

Maidie *(Ti Ross)*: Whit's he coming awa wi nou, telling me The Fortune's gaan doun? Ma loun's on that boat.

Dod: I'm feart your Alickie's deid, Mrs Mackie – it's nae eese, nae eese ava.

Jeemsie: Nae eese, Ma, it's certain nou.

Dod: Thar's nae hope ava, Ross man, nae whan twa seas meet like at – thai're cowpit, aa siven o thaim – the waves are ower-steep – nae a star ti steer bi the-nicht.

Jeemsie: The elders are convenin nou – for relief. The crews are connacht wi luikin.

Dod: It's the reuchest sea for years, a herricane mair like – the hail stobs ye like preens – it really daes, man.

Ross has collapsed inti a cheir bi this time.

Bella: God save thaim.

Dr. Masson *(Ti Maidie, wha's keenin bi nou.):* Quieten yersel, quine, quieten yersel. *(Ti Bella)* Get her a hankie, woman, and tak thaim baith throuch ti the bedroom.

Bella daes juist that.

Bella: Troubles tummellin like a race-mill. Thar's niver grouth apon a tree but it's rippit awa.

Dr. Masson: Keep your mochie thochts ti yersel, woman, awa wi ye.

Bella closes the bedroom door ahin her.

Dr. Masson: Whit a bletherskite! Thon woman's mou is a vennel o spite, is it nae?

Dod: I'll hae ti be aff, Ross – I've ithers ti tell.

Dr. Masson: Good luck to you, Mr Craib. Tell thaim I'll be alang in a while.

Dod leaves.

Jeemsie: The wid was rottit throuch.

Ross: Whit ye spickin aboot?

Jeemsie: On that boat – the wid was rottit throuch – and ye ken it.

Ross: Dinna spick ti me, kipperer – whit do you ken aboot the sea? *(Pause.)* Nithing, that's whit. Ye're a stranger ti it, sae you are! *(Pause.)* She was rigged oot fine that boat was, minister, I can tell ye at, she really was, fine and dandy. *(Turns ti him.)* A guid stable boat she was – and sturdy, mind.

Dr. Masson: I dinna doot it, Mr Mackie, I dinna doot it ata.

Jeemsie: Rigged oot? Thon thing? It was reid-rotten ti the core – and ye ken it.

Dr. Masson: Mind wha you're spickin tae, Jeemsie, it's your faither.

Ross *(Ti Jeemsie)*: Shut your mou, man! Thai foon the money for the boat thegither. Nae profits nou ti divide. And thai had thair ain nets as weel. Wha else can boast o that? Thai were weel set up, minister, so thai were, aa siven o thaim.

Jeemsie: Niver mind the profits, man, think o the men!

Ross: It's iverie boat against iverie ither boat oot thar in the troch, gin you but kent it …

Jeemsie: It had mair holes in it than a sieve. Callum, the boat-builder, telt me that.

Ross: He's a leein nacket! It's iverie man for himsel oot thar *(pyntin at the sea.)* Aa the money went on gear, ye ken that!

Jeemsie: That boat was getting ower-auld, I'm telling ye, it should hae been left ti rot. Or broken up. Ye ken that yersel. God help me, ye hae tae ti ken it, man.

Ross: I alwayis aipened ma haund ti your brither, did I nae?

Jeemsie: Wha gings ti sea in December? It's madness!

Dr. Masson: Ye need ti caum doun – the baith o yiz.

Ross: A guid wird frae him is like sookin up sap frae a stane, minister.

Jeemsie: The Fortune? Whit kin a name for a boat is that onie road? I asked him ... It wasnae rigged for a storm like this, it juist wasnae. The waves are higher than the pier. Trees are blawn doun, the barometer's faain. You could see this gale brewin frae the sooth-west, sae ye could. Aabodie could see it but him!

Ross: Whit would you ken aboot it?

Jeemsie: It was dark early wi a heavy sea, cauld and snawin.

Ross: Awa and bile your heid, man. Ye've grouwn spurtle-shankit frae want o wark, sae ye hiv, man!

Dr. Masson: Govie dick, gie it a rest! Your loun is deid!

Ross: Aye, mebbes, but at least he lippent ti ma voice, sae he did.

He turns ti Jeemsie.

Ross: Mair than this lipper iver did. Gin he had Alickie's marra, he'd be fine aneuch, sae's he would.

Bella *(Comes in frae the bedroom door, closin it)*: Your faither's richt, ye're nithing but a lout, that's aa ye are – awa wi ye, and dinna drink yersel blin. Think o your bairns. Whit a mill-stane roond your mither's neck you are, man.

Dr. Masson: That's nae helping nou, Mrs Leslie, is it? That's nae helping ata.

Bella: Thai need thair faimlies roond thaim, minister, at this time.

Jeemsie: Whit the hell are you daein here then, you auld witch?

Bella: Fient the day oniebody listened ti you, man!

Jeemsie: Thar's nae need for you tae open your gab, is thar?

Dr. Masson: Come on, Jeemsie, let's walk doun the road thegither.

Dr. Masson taks him bi the airm, and thai walk oot o the hoose. Ross gings back inti the bedroom as Agnes and Maidie come back inti the kitchen.

Bella *(Luikin at baith o thaim, but spickin ti hersel)*: Thair cannle's burnt oot till a threid, sae it is. Wha's ti hadd thaim thegither nou, tell me at?

Agnes: The china's still new ... *(Pickin up a piece frae the dresser)*.

Bella: She needs ti tak ti her care-bed, Maidie. The quine needs ti sleep. I'll get the doctor roond. *(Pause.)* Life and deith are the thickness o a plank, thai really are, ye ken that? *(Pause.)* Whit a guid hert your Alickie had, Maidie, he was a real bobby-dazzler, was he nae? *(Pause, luikin at Agnes slumped in a cheir.)* She'll hae ti get eesed ti it, Maidie, she'll hae ti get eesed ti it ... *(Pause.)* She neednae bide lang in her widda's weeds. She's ower-bonnie for at.

Maidie: And whit o me, Bella, whit o me? Wha's ti hadd oor wa's thegither? *(Lang pause, as she greits.)* I've spent ower-lang scannin the sea, Bella, sae I hiv ... Wha'd be fisher-fowk oniewey, can ye tell me at?

Agnes *(Stairts a bit frae her grief)*: The anerly thing this place herbours is the deid. *(Pause.)* The men ging, and the women bide, that's aa.

Maidie: He was ay adamant, and that was the end o him, oor Alickie. *(Pause.)* Nae juist deid, and nae juist living, ye ken. Chasin the winter herring.

Bella: Thai're oot o the sun nou, Maidie, oot o the sun onie roads – thai're lowsed frae this life, that's certain. *(Turns ti Agnes.)* Gaither the gairments o your grief, quine. Thai've gaan the wey oor faithers gied. *(Pause.)* You'll get used ti it, quine, you'll get used ti it, in time.

Ross comes back inti the room.

Ross: Thai'll wash up bi Cove Bay, thai alwayis dae, the deid men. Here's a five-shilling piece. *(Puts it on the mantelshelf.)* Tell the jyner ti mak his timmer-boards – he kens his size fine.

Maidie stairts greitan as Ross gings back inti the bedroom.

Ross: Your wailing's warse than the sea, woman. Smoor the fire afore ye come to bed.

Maidie: Whit sons besides dae I hae?

Bella: Get his mort-claes ready.

Maidie: He was alwayis mair for his da than me, Bella, so he was, oor Alickie.

Agnes: This is a richt sea-scunnerin place. *(Listens.)* It's a wind brings nithing but grief.

Bella: Thar are ower-muckle kistins in it.

Maidie: Thai're sheddaes nou – sheddaes ower the sea.

Bella: And wha's ti bring thaim hame nou, like?

Thai stairt tidying up the place.

In the Deep Mid Winter

Edith Buchanan – Lallans 91

That winter in Achnagart had been the maist lang and harsh fowk hid mind o. At the stert o December the first blizzard blew in frae the north. But it wis a feedin-storm and there wisnae a patch o green tae be seen ower the land for three month.

Throughoot the lang winter neebors luikit oot for ane anither but Geordie McPherson wis the kinda man wha keppit hissel tae hissel. His neebor Jean Gordon respeckit his alaneness by passin the time o day wi him, but keepin her gab steekit shuid the daurk luik be on him, when he widnae lift his een. She aye kent when he plantit his tatties, gaithert his peas and gied his gress its last cut. He aye keepit his place in guid order, cuttin back the hedges afore the winter. At the back end o the year he shut hissel in his shed honin and pittin ile on the blades o his tools till they wis gleamin.

The week afore the first storm Jean Gordon wis ca'ed awa tae her sister's wha wis fair nae weel. There she bidit till the thaw cam. The day afore she left Geordie McPherson wis diggin a deep hole in the front o his gairden. For the hale day he heavit oot rocks an rubble, leein them oot roon a square o fresh divots. She wonnert if he wis plannin on makin a rock gairden though there hid nivver been a flooer plantit afore.

But Geordie McPherson hid anither kinda plan. There wis tales o sichts o a big cat prowlin in the wids and up on the muir. Aince, oot the corner o his ee, he'd seen its black haunches disappear ahent a tree. When he wis diggin up his tatties in the gloamin he thocht its green een wis keekin at him through the hedge and ae nicht at the full muin he saw it joukin ower the dyke ahent his shed.

The mornin Jean Gordon went awa, Geordie took his gun and heedit for the muir tae shoot rabbits. Aroon midday there wis a great daurkenin in the sky an he heedit hame, anxious for tae cairry oot his plan afore the snaw set in. Aa he hid tae dae wis attach the bait and suspend it ower the pit. At the onset o the hard winter the animal wid come doon aff the hill, foragin tae fill its empty belly.

When Jean Gordon cam hame the sooth wind hid meltit aa but the deepest drifts. Ane o them wis in Geordie McPherson's front gairden. Efter fower days she wis thinkin tae hersel there wis nae movement or soun comin frae his place. Neebors kent that in the winter he aften shut hissel awa for weeks. Ither times his brither wid tak him awa tae bide at his place in Edinburgh. It wis Tam the Post that tellt the polis, wha brak doon the door for fear o him leein deid. But the hoose wis richt cauld and empty. A search o the gairden wis stertit. Efter a while when they wis stabbin shovels intae the snawdrift there cam the soun o metal strikin metal. A heap o hauf frozen divots rummelt doon frae their feet intae a deep black pit. At the fute o it, the blades o a hedgin knife, a sickle and twa spades hid been sherpent tae a razor edge. Ilka heft wis burriet deep in the grun.

The bodie wis impalit on a scythe. In ae haun wis the carcass o a rabbit and ower his shooder wis slung his gun. Efter he slipped in the snaw and tummelt intae the pit, naebodie heard his roars for help.

The swirlin snaw thickent and there wis silence in the gairden.

Biggin Brigs

Duncan Sneddon – Lallans 91

Nummer 10: Breton

For oor tenth ootin, we heid tae Brittany, tae leuk at Breton (Brezhoneg), a Celtic leid wi aboot 200,000 speakers. Breton is fairly closely relatit tae Cornish an Welsh, an mair distantly tae Gaelic, Irish an Manx.

Breton haes been spoken i Brittany syne the airlie middle ages, an wis the maist widely-spoken leid there until the twantiet century. Even lang afore than, hooanever, French wis the socially dominant leid, an this becam mair an mair o a threat tae Breton efter 1789, whan the strangly centralisin tendencies o the modren French state cam tae impack on eddication, civil administration, an public discoorses anent Republican ideals o the modren state. The revolutionary ideal o *egalité* cam tae mean the equal access o fowk tae the state through becomin mair like a prototype French-speakin ideal, an no the equality o aw cultures an leids i the Republic. The ae process affeckit ither leids o the Republic, sic as Basque, Corsican an Occitan. Thir, alang wi Breton, is official languages i their ain regions, but strauchles for onie federal support ava.

The processes o a centralisin eddication seistem, the arrival o mass media, increasin mobility, an the association o Breton wi a landwart, backwart wey o life (issues that's haed a muckle impack on monie minority languages) saw a rapid collapse i the yaise o the language. The feigurs are stark. At the stairt o the twantieth century, aboot hauf the population o Brittany wis monolingual speakers o Breton, an maist o the ither hauf were bilingual wi French. By the middle o the century, there were aye aboot a 100,000 monoglot Bretons. The day, there are nane. Even as late as the 1950s, aboot a million fowk spak Breton. Unner a quarter o that nummer speaks Breton the noo: aboot 200,000, or 8% o the Breton population. As wi monie minority languages, the speaker population is disproportionately auld, wi ower hauf bein ower saxty. There are noo nae toons whaur Breton is the maist common community language. Even in whit are noo thocht o as hairtland areas, a toon micht hae mibbie a third o its population that speaks Breton. In practice, this means that a lairge proportion o its aulder fowk wull speak it, an gey few o its younger anes.

An energetic muivement for Breton-medium eddication, the Diwan schuils, haes helpit tae shore up the language amang younger cohorts. Stairtin smaw wi jist five bairns i the 1970s, there is noo no faur aff 4,000 pupils i Breton-medium schuils, frae kindergarten tae the age o echtteen. Acause French is the leid o the Republic, the French govrenement winna thole ither leids bein yaised as the leid o instruction i state schuils, sae the Diwan schuils is hailly independent o the state. The smeddum an lang-tholin efforts o the teachers, parents an supporters tae rin thir schuils on their ain, wioot the resoorces o a state that obviously disna care for thaim, is inspirational, an shid be recognised as a heroic effort i the face o baith the encroachment o a global language, an the ideology aboot citizenship propagate by the state. The Diwan seistem haes produced a sizeable cohort o young bilinguals, but thir are awmaist aw French-dominant bilinguals, wi strang French influence on their Breton, especially their phonology – whan they speak Breton, it aften soonds gey French. The growth i Breton-medium eddication haes been impressive, but the nummers are aye a lang wey short o makkin up for the shortfaw as aulder speakers dees.

Breton aye faces a sair fecht for support frae the govrenment. The centralisin ideology o the French state means that speakers hae gey few language richts. For instance, as I screive this airticle (i mid Septemmer), there's an on-gaein legal stooshie aboot a faimly i Quimper ("Kemper", i Breton) wha hae cried their new son by the traditional, an quite common, Breton name Fañch. They hae faced an awmichty strauchle wi gettin their bairn registrate for official purposes (ID caird, birth certificate etc.), acause the letter "ñ" isna recognised i the French leid, an therefore by the French state, as a valid letter tae hae in a wurd. Alang wi siclike petty obstructions, the richts o Bretons tae yaise their ain language in ither offical contexts, sic as in coort, are gey restrickit. France haes signed, but nivver ratifeed the European Chairter for Regional an Minority Leids, an onie attempts sae faur tae chynge this haes been votit doon i the Senate, an declared contrar tae the Constitution.

Media provision for Breton is gey scanty. There is nae TV channel, an leimitit press. Radio is better – there's fower radio stations, ane for ilka traditional dialeck region, as weill as Breton programmes on the mainly French-leid wastren Breton brainch o the naitonal France Bleue. Maugre o this, there is a growein online presence for the language, wi blogs, social media platforms an podkests becomin mair common, especially amang younger yaisers o the language. There haes also been a growth i the literary sphere, wi makars an prose screivers expandin the range o genres, styles an subjeck maitters o Breton literature, ayont the mair traditional forms that's tendit tae be dominant.

The Wit o the Native Americans

An owersettin o walins frae The Wisdom of the Native Americans, ingaithert an editit bi Kent Nerburn

Margaret Marenich – Lallans 91

The Weys o the White Man

I am truelins bumbazed at the want o ingyne amang the French. Thay'r aye ettlin ti insense intil us that we shuid chynge our barks, poles an wigwams for thair houses o wid an stane that staund as heich as the trees. Whit for daes men o five ti sax feet in hicht need houses as heich as the trees? Dae we no hae aa the advantages in our houses that ye hae in yours, the like o sleepin, weetin our thrapples, layin our lugs intil our maet, an haudin oursels out o langour wi our freinds whane'er we want? Hae ye as muckle ingyne as the Indians, that cairies thair wigwams wi thaim an lodges whaure'er thay please? The Indian is at hame aa wey, for we can stell our wigwams whaure'er we gang, athout askin leave o onie ane.

Ye scance at us – gey an inappropriate-like, I maun tell ye – an even our kintra til the Ill Place in compare o France, that ye likin til a terrestrial paradise. Gin that be suith, whit for did ye quat it? Whit for did ye forleit yer wifes, bairns, kin an freinds?

Whit ane o thir is the wycest an cantiest – him that tyauves athout devaul an onlie finnds eneuch ti fend hissel, or him that faulds his fit in comfort an finnds aa that is nott throu the pleisure o huntin an fishin?

Lairn this nou, ma brither, aince an foraye, for I maun apen ma hert til ye: thare's no an Indian amang us daesna conseider hissel blyther an mair maisterfu nor the French.

Micmac Chief, 1676

The Weys o Lairnin

Ye that ar sae wyce will shuirlie ken that sindrie nations daesna aye see things the same wey. Ye winna tak it ill out than gin our opeinion o the white man's eddication isna juist the same as yours, for we'v haen our ain experience o't.

Monie o our yung fowk wis fesht up in yer colleges. Thay war lairnt aa yer sciences, but whan thay cam back til us, thay war ill at the rinnin, wantin ilka skeil that's nott for bydin in the forest, no able ti thole the hunger an the cauld. Thay didna ken hou ti bigg a caibin, fell a deer, or kill a fae. Thay cuidna speak our leid richt. Acause o that thay war daeless, no fit ti be hunters or weirmen or ti fend wyce counsel.

For aa that, we'r behauden til ye for yer kynd offer, tho we maun deny ti accept it. Ti cun ye thanks, gin the gentlemen o Virginia will send us a dizzen o thair laddies, we will tak guid tent o thair eddication, lairn thaim aa that we ken, an turn thaim inti men.

> *Anassatego, Onondaga (Iroquois Confederation)*
> *His repone in 1744 til a curn commeissioners frae*
> *the Maryland an Virginia Colonies anent thair offer*
> *ti send Indian laddies ti William and Mary College*

We send our wee Indian laddies an lassies ti the schuil, an whan thay come back speakin Inglish, thay come back sweirin. Thare's nae sweirie word in the Indian leids. I masel haena yit lairnt the sweirin.

> *Zitkala-Sa (Red Bird), Yankton Sioux*

Bairns wis lairnt that true mense kythed itsel throu a bodie's weys o daein raither nor throu words. Thay war ne'er alloued ti pass atween a veisitor or an aulder bodie an the fire, ti speak the time ither fowk wis speakin, or ti geck at a cripple bodie.

Gin a bairn wis glaikit eneuch ti dae sic a thing, ane o its paurents wad sort it belyve wi a quate word.

Unnecessar speaks the like o 'excuse me', 'pardon me' an 'so sorry', that's uised sae lichtlie the day, daesna kythe in the Lakota leid. Gin a bodie misfittit his neibour, the word wanunhecun, 'mistak', wis spoken. That wis eneuch ti lat his neibour ken that nae want o mense haed been ettelt an he haedna willintly misfittit him. Yung fowk, that wis fesht up wi the auld rules o courtesy, didna hae thon hant o bletherin athout devaul an aa at the same time. That wad hae been seen as menseless, an gypit forbye, for poise, that's sae weel regairdit as a social grace, cuid ne'er gae haund-for-haund wi fykieness. The antrin pause wis seen as mensefu an didna cause discomfort or gie onie ane a reid face ...

Chief Luther Standing Bear, Teton Sioux

The Weys o the Speirit

The'r naither temple nor shrine amang us, forbye thon o naitur. We ar the bairns o naitur an acause o that our perceptions ar gey an makar-like. For us it wad be a sacrilege ti bigg a hous ti Him that we forgaither wi, face-ti-face, in the uncanny shaddaed trances o the primeve forest, on the sunny bosom o the virgin prairies, the giddy hichts o nakit scurrans an craigs, an in the gret skinklin vowt o the lift at nicht – Him that's buskit wi the filmy vails o the clouds, yonner, on the edge o the veisible warld, whaur our Gret Grandfaither Sun kinnles his campfire at e'en, that rides the snell winnd o the north, cairies speirit ben on the hinniewaff saur frae the south, an lenches his weir canoe upon the majestic rivers an inland seas. For sic a God, nae lesser kirk is nott.

Ohiyesa (Charles Alexander Eastman), Santee Sioux

The Weys o Believin

We daena want kirks, for thay will teach us ti argie anent God, the same as the Catholics an Protestants daes. We daena want ti lairn that. We micht argie wi men whiles, anent things o this warld, but we niver argie anent God. We daena want ti lairn that.

Chief Joseph, Nez Perce

The Weys o the Hert

Whitna bonnie comfort it is ti feel sauf wi anither bodie, athout haein ti wey thocht or meisure words, but able insteid ti tuim aathing clean out, the grain an the caff thegither, kennin that a leal-hertit haund will dicht thaim, hainin aa that shuid be hained, an wi a braith o kyndness fuff the lave awa.

Unbekent Shoshone

The Weys o Deein

Daena grieve. Mishanters comes til the wycest an best o men. Daith will come, aye out o saeson. It is the biddin o the Gret Speirit an aa nations an fowk maun obey. Daena grieve for byganes an things that canna be evytit. Mishanters daesna flourish onlie in our lives; thay growe aa wey.

Big Elk, Omaha Chief

The Weys o Words an Seilence

Ye maun speak fair out, sae yer words will gae like a sunblink intil our herts.

Cochise (Like Ironweed), Chiricahua Apache Chief

Whit smuith the white man's leid maun be, whan thay can gar richt seem wrang an wrang seem richt.

Black Hawk, Sauk

A treaty, in the mynds o our fowk, is an ayebydin word. Events whiles gar it seem expedient ti twyne frae the trystit word, but we ken that the first twynin creates a logic for the saicont twynin, till at the hinnerend naething bydes o the trystit word ava.

Excerpt frae Declaration of Indian Purpose,
American Indian Chicago Conference, 1961

The Betrayal o the Land

We ken that the white man daesna unnerstaund our weys. Ae dale o the land is the same ti him as the neist ane, for he is an outlin that comes in the nicht an taks frae the land white'er he needs. The yird isna his brither, but his fae, an whan he haes conquert the land he muives on. He forleits the graffs o his faithers an the birthricht o his bairns is forgotten.

Chief Seattle, Suquamish an Duwamish

The Weys o the White Man

I kent whan I wis a laddie that we wadna cuid haud agin the white man an I hae cairiet a sair burden sensyne. We war like the deer, thay war like grizzly bears. We haed a smaa kintra. Thay haed a muckle ane. We war content ti lat aathing byde as the Gret Speirit Chief made it. Thay warna, an wad chynge the verra muntains an rivers gin thay didna suit thaim.

Chief Joseph, Nez Perce

Here, for the first time, I toucht the quill-pen til the treaty – no kennin that wi that act I haed gree'd ti gie awa ma veillage. Gin that haed been explaned ti me, I wad hae opposed it, an wad ne'er hae signed thair treaty, as ma gate haes kythed sensyne.

Whit dae we ken o the laws an hants o the white man? Thay micht coff our bodies for dissection, an we wad touch the quill-pen ti conferm it, athout kennin whit we war daein. Sae it wis wi masel an ma fowk whan we toucht the quill-pen the first time ...

Black Hawk, Sauk

Tell yer fowk that sen the Gret Faither [the President] hecht til us that we wad ne'er be remuived we'v been muived five times. I'm thinkin ye'r better ti pit the Indians on wheels, sae ye can wheel thaim about whaure'er ye want.

Unbekent Chief, 1876

The Passin o the Weys

The grund whaur we staund is halie grund. It is the stour an bluid o our forebeirs. On thir plains the Gret White Faither in Washington sent his sodgers, airmed wi rifles an bagonets, for ti kill the Indian. Monie o thaim ar sleepin on yonner knowe, whaur Pahaska, White Chief o the Lang Hair [General Custer], sae brawlie focht an fell.

A puckle passin suns will see us here nae mair, an our stour an banes will mell wi the stour o the prairies. I see as in a veision the deein spunk o our council fires, the aise cauld an white. Or lang, we will see nae mair the reik risin frae our lodge poles nor hear the sangs o the wemen at thair wark.

The buffalo wallaes ar tuim an the antelope haes gaen. Onlie the croon o the coyote is haird athort the land. The white man's medicine is stranger nor our ain. His airn horse [the railroad] breinges athort the buffalo trail. He speaks til us throu his 'whusperin speirit' [the telephone]. We ar like the bird wi a brukken wing. Ma hert is cauld athin me. Ma een ar growin dim – I am auld.

Chief Plenty Coups, Crow

Medicine – Onie object or practise in tradeitional Native American belief that's seen as haein magical pouers or giein control ower naitral or magical forces

I mynd on the auld men o the clachan. Thae auld, auld men foretauld the comin o the white man. Thay aye gaed about chap-chappin on the adobe fluir o the hous wi thair walkin sticks an cryin on us bairns. 'Harkin! Harkin! The fowk wi the gray een ar comin. Thay'r biggin an airn road an ilka day thay'r winnin nearerhaund. A time will come whan ye will mell wi thir fowk an the Gray Een will lairn ye ti sirple het bleck watter wi yer maet. Syne yer teeth will turn saft.

'Thay will lairn ye ti smoke at a yung age. Syne yer een will be bleert on windy days an yer sicht will growe dim. Yer jynts will knack whan ye'r ettlin ti muive saft an slaw.

'Whan ye'r sleepin inti saft beds, ye winna want ti rise aerlie. Whan ye'r weirin warm claes an sleepin unner tosie bedclaes, ye'll become sweirt. Thare'll be nae mair singin syne, the time ye'r traivlin throu the glens.

'Whan ye begin ti aet yer maet wi airn sticks, ye'll speak heich out the time yer paurents ar speakin, an yer gate an the souch o yer vyce will be coorse. Ye'll mell wi the gray-ee'd fowk an lairn thair weys. Ye'll brek up yer hames an pauchle an murder.'

Siclike haes come ti pass. Whan I even ma ain generation til the aulder ane, we arna as guid as thay war, we arna as hale as thay war. Hou did thae auld men foresee whit wis comin? That's whit I wad like ti ken.

James Paytiamo, Acoma Pueblo

I'm an auld wuman nou. The buffalo an the bleck-tailed deer ar gaen an our Indian weys ar near gaen forbye. Whiles I can scarce trew that I e'er leived thon Indian life. Ma wee laddie wis fesht up in the white man's schuil. He can read beuks an he haes nowt baists an a ferm. He's a leader amang our Hidatsa fowk, lairnin thaim ti follae the white man's gate. He's kynd ti me. We daena byde in a yirdin lodge nou, but in a hous wi lums, an his guidwife ceuks at a stove.

But for masel, I canna forget the auld weys. Aftentimes, on a simmer mornin, I rise at day-daw an slip out ti the corn parks. As I howe the corn I sing til't, the same as we did whan I wis yung. Naebody gies a docken for our corn sangs nou.

Whiles, at e'en, I sit leukin out ower the muckle Missouri. The sun gaes doun an the gloamin creeps athort the watter. In the shaddaes I can see again our Indian clachan, with the reik risin frae the lodges, an in the rair o the river I hear the skellochs o the weirmen an the lauchter o the bairns, as in the bygane.

It's but an auld wumman's drame. Syne, I see nocht but shaddaes an hear onlie the souch o the watter, an I ken, wi the tear in ma ee, that our Indian life is gaen foraye.

Waheenee (Buffalo Bird Woman), Hidatsa

Starvaiger: The First Transmission

Tam Crichton – 92

Leukin back on it the day ye can see that it wis a pretty haird life we haed as bairns, objectively speakin. In strickly material terms, the generations that cam efter us haed it better nor we did i monie weys. I even see historians talkin aboot the muckle cultural trauma we aw cairried efter the end o the war, an the uncertainty o whit wis tae come wi aw the flux an chynges aheid.

Mibbie. I can see merit i that, but it wisna ma experience. Though I wis born afore it endit, I hae nae memories o the war itsel or the major upheavals efter it, an I wis ower young tae agonise aboot the upruitit, driftin society that ye can see we were i retrospect. We didna ken eneuch at the time tae be feart o the things we by richts ocht tae hae been feart o. For ma friens an me – weill, we were jist bairns, an bairns wull be as bairns wull be. We kent twa things: the tane wis that we haed a safety an a security oor parents didna hae, an there were eneuch fowk aboot that haed tynt fowk i the war that we appreciatit that – as faur as bairns can. That wis drummed intae us. The tither, an this wis sumthing we fund oot oorsels, wis that the new situation o oor society, the rapid chynges o thae airlie years, an oor parents' total want o experience wi onie o it, gied us a freedom that nae generation afore oors haed enjoyed. An ye can bet we teuk ful advantage!

Aye, the terror o the War o 2542 wis ahint us, the sair fecht o planetary settlement wis aye faur i the future, an an intergalactic fleet wis a stoater o a playgrund!

* * * * *

The Starvaiger fleet wis an incredible engineerin feat by onie staundarts, an aw the mair whan ye think on the circumstances

216

o its creation. Ye'll hae seen the auld sendins o it, nae doot, an the movies aboot the heroic, intrepid, thrawn baund o fowk that set aff intae the unkent nicht tae stairt again. Noo, I lik sum o thae movies, an while the relentless heroic poses[1] an formulaic luve-triangles-playin-oot-durin-desperate-battles get a bittie wersh for fowk that mind things as they were, they gie oor new society the foondation myths it needs.[2] Fair eneuch. They haed siclike myths back on Auldyird, an were nane the whaur o thaim. But nane o thae movies an nane o the auld sendins raelly gies the richt impression for jist hoo incredible thae ships were. It aw leuks gey primitve noo, but at the time it wis sae faur ayont whit awbodie thocht even the maist cuttin-edge technology wis capable o that it's haird tae credit. It teuk barely fower auldyears for the fowk o a rapidly-deein planet, wi badly depletit resources an aw the dootsomeness an division o the war years tae actually get aff-warld en masse. Wi less at their disposal nor a courier on a rin tae the ooter-belt o Newyird, an needin tae improvise ilka stap o the wey, the scientists an engineers an ootricht chancers fund a wey tae pul it aff. Aw the achievements o the Lang Vaige, the desparate fechts an joukin the Trevakons,[3] the brilliance o the Lichtgang an o coorse the Settlement – nane o that could hae happent wioot first gettin oorsels aff the rotten, crumblin, near-deid Auldyird.

I cannae raelly mind the ships i the verra airliest days, I wis jist ower wee at the time. Frae pictures I've seen, they were buskit braw eneuch at the stairt; but whan I think o thaim, I ayeweys see thaim i ma mind's ee as they were later: battert, clarty-gettin wi ile-stains, sum o thaim barely hingin thegither. I see masel rinnin alang the lichtron chaummers, doon lang corridors an hidin amang the birl-drives – I see thaim wi chitterin lichts, wi makshift repair patches, wi the starn-waws blentin in an oot at random ... but I ken that whan

I wis daein thae things, it wis bricht, clean, solid. Funny, the tricks yer memory can play on ye.

Aw the while, o coorse, the Starvaiger fleet wis slung through the pitmirk nicht aroond the gravity axes o starns an suns we'd nivver kent. I mind Xerning, the playricht. She wis a few years aulder nor me, but her brither wis ages wi me, an sen there werna aw that monie bairns in oor quadrant at the time, we aw played thegither. Whan she dee'd no langsyne, her auld line aboot oor generation wis brocht oot in aw the obituaries: Oor bairnheid, nestled wi'in the bairnheid o the new humanity – she wis richt. The human race, raelly, haed nae mair idea whaur it wis gaein, or whit it wis daein nor we did playin amang the engines. And certainly whan ye leuk back at sum o the decisions taen, ye'd think it wis actual bairns i chairge at times. Aye, we made it – i the sense that we did eventually win tae Settlement. But whit happent alang the wey, whit happent i the bairnheid o the new humanity – weill, that sawed the seeds for a lot o whit we can see noo, for better an for waur. The lad is the faither o the man, an aw that. Siclike wechty thochts were faur frae oor minds, in oor ain, literal bairnheid. Or frae mine's, oniewey. I wis mair interestit i playin gemmes, skivin clesses an – I maun be honest – generally bein a wee nyaff aboot hauf the time. Vorsten, though, he wis a sairious loon. Leukin back wi the benefit o hindsicht, fowk see his destiny in him frae the stairt, they see whit he later becam.[4] We didna see onie greatness or onie monstrosity in him at the time – he wis jist a bittie ower sairious, an aye stuid a bittie apairt frae the lave. Naebody gied his bairnheid a meinute's thocht until they felt they needit tae piece thegither the trajectory o whit happent. I jalouse that's whit I'm daein here as weill, in a wey – I'm leukin back tae the bairnheid o the new humanity, tae try a get a haud o hoo we cam tae the situation(s) we're in the noo, for better an for waur. But as wi readin Vorsten the Man i the bairnheid o Vorsten the Laddie, ye'll need tae mind that nane o this wis obvious tae us the time.

The historical experience o a fowk, jist like the lived experience o an invidual, isna a consistent, linear, cohesive narrative. It's fractured, skailed hereawa-thereawa athort the social, collective (an individual) memory. Whiles bits braks intae it, or braks aff. Whiles, as ye mind yer ain life, ye'll lowp quickly atween the dowie an the daft, atween the grand an the glaikit.   The Lang Vaige didna progress frae the Third Trevak tae the Lichtgang, tae the Settlement wioot schisms, assassinations, cooradice an heroism. An it didna happen wioot luve, wioot gemmes, wioot the eatin o pieces an the brakkin o yung hairts.

I played nae great role i the history o the Lang Vaige, but I wis there. It wis ma history. The grandest contribution I made (forbye an hour an a hauf o sustained dumb luck at the Battle o Prenga IV – in which ma pairt has been greatly exaggerate by ithers) wis i the development o a new synthetic claith that made for mair comfortable an langer-lestin socks. Even that wis rendert obsolete no lang efter the Settlement. Sae, ma dear fowk, this series o transmissions is ma history: a messy, fractured guddle. It haes mair o speculation nor o synthesis, an mair o observation nor o theory. It haes political opinions, but is nae political narrative: siclike histories are available by the score, an sum o thaim are even wurth readin. It haes cultural notes, but nae grand cultural theory o the Lang Vaige generations. It haes nae scholarly foondation, an nae particular argument. It is entirely subjective.

But it haes this tae recommend it: ilka wurd o it is true.[5]

Notes

[1] Onieane that minds him, though there's gey few o us left noo, wull affirm that Foremaister Vorsten wis nivver as

taw, as bonnie or as witty as he's been in onie o the scores o films that's came oot ower the years. An he nivver leukit hauf as strikin in uniform, either! But by the Nicht, that man could fecht whan he needit tae!

2 Probably.

3 An there wis mair joukin an less fechtin nor the movies wad hae ye think! Probably the best representation o the actual experience o thon 'war' (that wis raelly mair o a reargaird action as we skelpit through the Third Trevak), wis in Anna Brandting's *Trevakon Gloamin*. It wis a critical an commercial flop, o coorse, pairtially acause o the admittedly flet performance o Martin Buchan as Vorsten, but also acause the structure an pacin o the film, which actually refleck the real flow o events gey weill, didna mak for a coherent narrative. Weill, aw I can say it that it wisna a gey coherent time!

4 This is true o the fowk that focus on the undootit achievements o the airlie days o his Foremaistership, sic as Mella Trùn; an thaim that focus on the disasters o his final years, as dae the Balneo schuill. Aw seem tae agree that the triumph o the Lichtgang wis the turnin pynt, but for masel, as a bodie that kent him, I jalouse that's mair o a retrospective historiographical convenience. I'll hae mair tae say on him i future transmissions; for noo lat it be said that Vorsten wis a gey complex man. He wis also an honest man, for aw his fauts, an I dinna think the attempts by certain fowk an factions amang the hie-heidyins o officialdom tae whitewash his reputation wad hae sat comfortably wi him ava. I ocht tae say as weill, that I dinna coont Trùn amang thae propagandists.

5 Except the wurds that arnae.

The Ither Scotch Vernacular

Iain W. D. Forde – Lallans 92

The maist auld Scotch vernacular gaes baklins ti a tyme lang afoir the Scots ir Gaelic tungs. Hit gaes ti a warl afoir thon o the tint speik o the auncient Pechts. Hit is the vernacular in the sinse o the biggit langage of the lang syne fowk o Orkynnay (ti uise the auld spell). Hit is cryed Skara Brae. Biggit afoir Stonehenge an the Pyramids in Egypt, it is the foirfaither o aw the stane construkkit hames in Scotland an thusgates is the antecestour o aw the hameart airchitectur at we byde ben til this day. Tho the houssis o the fowk is the main strind o the vernacular, it is interessin ti hae a keik at aw the ither kinna beildins at is raicognosced as Scotch, sae a winna hip sicna moniments as castells an biggins lik abbays – fur sodgers, an halie brithers tae, note hame.

The wird 'vernacular'cums frae the Laitine 'verna' a hame-borne sklave ('vernacularie' kythes in the auld Concise Scots Dictionary bot no in the nyow ane). Lang afoir the tim o Roum, tho, the wes skeillie cheils biggin aw kinkeind o cairns wi passages, unnergroun chaumers, staunnin stanes an rounnils o siclik meiths frae the flag stane at is eith ti cum by in the norlin eyles o Scotland. In fak, moniments o this teip wes ti be erekkit aw owre the Bret Eyles an owre the sie in Brettanie at Carnac, bot Skara Brae cam firstlins. Skolars jaloused at thae warks wes fur releigious prattiks ir fur beirie-in fowk, bot a Scotch inginere cryed Professour Thom meisurt a guid whein o the circules an estaiblissit at thai wes aw set out on a commoun mett at he cryed the 'neolithic yard.' Ither fowk nou consither aw thae thousands o staunnin stanes, an the chaumers furby, wes outset frae vissie-in the pousters o the muin, the plenits an the sterns. *The Encyclopeidiae o*

Scotland concludes at the Clava Cairns nerr Culloden 'ar outset eydentlie an pit ti pynt? I a knawlege o geometrie an astronomie.' Monie o fowk gang mair ferr nir thur an argil at the Nyow Stane Aige fowk kent the gird o the yird itsell an thusgates uised the samen mett at is bot a wie diveisioun o thon mukkil an steive lenth.

Wi the stert o the Ern Aige, it semes at fowk gat a bittie mair bangryfe. Houssis cam in nyow furms at med it clair at the warl wes mair wanchancie. Crannogs wes biggit on lang powls upowre the wattir o lochs aw owre Scotland ti be sauf frae wouffs an reivers. Aften the powls wes hauddit in plece bi stanes at nou kyth as wie eyles nerr the strand of the loch. The wes a guid whein o thae theikit trein houssis. The'r a modren model on Loch Tay. Tho crannogs wes alse fand in kintraes lik Switzerland, brochs wes anerlie fand ben Scotland. The wes mair nir fyve hunner o'm, biggit o flag stanes. Thai wes furmed lik contemporane cuilin touers wi a sterr inby the girth o the waw. Anither furm o forteres at wes uised at the enn o the Ern Aige wes the dùn. The wes a fouth thur as ye'l can jalouse frae the nummer o plece nemms at inhaud the wird 'dun.' The maist fawmous is Dunadd, the capitall o the Scots, at Kilmartin. The duns wesna as mukkil as the brochs an wes mair lik ti be fand in the wast an mids o the kintra. Ane at stauns in the Pentland Huls by Embro hes a lang unnergrun tonnell frae ae syde o't at is aither fur hiddlin inby ir fur stores.

Than cam the Roumans an tho thai didna sattil in Scotland, bot fur meilitarie forteressis, thai chyngit the naitur o Europeane architectur sae that the historie o Scotland's airchitectur cam ti be skaired wi the lave o Europ. Roun Rouman airchis at wes cryed "Romanesque" kythit in cathedralls lik Dunfermline and Linlithgow, follaed bi the pyntit airchis o the Gothic, tho ein in that styall Scots fand idaias o thair ain. This wes the croun spyre at stauns abune Sanct Geillis Cathedrall in Embro, at wes ti caw tent ti the pouer o the Scotch keing. Eftir thon cam the Renaissance, a retour ti the beleiffs o the clessicall warl o auncient Grew, Roum an Egypt. Tho the Scotch keings uised sic mainners o biggin in thair ryal pailaces fur exemple in Stirlin Castell an a whein o the lordes lik at Crichtoun, Scotland didna mak spede in the Renaissance styall ontil a whyllie eftir. This wes the tim kent as 'The Enlightenment' whan Scots ettilt ti schaw at, tho thai didna hae thair ain Croun ir Perlament thai wes as clivversum in aw the erts as onie-ane ens. Thusgates, the Nyow Toun o Embro up-spangit in braw Craigleith frie-stane, furby seimlar warks in the ither burghs an ceities o 17th an 18th eir hunner Scotland. Bot, A'm gangin a bittie afoir masell an hae levit a slap o ane thousant eir at A'm dowie ti tel is maistlie a taill o the airchitectur o weir.

The wes thrie weys o eveitin the feks o weir. Ti bigg yer ain forteres; ti bigg a sempil houss at ye'l can sune pit up agane wi the naitrall materiall o the environs; ir ti hiddil thegither ahent the waws o a burgh. Thusgates, ye hae thrie tradeitiouns, o the castells, the hames o the upoland fowk, an the laundhoussis ir tenements o the lik o Embro at growit ti gryte heichs. Hit wes frae thae thrie kell-heids at the Scotch Vernacular as we nou ken it wes ti growe. Aw alang the Tweid Wattir wes biggit touers at wes cryed Pele Touers wi the ruims ilk pit abune the ither an nae winnoks at the laich fluir, anerlie a singil strang duir. Whan ane inimie wes sein the fowk lichtit a bale-fyre on a brander ti warnish thair neibour. Saegates seiventie myll o border kintra wes war o the daunger in a fyow ours. Bot thae touers wesna verra cosie, an eftir a bittie lairds biggit houssis at hed mair ruims on the grund fluir arreingit about a sterr at gaed roun an roun an wes cryed a tirnpyke. Whan yer faes cam ben, ye'l gae up the sterr an bikkert sair wi onie buddie at ettilt ti up sklim eftir ye. The sterr hed a pyntit ruif an this wes the stert o a styll at wes ti spreid aw owre Scotland at is whyles kent as "Scotch Baronial". Fur the lordes begoud ti decore thair castells wi siclik ruifs an touers, wi turretts tappit wi ogyve ruifs, nairra winnoks, macholinin an craw steps, Evin the Ryal Pailace o Holieruid Houss hes sic touers wi roun and pyntit tapsiltouries. Nou A maun explene whitwey a curn o thae fassouns cam ti be adoppit intil the hames o aw Jok Tamson' bairns.

The odds atwein castells, brochs ir Skara Brae, an maist hameart biggins at cam eftir wes at the thur wesna biggit o stane. The houssis o upolaund fowk an ceitezans in the burghs wes constructit o wuid, cat an cley (strae an glaur) wi theikit ruifs. Thai wes eith ti bigg bot eith ti brenn an whyles tummilt doun. Bot fowk gaed on biggin thaim ontil the burghs decerned at the daunger frae fyres wesna ti be tholed an cheinged ti stane an sklate. In the kintra the samen thing happenit bot hit cam about whan the ferms wes alterit frae the auld rigg seistem ti modren perks, an the lairds sein it wes possibil ti bigg stane houssis ti beild the wirkars on the ferms bi gie-in thaim stances. In course, this note a pacefu kintra an didna cum about til the 18th eir hunner. O the auld farrand hames in Scotland the wes twa furms o cotts at A maun deskreive. Thur ar the Blak Houssis o the Hebrides an the Cuppilt Ruif Cotts o the Lawlaunds.

The blak houssis wes cryed 'blak' acause thai didna hae onie winnoks. Erest thai didna hae onie lums, aither. Bot thai wesna primitif fur aw that. Thai wes verra clivversum. In the mirk wintirs o the nor o Scotland, winnoks didna gie mukkil licht an wesna verra guid at hauddin out the winn. Sae the blak houssis didna baither wi'm. This menit at thai cuid be biggit wi thik drystane waws. Ein thur wes geyan skeillie, kiz the mids wes lowse rubbil sae that the renn wattir frae the ruif strintilt doun frae the braid wawheid inby the waw. A vawriaution o this techneik wes aye uised hunners o eir eftir in the waws o cotts at hed dressed stane on the face o the waw bot rubbil in the mids an the nou wi modren houssis at hae cavitie waws. Ilk hae the samen purposs, ti hain the inner face an the fowk dry. The ruif wes theikit an the reik frae the peit lowe at wes in the mids o the fluir gaed out throu the theik, Saegates, whan the theik wes ranyowed the auld materiall wes ryke in potash ti fertileise the syle. The reik alse fleggit awaw nits an flaes. Ilk parteiklaritie wes weill consithert. The duir wes apen at the fuit ti inlet a draucht ti gie the lowe caller air. The cous wes in a byre at wes neist the gaivell bot on the syde whaur the grun devaulit doun, sae at the addil brie drained awaw frae the houss bot the waarm air frae the kye cam ben.

Cuppilt ruif houssis wes in monie weys seimlar ti blak houssis. The anerlie ane A hae sein is in Pitlochrie at bene preserrit bi be-in cleiddid wi corrugat ern. The waws wesna stane bot fur the founs an the gaivells at inhauddit chimlaes. Frae the founs out spanged 'cuppils' at wes bouit timmers ti furm baith the structur o the waw an ruif. Thai wes tied thegither at the rigg o the ruif. The waw wes than med wi cat an cley an the ruif theikit baith uisin timmer powls ir raifters. This kinna biggin alloed fowk ti mak winnoks an ledit ti the vernacularie cotts biggit o stane at we nou cry a but an ben. This kinna houss hed a singil fluir wi twa ruims, ilk wi a lowe on the gaivell and a stane lum, wi a fyrecley pat ontap o't, a ruif o Scotch sklates (at hed twa nails – Welsh sklates hed bot ane), kest ern rones, an sash an case winnoks wi astragals.

A'm deskreivin the maist kenspekkil teip. The'r bene mukkil buiks wrate at nummer aw the vawriautiouns: lafts fur the luims o wyvars; nett schades fur fusher-fowk; terrassis fur colliars an cottars; lafts wi storme windaes fur faimlies. Bot the inventif indwallers o Scotch touns, eikit aw kinkeind o parteiklarities, sum frae auld biggins, lik crawsteps (at wes uised ti uphaud bauks whan ye fettilt the sklates); tirnpyke sterrs wi pyntit ruifs; pantyles frae the Laich Kintraes; collourit lyme waashis; an ither teips o kivverins lik roch-kests an ither chuckkie harlins. Alse frae the paist wes parteiklarities lik skew-putts an thakstanes ti mak the gaivell siccar. The maist sempil wey o unnerstaunnin aw this is ti gang ti Ainster ir Culross in Fyfe an hae a vissie aroun an about ye. The styall cam ti a flourishin afoir the First Warl Weir. Thon wes the Scotch Vernacular in its potestater.

The wes anither furm at wes kin til't. A spak aire on anent 'Scotch Baronial'. Frae the romanticall nouvelles o Wattie Scott, the warl o the roch bangstryfe havins o the Scots langsyne cam ti be o interess, alang o thair biggins. Whan Quene Victoriae fettilt a hame in Scotland, shae copied the styall o sic beildins an monie o hir subjeks did the lik. A fessit up ma faimlie in a tenement flett in Embro at wes decored wi ilk eirieorums o thon mainner o constructioun. Thon teip o biggins is nae langir ti be sein in sicna routh, bot thai yit owredryve. Nerr ma ain hame is a houss wi a tirnpyke touer at wes anerlie biggit a whyllie syne. A maun awn at nyow but an ben cotts arna ti be sein dailie day – bot thai dae exeist.

Whan A erest intert ane airchitek's offish whan A wes seiventene, the wes picturs on the waw o fusherfowk's houssis in Dunbar. Thai wes nyow, designit bi Basil Spence at wun ane awaird frae the Saltyre Soshietie. He duin ithers at Newhaven. Durand ma gate A biggit a whein o tradeitiounall houssis in pleces lik Rothesay an Newmills, bot A'm proud ti leive ben a modren but an ben at A desingit fur masell in Scotlandwell. The Plannin Depairtment enteitilt hit a Biggin o Mereit an eiked out the meith o the Conservautioun Aurrie ti inhaud it. Thusgates, A set ben ma Scotch vernacular houss an chap awaw at the computatour daein ma wrytes in the Scotch vernacularie tung. Outby, the snaw is fawin owre the hul, bot A'm geyan cosie inby.

Granny's Saicret

Irene Howat – Lallans 92

We aa hae saicrets, e'en grannies, an A wint tae tell ye yin o mine.

Whan A wis a wee lassie we wur pit tae beddie early an the licht wis pit oot. Thair wis nae readin tae aa oors in thon days; beddies wur fur sleepin. The chaumer door wis left apen a wee keek an ower ma twilt wis a narra streek o licht. A cudnae read be it, bit a cud see jist eneuch tae stoap me frae faain ower richt awa.

Nicht efter nicht A'd lie thair an think on things. An it maun hae bin whan A wis thinkin on things thit the thocht cam intae ma heid. A thocht o a wye o gittin oot an awa. We aa hae saicrets, e'en grannies, an this is yin o mine.

A thocht it aa thru an decidit thit ma saicret, whitevver it wis, cud tak me onywhaur A wintit tae gang onywhaur in history, onywhaur in the warld, onywhaur yit tae cum. Jist onywhaur. Neist A hud tae wark oot hoo tae git gaun. Thon wis whan the nem cam intae ma heid. A'd caa it a tickboat an it wid tak me whaur A wintit tae gae in yin tick. An whit wye wad A meesure a tick? A tick wis the blink o ma ee. Sae whan I'd decidit whar I wintit tae gae, I'd blink ma ee an bi thair! We a hae saicrets, e'en grannies, an hoo ma tickboat warked is yin o mine.

A mist hae bin aboot eicht whan A ineventit ma tickboat an A kent richt awa some o the bits A wintit tae gang. An here's hoo A kent. Ma faither, e wad be yer great-granda, yince wis awa boolin fur twa three days an he broucht me a praisent whan e cam hame. It wis a buik caaed *The Girls' Book of Heroines*. An it wis stapped fu o cracks aboot real lassies wha hud growen up tae dae the maist wunnerfu things. An here's sumthin. Nae lang syne A leuked the beuk up in yon eBay. Thair it wis! So A bocht it saicent haun an it coast me mair nor ma faither pyed fur a new yin, an awfy loat mair. Bit is wis wirth it. Siller weel spent.

The ferst crack in the buik wis aboot Elizabeth Smith wha, in 1843, wi er man an seiven weans, jined a wagon train in the Great Migration an wint aa the wye frae Missouri in America tae the fearfu Columbia Gorge. Whan they gat thair, the faimilies as made the wagon train spleet up an wint thair ain weys. Er man felled trees an bun thaim thegither tae mak a raft fur tae gang thru the Gorge.

Noo, the faimily hud naethin bi wie o siller. Sae the fechtie wuman gien Injuns ocht thay cud spare o clathes tae git tatties fur er man an weans, wi jist a wee sait fur ersel. Er man teuk thair wagon tae bits an stawed it oan the raft. The weans wur pit oan, thair pairritch pat, whit plenishins they hud an aa, an anither faimily tae. Oh, t'wis a frichtsome thing tae gang thru the Gorge. Bi the time they'd won the faur end o't icetangles war hingin frae awthin, e'en frae the weans' snoterie nebs.

Efter aa thon the faimilies hud tae bide in the snaw whaur they wur fur nine hale days tae a boat cam thit cud tak thaim doon the strath. Barfitted they wur an foonert, but aa, e'en the bairnie, wis in life, jist. It teuk the Smiths seiven months tae win frae Missouri tae thair new hame. Bit they gat thair. We aa hae saicrets, e'en grannies, an thon faimily is yin o mine, fur A doot thit onie ither bodie will hae mind o thaim.

Ye'll be wunnerin whit this aa his tae dae wi ma tickboat. Sae, A laid doon unner ma twilt, blinkit ma een an apened thaim an thair A wis in the wagon train! In ma mind's ee A cud see the Smiths git tae the tap o the Gorge an feel hoo frichted they war tae gang doon it. In ma lugs A cud herken the watter, the yaumers o the weans an the crashin o the trees faain doon. A raxed oot ma hauns an jaloused the icy cauld, the sair chacks, the ruch clathes. An in ma mou A cud nearaboot lip the warm pairridge an feel it gaun doon an leepin ma thrapple. A wad think o ma feet an ken aa aboot ma pair, sair mools. An A wid try tae think on whit A cud smell. Thair micht be broath bilin or wat hodden gray or wean's seeck. Yin bi yin A yased aa ma senses tae reenge aroon whaur ma tickboat hud landit. S'a strynge thing, A dinna think A e'er cam hame bi tickboat fur A aye fell soun asleep wi aa ma reenging. We aa hae saicrets, e'en grannies, an whit it wis lyke tae gae doon thit fearfu Gorge is yin o mine.

Wid the pair o ye lyke a raik in ma tickboat? Whit? Ye wint tae gang bi yersels! Naw, it's ower shin fur thit. The twa o ye jist lie thair an A'll tak ye tae meet anither bodie frae ma buik.

A'll coont up tae three an ye've tae blink yer een. Then A'll tell ye whaur we ur whan we git thair. Yin ... twa ... three!

Guidness me, we're heich in the air in a wee airieplane!

Noo, lat's yase aa oor senses. Whit dae we see? It's a wuman thit's fleein the airieplane, an she's no verra auld. Luk whit she's weirin. She's gat oan a broon lather jaikit thit gangs richt up unner er thrapple. An she's weiring a broon lather helmit tae match it. It sits ticht roon er heid an buckles unnerneath er chin. She's goggles oan as weel an nae wunner fur it's foonerin cauld an er een wid be jeelled shut itherwyse. Hae ye tak tent o er lather troosers an er bits? She's aa rigged oot fur the cauld.

Herken. Aa A cun hear is the airieplane's motor. It's roarin lyk a bull thit's loast its puggie. A'm gonna rax oot an touch the side o the plane. Guidness me, it's freezing cauld! It verra near poud the skin aff ma haun! It's mibbe no a guid idea to rax oot tae ony mair. Gie yir tangs a shottie. A dinnae taste onythin barring jist a cauld droothiness. Sae thit lees us wi oor nebs. Dae ye smell ile? A smell it an it's nae wunner for the wuman's lather jaikit is clartit wi the stuff.

Noo thit we ur in the airieplane A say we sty pit an see whit cums o't. A'll tell ye whit's gaun oan an ye cun sit thaur an enjy yer ferst tickboat traik. The wuman is caaed Amy Johnson an it's the 8th o Mai in the year 1930. Six days sine she pit her airieplane up at Croydon, jist sooth o London. By the by, the airieplane's a de Havilland Gipsy Moth caaed 'Jason'. Noo, er ye no stammygastert thit yer granny's sae weel informit?

We're comin doon fur fuel at Karachi in India. The three o's ur richt here wi Amy Johnson makin heestory! Jist leuk at thon! Aa the menfowk ur weerin turbans an whit leuks lyke thair jammies. The weemen hae oan braw colouret lang froaks with matchin shawls happit roon thaim. Bit the heat! It's het eneuch to birn iz. We'll jist bide whar we ur an see whar we gae neist.

An, gin I'm no wrang, we're jist aboot tae heid tae Australia! Amy Johnson wis the verra ferst wuman tae flee aa the wye frae England tae Australia an ye an me hae gaun wi er, efter a menner o spekin. We aa hae saicrets, e'en grannies, an oor flicht wi Amy Johnson is yin o oors.

Whit's thit yer speirin? Ye wint to ken gin aa the fowk A want tae see wur in the buik ma faither gied me. Naw, no aa. Gin ye'r up for't, A'll tak ye wi me tae somewhaur naebodie hud eer been afore, an A mean naebodie!

My big brither yased tae hae a comic caaed *The Eagle* an yin o the fowk in The Eagle wis cried Dan Dare. He cud traivil thru space an onywhaur else he wintit. Yin nicht, an A mind it weel, A decidit tae gang wi Dan Dare tae git a nearhaun view o the rings aroon Saturn. Ma skuil maister hud bin tellin us aboot the planets an A wis fair taen wi Saturn. A thoucht it was awfa braw an A jist fancied gaen thair. Dan Dare wis the perfit yin tae gae wi.

Thit nicht A cudnae wait tae gang tae ma beddie an ma mither thoucht A wis seecknin. A coorit doon fur A kent she'd cam in tae see gin A'd gaun ower. A lat on the same wye ilka nicht. As shin as she wis doon the stairs A lay on ma rig, sneckit ma een fur exack yin tick an apened thaim up agin. Ma chaumer wis fu o wirlin, swirlin, birnlin lichts aa the colours o the rainbaw.

Dan Dare wis thair wi a glaikit luk on is face. E'd no seen the like afore. E winked is ee at me an we wur aff. The maister hud telt us thit the rings roon Saturn wur fu o gas. A faur kend Scot caaed James Clerk Maxwell hid sayed thit lang syne. Bit Dan Dare an me cun tell ye e wis wrang. The rings ur mad o slippery, slithery, shiny stuff. A floomed doon the rid ring for zillions o miles, richt tae Saturn's sooth pole an thoucht A'd nevver sclim up agin tae A saw thit the yella ring gaed up the wye. Up an doon, roon an roon, frae pole tae pole an back agin we gaed. An A'll tell ye, A wis shair A cud herken the sters lauchin at the pair o is. A wid hae styed thair bit fur ma mither missin me.

Yin day, mony a lang year efterwirds, A fell doon the stairs an stotted ma heid aff a waa. A saw sters gaun roon an roon an roon. It mindit me o ma veesit tae Saturn. We aa hae saicrets, e'en grannies, an till noo ma veesit tae Saturn is bin yin o mine.

"Whit yin o yer traivles cud ye no see past?"

A've nae twa doots aboot thit. Gin ye coorie doon aside me fur anither wee whiley, A'll tell ye aa aboot it.

Whin A wis wee we aa want tae the kirk ilka Sabbath jist is ye dae yersels. Bit efter oor denner ma mither wad gae aff tae her beddie fur an oor. Thon wis the only brek she hud in er wik. Weel, whan A wis aboot ten A thoucht tae masel, gin ma mither cun gang tae er beddie, thin sae can A – an it wid gie me anither wee whilie oan ma tickboat! An the best o it wis thit in the Sabbath Skuil we wur telt sik guid cracks thit Sabbath bi Sabbath A want aff tae whaurere ma Sabbath

Skuil teacher hud tain me. A want tae see Daniel wi is lions, A dandered in the Gerdin wi Adam an Eve. A even wis in the boattie whan Jesus telt the wun an the swa tae be quate – an they wur! Bit thair wis yin A looed abin the ithers. Ur ye ready?

A did ma uswal yin, twa an three, bit A dinna ken whit wint a wee bit wrang fur I gaed thair jist a bit late an hud tae ask the wuman aside me whit wis gaun oan fur A wis staunin richt oan the ootside o a gaitherin. She telt me thit fowk hud brocht thair freen tae Jesus an the freen wis deef an cudnae spek hardly a wird. Maist lyke e hud aye bin deef or he wad hae larned hoo tae spek mair nor e did.

Whit cam neist wis fair dumfoonerin! Frae no bein able tae see, A wis richt in the middle o the steer fur Jesus broucht the man oot frae amang the fowk tae richt nearhand whaur A wis! A cud see an herken awthing! Noo, A've gat tae git it richt fur ye. Ferst, the Lord Jesus pit is hauns intae the pair man's lugs an A wunnert whit was gaun oan. Thin e sput oan is feengers an raxed oot tae scuff the man's tang. Thon wis whin A jaloused whit e wis daen. Ma auld granny wis deef an we yased tae mak signs she wid unnerstaun insteed o spekin tae er. Jesus was daen jist thit. He hud shawn the man thit he wis gaunae dae sumhin tae is lugs an dae sumhim else tae is tang!

Noo, A wis e'en nearby eueuch tae herken tae whit Jesus sayed. He luked up tae heeven, seched an sayed in the man's ain leid, 'Be apened!' An A cud see frae is een thit e hud herkened the wards the Maister sayed! He wisnae deef ony mair! It wis a meericle an thair wis anither yin tae cum. Nae shinner hud the man's lugs bin apened thin e stertit sayin wards is lugs hud nevver heard! It wis lyke me takin the boat tae Stornoway wioot a ward o the leid an bein free wi Gaelic as shin as A gat aff the boat! Afore A quat Galilee thon day. A jist thocht hoo pooerfae a God an hoo cannie a man wis Jesus no tae mak a grawn man learn wards lyke a wean; no tae hae im lauched it.

An A'll tell ye anither thing, bit it didnae cum tae me till a guid while efterwirds. A ken wey Jesus didnae apen the man's lugs whan e wis in the mids o the gaitherin, wey e teuk im a wee bit awa an wey I gat sic a guid view. Gin e'd no din that the ferst thing the pair man wid o herd wid hae bin the ricket the fowk war makin. Is it wis, whan Jesus led im awa awbody wis quate an watchful. Sae the verra ferst soun the man herd wis the Maister's vice.

Wid the twa o ye lyke tae chuse somewhar tae gae an tak me wi yis? Ye'd lyke whit? I dinnae ken aboot thit, bit wi cud gie it a try. A'll coont tae three an the twa o ye can tell me whit's gaun on.

'Luk!' screched Willie. 'The gem's stertit. A'm a beater an ye'r a seeker.'

'Granny, ye'r the yin wi the quaffle, sae ye'r the keeper.'

'Jist tell me whit tae dae an A'll see gin A cun dae it.'

'Thon's the pitch an thon's the goals,' roart Lizzie.

'Bit thur's sax o thaim!' A sayed, fair conflummixed.

'Aye,' Willie screched ower the deen. 'The beaters yase bludgers an the seekers hae the gawden snitch. We hae tae ficht it aa oot tae the en whan the yins wi the maist pints wins.'

It wis jist whan Willie stoaped tellin me whit tae dae thit I jaloused A wis rydin a besom!

Thin, aa o a siddin, we wur hame agin. A'll hae tae learn the weans hoo to tae pit thair hale heid intae bein whar they ur, fur is shin as ye lit yer mind wanner ye fin yersel back hame.

Whit a joab thir mither hud waukin the weans the neist mornin! A wis aa richt fur A hidnae slept a weenk. Whanevver A shut ma een A wis wheestlin thru the air on ma besom efter

234

the gawden snitch. A nevver ackwallie gat it fur naebodie teuk time tae shew me hoo tae yase ma quaffle. An anither thing. The weans hud a joab explainin their broozles tae thir mither. Ma lass wisnae up fur thaim baith haein faaed oot thair beddies an she gaed me a maist curious luk.

A'll awn up tae doverin aff an oan this forenoon bit thair wis nae thocht o sleep in the efternin. I fun the weans' Harry Potter buik shin eueuch bit it teuk me a whil tae fin the bit aboot quidditch. Weans' beuks wur no as lang as thon yin whan A wis wee. It'll mebbe tak a whil, bit I'm gonnae larn hoo richt tae play quidditch an stammygaster the pair o thaim wi ma wittin!

Thit nicht A held a summit tryst wi the weans an haundit ower ma tickboat tae the neist generation bit yin. Thair wur jist twa rules. Yin – they've tae gae thegither tae they git yased tae haunlin it. An twa – they've tae speir me tae jyne thaim ony time thay're gaun tae play quidditch. We aa hae saicrets, e'en grannies, an I'll tell ye yin o mine. A canna wait tae git back oan ma besom. I hinnae hid sic dafferie sin Dan Dare wint wi me tae Saturn!

Ae Galliard Hert

Tom Hubbard – Lallans 93

In November 1990, I stuid i the (restorit) room i Tübingen, owerleukin the river Neckar, whaur the makar Friedrich Hölderlin (1770-1843) spent the lest thirty-sax year o his life. Durin that period, the aince-rare sensibilitie wis owertaen bi mental illness and a solitarie existence.

I had been i Tübingen at the invitation o Professor Christopher Harvie, the Scot wha had been based at its universitie sen 1980, and wha continues ti steer young Germans i the direction o Scottish studies. Alsweill I met his resairch colleague Eberhard ('Paddy') Bort, wha wad later flit ti Embro whaur he wis a pouer-hoose fir Scottish culture and politics and wha deed suddentlie, in oor capital, aged 62, in Februar 2017.

Hamish Henderson heidit the fift o his *Elegies for the Dead in Cyrenaica* (1948) wi a quotation frae Hölderlin: 'Was ist es, das an die alten seligen Küsten mich fesselt, dass ich sie mehr liebe als mein eigenes Land?' ('What is it that binds me to the ancient, blessed shores, so that I love them still more than my fatherland?' – owersettin bi Michael Hamburger). In Tübingen I had been lecturin on 'Wanderin Scots', specifically Scottish scrievers wha had depairtit their hameland in sairch o wider perspectives and opportunities unavailable i Scotland. Sic folk can often find that 'hame' cuid be ilkawhaur. The logic o that leads ti the phenomenon that hameseeckness, forby, can be ilkawhaur.

Hamish Henderson wis steeped i German and Italian poetrie as weill as in Scottish. His war sairvice i the north African desert led ti his deep compassion fir the Germans wha were supposed ti be his enemy. As Captain Henderson he interrogatit captured German officers; ane o thaim remarked ti him: 'Africa changes everything. In reality we are allies, and the desert is our common enemy'. That became the cue fir the *Elegies*.

Paddy Bort, wha like Hölderlin wis a native o the toun o Lauffen on the Neckar, gaed on ti edit fower buiks o essays on Hamish Henderson, and wad hae been at the hert o centenary celebrations o the Scottish makar (in baith English and Scots), folklorist, singer and owersetter. Happily Hamish's weedow, Kätzel, is wi us in Embro and will doobtless be an honoured presence at the 2019 ongauns.

In her essay, 'Encompass the Cross-Sword Blades: Hamish Henderson', appearin in ane o the buiks editit bi Paddy Bort, the late Tessa Ransford quotes Hamish on the German 'Geist', as it were, o his war poems. 'If any poems have directly influenced my Elegies, I think it is the poems of Hölderlin and especially the later poems, the poems of his madness. In a time of tremendous suffering and war, small wonder that poems of a poet's personal suffering, horror, ecstasy and extreme agony should influence another poet.' Both Hamish Henderson and Tessa Ransford gaed on ti produce fine owersettins o Hölderlin.

Ither German poetic presences in Henderson's *Elegies*, either as epigraphs or quotations, are Goethe and Rainer Maria Rilke. *The Duino Elegies* (1923) by Rilke look forrit in mony weys ti Henderson's wark, and ye'll can find direct reference ti Rilke's 6th elegy in Henderson's 8th. Baith sets o elegies share a meditative tone – meditative, that is, in a poetic raither nor a philosophical mainner, i.e. ideas are transmutit inti utterances that gang ayont ideas, as it were, wi the resoorces o language streetched ti a pynt whaur the poems can express whitever ye thocht micht be unsayable bi language. Philosophie analyses; poetrie synthesises.

Alsweill, baith Rilke's and Henderson's elegies hae a qualitie o intimacie, best summed up bi Robert Haas in his response ti the Duino set: 'They seem whispered or crooned into our inmost ear, insinuating us toward the same depth in ourselves.' That said, Richard E. Ziegfeld's 1981 comparative study o Rilke and Henderson stresses the differs. Thir cuid be summed up – crudelie, I admit – as Rilke's individualistic, unco mystical invocations, and contrastit wi Henderson's social and poleitical concerns groondit in an undogmatic dialectical materialism. Rilke strove ti gie 'things', the transitorie physical entities o this life, a permanence guaranteed bi the impalpable permanence ('immortalitie' ti pit it unsubtlie) o art. 'We are the bees of the invisible', scrievit Rilke o the makar's role. 'Tremulously we gather in the honey of the Visible to store up the great golden hive of the Invisible.' Henderson cuid be said ti dae the opposite: he turns abstract notions inti concrete images. (In effect, Rilke dis this tae.)

Rilke regairds daith as giein meanin ti life: daith and life are in a radiant unity. We micht think o Karel Čapek's drama *The Makropoulos Case* on whilk Janáček based his great opera. Čapek's 300-year-auld female protagonist finds her longevitie a burden; her life is undefined. Hamish Henderson wis mair concerned ti present life and daith as stark opposites, as in his weill-kent 'The Flytin o Life and Daith'; a line o this poem provides the title o the present essay, and the poem itsel wis inspired bi a medieval German poem that micht hae been performed as a puppet-play in Frankfurt, forenent the birthplace o Goethe whase Faust harks back ti sic apen-air performances bi marionettes.

Daith, fir Henderson, is juist ower palpable a realitie i the north African desert, there's naethin transcendent aboot it. Whit strikes the reader is the makar's humane feelins fir the deid o baith sides: the German sodgers, tae, had faimilies, luvers. Fir a makar wha is sae bardic, sic sheer hameliness has ane special poignancie.

Yit back 'hame', the naitur o daith in war is subjeck ti 'blah about their sacrifice' frae the high-heidyins and the newspapers, or fause consciousness on the pairt o the general populace. There is compassion but alsweill anger:

> Neither by dope of reportage, nor by anodyne of statistics
> is their lot made easier: laughing couples at the tea-dance
> ignore their memory, the memoirs almost slight them
> and the queue forming up to see Rangers play Celtic
> forms up without thought to the dead. – O, to right them
> what requiem can I sing in the ear of the living?

This has a ring familiar frae Rilke, as in thir satirical lines on the shallowness o the twentieth centurie:

> How an Angel would trample it down beyond trace, their
> market of comfort
> with the church alongside, bought ready for use: as clean
> and disenchanted and shut as the Post on a Sunday.
> (Translated by J.B. Leishman)

'Angel'? Rilke rejectit the Catholicism o his upbringing; the Angels wha he invokes in his elegies arenae the Christian anes. Some folk hae likened thaim ti Nietzsche's 'Übermenschen' (the Over-men, the Supermen) but they're no as crude and shouty as thir. Raither they're a felt (but invisible) force that heizes us up frae quotidian banalitie. They can be intimidatin. They're no easy ti define, and as belangin ti poetrie they suidna be defined, but Robert Haas again comes near the merk when he cries thaim 'the masters of intensity'. Thon's description, mynd, no definition.

As Richard Ziegfeld pynts oot, whaur Rilke has his Angels, Henderson has history, whilk is the motive force in ony Marxian outlook. Henderson owerset Antonio Gramsci, whase inter-pretation o Marx differs frae the orthodox position o cultural / ideological superstructure mechanicallie and deterministicallie reflectin the economic / social substructure. Henderson, as a champion o folk tradeition, o the arts of the warkers, taks frae Gramsci the idea o the superstructure haein an organic and dynamic interactive relationship ti the material substructure.

Ye micht wunner whaur the realities o daith can be wired inti sic a warld-view, but the essentiallie economic natur o class – see Mary Brooksbank's 'the warld's ill-dividit' – meets its nemesis in Henderson's 3rd elegy wi 'the proletariat / of levelling death. Stripes are shed and ranks levelled / in death's proletariat.' The upper-class colonel, the universitie economist, the celebratit sportsman, they 'crouch with Jock and Jame in their holes like helots.' There is ane novella bi Henry James, *The Altar of the Dead*, whaur it is positit that we mak the deid even mair deid bi failin ti remember thaim. Henderson's elegies sairve as a corrective ti juist that.

In his buik *Aspects of the Novel*, E.M. Forster devotes a chapter ti thir scrievers wha brek through inti anither dimension – prophecie. I the novel they include Dostoevsky and Herman Melville, respectivelie in *The Brothers Karamazov* and *Moby Dick*. The characters and situations in sic novels 'always stand for more than themselves; infinity attends them, though they remain individuals they expand to embrace it and summon it to embrace them'. A prophet isnae the same as a clairvoyant: Marx wis the former but no (manifestlie) the latter. Forby, in the coorse o certain warks o leiterature, ye can sense that sudden (if subdued) brekkin-through, as in the closin scenes o Shakespeare's *A Midsummer Night's Dream*, whan the play-within-a-play o Pyramus and Thisbe is performed bi incompetent but weill-meanin amateur actors and the Duke Theseus's guests lauch at, rather nor wi, the hapless troupe. Wi hert-clutchin kindness, Theseus pleads fir indulgence: 'The best in their kind are but shadows, and the worst are no worse, if imagination amend them.' This is delivered aamaist like that whisper i the inmaist lug that Robert Haas hears i Rilke, and whilk is audible alsweill in Henderson's Elegies. Forby, Theseus's 'shadows' seem ti me ti be echoed in Shakespeare's muckle later (and last) play, *The Tempest*, whan Prospero abjures his magic and is in deep valedictorie mood: 'We are such stuff / As dreams are made on, and our little life / Is rounded with a sleep.'

In this licht Hamish Henderson emerges as ane true prophet, his bardic tone modulatit bi intimacie, his guid anger tempered wi wise tenderness. *Elegies for the Dead in Cyrenaica* seems ti belang ti an even mair expansive, unscrievit poem.

Michael Hamburger scrieves o Hölderlin's 'tragic sense of life and experience of "God's absence".' Baith Rilke and Henderson reject conventional religion; they face squarelie the existential challance o the tragedie and the transitoriness o this life – wi the abidin qualification that Henderson's is a social as weill as an individual existentialism.

> There were our own, there were the others.
> Their deaths were like their lives, human and animal.
> There were no gods and precious few heroes.
> What they regretted when they died had nothing to do
>   with race and leader, realm indivisible,
> laboured Augustan speeches or vague imperial heritage.
> (They saw through that guff before the axe fell.)
>
>   [...]

There were our own, there were the others.
Therefore, minding the great word of Glencoe's
son, that we should not disfigure ourselves
with villainy of hatred; and seeing that all
have gone down like curs into anonymous silence,
I will bear witness for I knew the others.

Thir lines come frae Henderson's first elegy; 'no gods and precious few heroes' became the title o Tübingen's Chris Harvie's historie o twentieth-centurie Scotland. At the ither end o Henderson's sequence, i the tenth elegy, we encounter this crescendo:

Denounce and condemn! Either build for the living
love, patience and power to absolve these tormented,
or else choke in the folds of their black-edged vendetta!

Hamish Henderson inherits muckle o the motive pouer o the great German makars – Goethe, Schiller, Hölderlin and Rilke – in their quest fir a whole-minditness, an integrative vision, as agin the fragmentitness o outlook, agin the inabilitie (or even refusal) ti jyne the dots.

Thon integrative vision animates the desire o ane generation, itsel an inheritor, ti pass on the best in its culture – 'the best in its kind' – ti its succeedin generations. Hamish Henderson eloquentlie applies that ti us here in Scotland:

Makar, ye maun sing them –
Cantos of exploit and dream,
Dàin of desire and fulfilment,
Ballants of fire and red flambeaux ...
Tomorrow songs
Will flow free again, and new voices
Be borne on the carrying stream [...]

Fir faurer readin:

Tessa Ransford, 'Encompass the Cross-Sword Blades: Hamish Henderson's Poetry', in *Borne on the Carrying Stream,* ed. Eberhard Bort. Ochtertyre: Grace Note Publications, 2010: 137-160. See alsweill **Mario Relich**'s essay i the same volume: 'Apollyon's Chasm: the Poetry of Hamish Henderson': 123-136, and **Richie McCaffery**, 'Mak Siccar – a Reading and Critical Commentary of Hamish Henderson's *Elegies for the Dead in Cyrenaica*, in *Anent Hamish Henderson*: Essays, Poems, Interviews, ed. Eberhard Bort. Ochtertyre: Grace Note Publications, 2015. Fir details o the ither books on Hamish editit bi Eberhard ('Paddy') Bort, visit www.gracenotespublications.com

    Richard E. Ziegfeld, 'The Elegies of Rilke and Henderson: Influence and Variation', *Studies in Scottish Literature*, v. 16, issue 1 (1981): 217-234.

The Plook

Shane Johnstone – Lallans 93

I staun in the bathroom fir aboot an oor, mibbe mair, look'n at ma face fae different angles. The light's unforgivin, sure, artificial lik the lights in supermarkets, an the sink is bulky meanin ye cannae git right in tae look it yirsel. The light's above me an sideyweys, it casts wee shadows oan yir plukes. Thi'r immense in this light. A normal face fir a boay ae 15 his aboot eight tae ten plukes, if ye get thum. Thir usually skin spots, wee rid circles, maistly superficial. They cin be affected by no washin or diet. Then ye git the spots that come fae under the skin. Some boays in schuil've goat these, a few big belters, they come firra couple ae months, an go awey firra couple ae months.

The majority ae fowk don't get ent'n. They walk aboot, nevvir hidin thir faces, ayweys lookin straight aheid, intae fowks eyes, nevvir hidin.

Whit Ah get though ur enormous, rid swellings, that look lik wee bulbous mountains, causin the skin aroon thum tae blotch, go dark pink an purple. They sometimes burst un-announced, leavin a trail ae pus oan ma face. If ye don't notice thum first, they'll be spotted by wan ae the neds roon aboot, who're always watchin fir somthin tae tear intae. They huv a sixth sense fir this kindae hing. Wi me mair than maist.

Yisterday, a big, brutal ginger ned that Ah sometimes kinna hing aboot wi, noticed wan gaun in R.E. It wis near ma eye, a big purple hing. It had burst on its ain, since I heard recently that poppin thum yersel makes it worse, spreads thum aboot, Ah've bin leavin thum. A yellowy pus wis runnin doon ma face as I sat there, terrified, as always.

He proclaims – "Ayyyyyyyyy ya clatty basturt, you've git pus oan yir face.' I instinctually lick ma haun an start tae rub it aff, feeling it oan ma face only efter. 'Ayyyyyy yaaa clatty shite, ye just licked it."

Eh then circulates it roon the room.

The news creates an uncomfortable dynamic among the class, some ae the boay neds join in wi him – 'ya friggin clatty shite ... whit's wrang wi you – how don't ye wash yir face?' Maist ae the class are juist uncomfortable. The teacher, as ayweys, says nothin an attempts tae continue teachin in pathetic futility.

Thir talk'n aboot this new hormone treatment, the doacters. Some testosterone heavy drug fir extreme cases, an ye only qualify firrit if yir life is bein affecteed heavily.

They sent iz tae a specialist, in the Viccy, she took wan luik at iz an went lik that:

"Aye, I'd say you definitely qualify."

Apparently it's controversial, thirr's behavioural side affects that cin last ten year, the testosterone makes ye angry, irrational, yir joints get gubbed, athletes cannae take it.

Thir's reports, ma da's heard aboot, read somewherr, ae boays toppin thirsels efter treatment.

Ee'z deid against it: the stuff cin totally chynge yir personality firever ee'z heard, mak ye aggressive, mental.

Ma juist says it's up tae me.

How much effin weirder could Ah be really?

I turn the big light aff an turn oan the wee wan above the mirror, a safter light. The bulbous, mountainous lumps oan ma face ur noo less red, mair juist unspecified lumps in this light, yet ye cin still see hou misshapen the face is, lik the Elephant Man, as they aw telt iz in P.E. the other day.

In between the big lumps ae jyned thegither wans, ye huv the wee wans. I coont thum. Therr ur 23 oan ma foreheid, 15 oan each cheek, 7 oan ma nose, 20 oan ma chin. Some ur wee, some ur massive.

Since I started secondary they've been here, it's bin nearly four year. Four year ae doacter's appointments, antibiotics, skin creams, mainstream products, diets, staunin in patches ae sun oot in the street fir oors at a time, tannin the watter, tannin the watter, tannin the WA-TT-UR, an they juist keep get'n worse an noo they're burstin oan thir ain in classes.

Father David says God makes iz the wiy we ur firra reason.

R.E. teacher says Eh cares aboot iz aw.

Well sorry, bit ee'z no gien a toss.

Sod it, come aheid wi the treatment. Let's git these hings right tae ...

The Veesitation

Gordon D. Moodie – Lallans 93

A ghaistie tale

Ma mydins o thon encoonter haunts me yet. If an Ah hud no
bin a pairt o a wheen o fowk whit cud confeerm whit teuk
place, I micht hae thoucht that Ah hud dreamt it aw. As wi
sam dreams, the accoonts ur aye vivid an cams tae me in
mauments o back-thocht.

It happent whin the werk tae modrenise the High Street
wiz at its maist eydent an thir wiz a fair stooshie gaenin oan
in the toon. We hud feenisht oor e'en meetin in Daulkeith
library and wir staundin at the bus staunce jist ootsides
it afore gangin oor ain weys hame. It wiz thon time o day
whin the gloaming iz jist turnt intae richt derk. Ah wiz oan
the brink o us aw whin Ah wiz awaur aw o a sudden that,
oot o the gaitherin mirk, an auld wummin appeart lik an
appareeshun bi ma elbae. She wiz dressit in antrin garb. She
hud a lang dirten gaibardine type o muckle coat, battert an
clerty, anklet lenth broon buits; no faur frae thon ye see in
photies o Edwardian fitbawers and a small black tammie
jammit oan hur heid. Hur kythin gied me a stairt an makit
me loup. She saftly pit hur haun oan my foreairm and said:

"Och, Ah divnae mean tae frichten ee … Ee thoucht Ah
wiz a ghaist, cumin oot the gloaming like that?

Naw, no a ghaist, Ah'm really an angel. Ah um ane o
Hoggie's Angels …

Ee've nae heard o iz an ee've bided in Daulkeith aw eer
life? Ee'll need tae speir iz aboot oorsels an Ah'll tittle ee.

Ah jist cam doon, fur Ah cud git nae rest wi aw thon
racket gangin oan an Ah seen whit theeve din tae the High

Street. Divnae recognise it: Aw things Ah ken huv gane. Ah wiz luikin fur 'The Wicket' whaur Ah bided wi ma Mither an Faither. It wiz cawed that coz it wiz a lang thin wynd bit it's awa an thon Jarnac Coort is thur noo. Sae Ah thoucht Ah wid jist cam ower here tae see whit theeve din tae Hoggie's yaird. Nae sign o it, or the Buckie whar Hoggie wid stan bawlin at iz, makin share oo lassie tattie howkers goat in afore seevin in the mornin. Hiv ee nivver heard o 'The Buck's Heid' aither? It wiz thur – whit's noo yon Blossom Gairdin, whitiver that is.

Ah keeked intae the windae o thon new biggin whar Hoggie's yaird yaist tae be – Joabcentreplus – bit thur's naethin thur. Whit dae they dae in thon place? Find joabs fur buddies! Huh, the day Ah left schule ma Ma says, 'Aggie, jist git ower tae Hoggie's an git a joab tattie howkin, eer no loafin aboot the hoose'. That wiz oan the Friday an Ah sterted afore seevin oan the Monanday mornin. Ah wiz fowerteen an wiz wi Hoggie until Ah merrit at twinty sax.

Ee wir speirin iz aboot Hoggie's Angels. Weel, Ah divnae richt ken whaur the Angels iz fae. Hoggie iz coz oo aw werkit fur Boabby Hogg, the tattie mannie, tho he aye cawed hissel a 'Potato Merchant'. He wiz a wee bantam o a man, unner five fit tall, bit a wee deil, maistly wi thon stick he aye cairrit. He wiz aye powkin ee wi it or else clatterin ee ower the back in the field if an he thoucht ee wir missin pickin up a tattie.

Oo wir aye ca'd Angels. Ah mynd, no lang efter Ah stertit, ma faither hud me sent tae the sweet shoap in the Wynd fur his baccy, Black Bogie Roll. Thon stuck-up Nettie Pringle, hur that ca's hirsel Jan, seys tae me 'Ah hear yiv noo jined Hoggie's Angels, oh ee'll git sam fine panoramic views o Scotland in thon joab'. Ah wiz that saft then Ah widnae answir back bit Ah thoucht 'The views Ah maistly git iz o Isa Laidlaw's big backside as Ah gang up the rigs efter hur'. Ee see coz Ah wiz young, ma stent wiz gangin ahint Isa pickin up thon brockies

– the wee tatties – thum that wur jist yaised fur pig feed, an ee divnae git peyed iz much fur thum. Isa wid pick the ware that wiz better peyed.

Whin Ah goat hame Ah askit ma Ma why oo wir ca'd Angels. 'Wi'v aye been ca'd Angels even syne Ah werked fur Hoggie's faither', she said. Ma faither divna ken aither tho wi his chist he niver hud much tae say onnywey. His chist wiz aye bad, whit wi the war an werkin in Daulkeith Colliery. Maistly he'd sit luikin intae the fire, hauchin an speetin thon black caterve.

Ah mynd ma furst day as if it wir yistirday. Hoggie wiz standin outside the Buckie luikin doon the High Street an Buccleuch Street bawlin at the Angels tae git thumsels in afore the lorries left. Oh his language wiz choice, an him a kirk elder tae. The lassies hud been in Bell the Bakers fur the day afore's teabreid or buns fur thur piece coz they wir cheap. Ah wiz telt tae unload the lorry. Ah hud tae pit ma back tae the lorry, the bags sae high abune me an grab thum at the tap o the bag, pit it oan ma back an cairry the hunnerwecht bag up thae rickitty widden stairs an intae the tattie loft. Ma legs wir like jeelies. Ah wiznae really up tae it, Ah wiz only fowerteen an like a flayed mowpie, bit Ah hud tae dae it. If an the lorries wir awa an the ferm wiz close by like at Cowden or Campend on the Little France road tae Embury or even Pethheid ee'd hae tae wauk, an efter daein werk in the field aw day, wauk back tae Daulkeith. Aye, ee needit a guid pair o pins. Ah wint aw ower wi the Angels: Kelsae, Peebles, Lamancha, Carfraemill an aw places. Oo sat wi oor pins hingin ower the side o the appen lorries, aye singin – guid Scots songs an sametimes, if Pate oor Grieve wiznae thur, songs oo made up aboot wee Hoggie. Oh it wiz a richt tear. Mynd thon wiz fine whin it wiz dry, whin it rained oo jist goat weet. It wiz the same in the fields, oo wir jist tae work thro the rain an git weet thro. Oo'd try tae shelter in the trees coz sum fairmers widnae hae the Angels near the steadin, they wir feart fur thur eggs. If an oo goat thur afore it wiz licht an it wiz richt heavy rain oo'd mibbies git tae shelter in the stables wi the horses, an that wiz fine if ee wirnae feart o clockers. Sam o the Angels wid tak the newspaper aff fae roun thur piece an pit it oan thur heids an shooders tae stoap the wurst o the drookin. Hoggie divnae care, he'd say ee kin only git weet tae the skin an no ayont. Ma mither hud gied me hur bondager's bonnet tae stoap the wurst o the sun bit it wiz fine keppitin aff the rain tae. Sam o the Angels thoucht Ah lookit auld-farrant bit Ah divnae care. Mynd ee'd only git peyed whin ee werked sae oo wir oot agin whin the wurst o the rain stoapped.

Oo wir too puir fur a thermos sae oo hud a pitcher fur oor tea. It wiz a big metal thingie an ee cud hide eer eggs in it if an ee cud git sam whin the fairmer wiznae luikin. Aince oo wir near a merkit gairdin at Thornybauk an goat plums awa the same wey. Oh ma folk likit a bit fresh egg or fruct. Anither time Hoggie hud iz pit oor pitchers oan a wa an he knockit thum aff wi his stick an aw oor eggs got broke. He telt the fairmer that a fox must hae goat the eggs as "Nane in his employ wid steal"... as if?

Mynd it wiz a different story wi the tatties. Ye hud tae be richt fly tae git onny tatties. Sam Angels hid thum in thur knickers or if the fairm wiz close oo'd hide thum in the hedges an go back in the gloaming fur thum. Bit it wiznae wurth tryin fur Hoggie's tatties, if an ee goat caucht ee jist goat the sack an sent doon the road, an if ee loast eer joab fae Hoggie – naebuddy elsen wid hae ee.

Afore the main wiz ready the aulder weemin wid yais the graip tae howk the tatties – aye bit that wiz herd werk. The yunner anes wid follae daein the uptak – ee ken; pooin up the shaws bit ee hud tae dae it proper, cudnae pit the shuck jist onnywhir. Fur the main the Irish cam ower an thae men yaised the graips. They wir nice enouch, hud a tear wi them frae time tae time, tho they wid tak thur piece separate frae the Angels. They bided in lodgins in the Wynd, maistly at Ma Lowrie's tho Ah divnae ken why coz the smell cumin oot o thur wid scunner a tod, ee ken a fox. Ee widnae keppit a coo thur. Ah hearit thut Ma Lowrie goat a bag o coals delivert – she hud nae coal hole or cellar an the coals wir jist pit oan hur flair. Weel the flair wiz sae rottin the pelt crashit thro tae the hoose aneath.

Ah hud aw sorts o joabs wi Hoggie, seevin until sax an Setterday mornin, mannerin wi the sharn, howin, plantin in the harries oot o eer brat, singlin ingins in the dreels, shawin neeps, happin tatties in thur pits in simmer an digging thum oot fae unner the sna an riddlin thum in the weentir. Ah've bin oot in aw sorts a weethers, plowterin in the mud, shiftin sna sae as the lorry cud git ootbye, else oo Angels wid hae tae cairry the hunnerweight bags tae the roadside. Ah've bin stoury, cauld, an weet thro. Ah've bin dug tirit bit aye bin able tae gie masel a cat's lick an clean aff ma bits tae gang tae the dancin.

Whar's the dancin noo? Ah'm no share Ah ken ma wey aboot Daulkeith onny mair. Whar's the pawn shoap, the sweetie shoap, Young's second hand shoap whar oo goat oor bits, gloves, coats an awthings fur the fields? They wir in the Wynd, whar iz that gane?

Och, Ah better be gangin back. Dae Ah still see Hoggie? Naw, tho he's doon at the end o ma raw. No that Ah want tae see the wee meeny onnywey – only peyed twa shillin a day. Aw eer life as an Angel on the cauld weet airth, an noo Ah'm gangin back … tae the cauld weet airth."

Boabby Hogg wiz a real wee mannie whae wiz a Tattie Merchand atween the Wars in the Lothians an Borders. The weemin tattie howkers whae werkit fur heem wir cawed 'Hoggie's Angels'. He dee'd in 1959 an ligs in Daulkeith Graveyird. Houaniver, Aggie an the ither chairacters in thees tale ur a feegment o ma eimaiginins.

A Bad Influence

Ely Percy – Lallans 95

Charlene an Kelly Marie huv fell oot. It aw startet because Charlene's ma said that Kelly Marie wis a bad influence an that Charlene wisnae tae pal aboot wi her anymair. Kelly Marie telt her ma whit wis said an her ma went up tae Charlene's door an then the next thing thir wis a big palaver an Charlene's neighbour phoned the polis.

Charlene's asked tae be moved intae ma Regi class cause she says Kelly Marie's bullyin her. Ah'm pure crappin masel though in case she sits next tae me an pits me aff ma work: cause she's Clark an Ah'm Campbell it means her name'll be near tae mine in the register.

❋ ❋ ❋ ❋ ❋

Charlene used tae sit next tae me in primary. Wuv been pals ever since we wur four yir auld when we went tae the community centre play group thegether. ma Ma likes Charlene because she always blethers away tae her when she comes up fur me, but she's always said that she wis a bit ae a user cause she'd only ever come up on a Wednesday night when ma ma wis makin tablet or when she'd naebdy else tae play wi.

On the first day at high school, me an Charlene an aw wur other pals fae primary, we aw met up at the corner ae Leven Square an ma Ma took pictures ae us wi wur new school uniforms an we aw walked up tae the school thegether. Then a week later, Charlene'd moved on tae other pals an she kept 'forgettin' tae wait fur us.

❋ ❋ ❋ ❋ ❋

Charlene's name wis addit tae the bottom ae the register after Zoe Welsh's. Because the teacher makes us sit boy-girl-boy-girl, Charlene endet up sittin in the empty chair next tae Bunsen. Bunsen's real name's Matthew Turner but it rhymes wi Bunsen Burner an that's whit evrubdy calls him. Bunsen's wan ae the popular crowd that aw the lassies fancy an aw the boys want tae be pals wi: he drinks at the weekends an goes tae aw the Kirky discos; an even though Ma an Da say Ah shouldnae get involved wi folk lik that, Ah still talk tae him cause he's always been dead nice tae me. Another thing aboot Bunsen: he pure hates smokers. Ah could tell by the look on his face that he wisnae happy that Charlene wis papt next tae him cause she's always reekin ae fags these days.

Ah know oor whole register aff by heart noo, it's lik learnin a song. Whenever the teacher starts shoutin oot the names Ah sit an say them intae ma heid:

Bryan Allan. Here. Allan Bryan. Here. (Sometimes Bryan Allan an Allan Bryan answer fur each other jist tae confuse the teacher). Yvonne Brookmyre. Here. Nicola Buchanan. Here. Kirsty Campbell. KIRSTY CAMPBELL. This mornin Ah wis that busy daydreamin that Ah forgot tae answer tae ma ain name. Samuel Campbell. SAMUEL CAMPBELL. He's doon at the Heidie's sir, shoutit Bryan Allan. Sammy Campbell's always doon at the heidies, they should jist put a wee bad boys' desk ootside the class fur him lik they used tae dae wi aw the idiots in primary school. David Donald. Here. Eunice Garvie. Here. Nicola Gibson. Here. Harpreet Keeshan Kaur. Here. HARPREET KEESHAN KAUR. Here. Can you please answer to your name if you are here? Said the teacher. Harpreet's that quiet spoken, it's a sin, aw the boys in oor class are always takin the piss oot her fur it. Roger Green. Here. Laura Kyle. Laura Kyle comes runnin in jist as he's markin her aff. "Punishment exercise Miss Kyle wait behind at the end." "Och but," said Laura. "Och but nothin," said ma Regi teacher, "This is the third time this week yiv been late." Laura Kyle wis in ma primary class an she wis always runnin at the coo's tail. Elvis Irwin. Here. Liz Leonard. Here. Tom Lochhead. Here. William McCoy. "He's aff," says Bryan Allan. Laura McNish. Here. Laura McPhee. "Sir, McPhee is at the dentist", shoutit Laura McNish. The two Lauras are best pals an Wully McCoy in oor class named them McPish an McPee. Christopher Rice. Here. Christopher Ross. Here. Christopher Russell. Here. Samuel Semple. Here. Louise Strachan. Here. Matthew Turner. Here. Zoe Welsh. Here. AND CHARLENE CLARK. Present, sir. A few folk giggult.

* * * * *

"Kirsty," said Charlene, as we wur walkin alang tae English, "Want tae go tae Tesco fur lunch?" Charlene had never asked me tae go tae Tesco before. Ah'd never been tae Tesco wi anybody before except ma Ma tae get the shoppin. Wan time aboot two or three weeks jist after we'd startet first year, the Lauras had asked me if Ah wantet tae go wi them but Ah said naw cause Ah don't really like Laura McNish: she's fat an she smells an she kept stealin evrubdy's chips that time she came tae the canteen wi me, an Ah've just always felt that thir's somethin dead fly aboot her.

Ah said aye right away tae gaun tae Tesco wi Charlene though, an Ah couldnae stop thinkin aboot it aw through second period: when we wur in primary yi always had tae tell the teacher whether yi wur a school dinner or a packed lunch or a home lunch, an yi wurnae allowed tae change yir mind wans yi'd said it; Ah felt dead grown up knowin that Ah could jist walk oot the school at lunch time an no huv tae explain tae anybody where Ah wis gaun.

* * * * *

At interval, Charlene made me go roon the smokers' corner wi her an it felt pure weird an Ah wis crappin masel in case a teacher came roon an Ah got pult up even though Ah wisnae smokin. Kelly Marie wis there at the same time as us but she wis jist leavin. On the way past she pointet at Charlene an drew her finger across her throat an then she walked away laughin.

"Cow!" Said Charlene.

"Yi better watch she disnae hear yi say that," Ah telt her.

"Or whit," said Charlene.

"She might batter yi."

"Kelly Marie couldnae batter a fish."

"Haha," Ah said.

Sumdy asked me fur a light. Ah turnt roon an ah wis aboot tae say ah didnae huv wan when Ah realised it wis Harpreet's sister's pal, an Harpreet's sister wis wi her.

"Kirsty," said Navdeep, "Ah didn't know you smoked."

"Ah didnae know you did," Ah said, "Anyway Ah don't."

Navdeep said, "Yeah well don't go tellin ma sister because she'll clype, yi know whit she's like?"

"Aye," Ah said, "Ah know whit she's like."

That's when Ah remembert that Ah wis meant tae be gaun tae packed lunches wi Harpreet.

* * * * *

"How no?" Ah said.

"Because Ah don't want tae."

"Aw but how no?"

"Ah jist don't want tae," Said Harpreet.

"Aye but yi can eat yir packed lunch on the way ower the road."

"Ah want tae eat ma packed lunch in the canteen," She said. "If you want tae go tae Tesco then you go tae Tesco an Ah'll see yi when yi get back."

256

Ah couldnae concentrate aw through Maths. Part ae me couldnae wait fur the bell tae ring so Ah could go tae Tesco but part ae me felt dead guilty aboot the whole Harpreet situation.

"Kirsty," said Mr Miller when the class wis finished, "Can Ah huv a word wi you." Ah thought Ah wis gaunnae get a bollockin cause aw Ah'd did wis draw two isoceles triangles, but he jist asked me if Ah wis aright an wis Ah findin the work hard or anythin. Ah said Ah wis fine. He said, "Well yiv been starin intae space fur the past half an hour an that's not like you."

"Sorry sir," Ah said, "Ah feel a bit dizzy. Ah think Ah jist need some fresh air." Ah wis aboot tae walk oot the class when he shoutet me back an said, "Kirsty don't forget yir bag an yir jacket."

* * * * *

Harpreet wis staunin ootside the class waitin on me. "So yi changed yir mind then?"

Ah said, "Yi'r gaunnae go tae Tesco wi us?"

"No," said Harpreet, "Nut you can still come tae packed lunches wi me if yi want cause Charlene said tae tell yi she couldn't wait so she's away wi Laura McNish."

* * * * *

Ah wis in the canteen wi Harpreet an Navdeep when Chris Rice come in an said, "Yi'll never guess whit." Ah said, "Whit." He said, "McNish an that new lassie jist got caught shopliftin." Ah said, "Yir kiddin." He said, "Naw Ah just seen them gettin frogmarched ootae Tesco."

Mither's Samplers

Stephen Pacitti – Lallans 96

Fit the –? Fit? Far – far am Ah? Oh Goad! Feel! Gype! Gomeril! Ah've deen't again! Rover, fit wey did ye nae wakken mi? Could ye nae see yer maister'd dovert ower afore the fire? An noo the dammt fire's oot an Ah'm shiverin an shakkin wi the caal. Could ye nae hiv chaad mi big tae or gied a bowff? Ay, ye ken fine it's you Ah'm spikkin till, ye silly breet. Na, dinna look at me lik aat! Spikkin ti you maks a chynge fae spikkin ti missel, an ye ken Ah dee that aa the time. There's naebody hereaboots ti spik till. Jist the postie eence in a fyle. Fit's wrang wi spikkin ti yersel onywey? Efter aa, fan ye're thinkin thochts, that's jist spikkin wirds in yer heid, isn't it? Fit wey nae let them come oot noo an then? Fit difference dis it mak?

Noo, far wis Ah?
Oh fit a life,
Athoot a wife,
An the fire black oot.

Let's see here noo. Weel, is that nae jist like it? The scuttle teem, an nae a clog left. Ah kent fine thon bugger Beattie wis leein fan he said he'd bring a load the day. That's him aa ower again. Ay, he'll be in the Three Sheaves wi his cronies, nae doot, knockin back the pints, an he'll turn up in twa three days sayin his larry broke doon. Weel, Ah'll seen tell him far ti pit his clogs.

C'mon Rover, we'll awa oot ti the barn an see fit we can find there. Ah maan mak a fire in here or Ah'll get double pneumonia. Far did Ah pit mi welly-beets? Here's een, but far's the ither? Did Ah nae see you wi een the ither day, Rover? Gin ye've chaad a hole in't Ah'll gie ye sic a leatherin – ach na, here it is. My humble apologies. Noo far's mi jaicket? Is't still snaain? Nivver myne, we'll mak a dash for it ...

* * * * *

Goad, this barn. There's aathing in't bit hey. Och ay. Ah can hear yer vyce yet, Faither. 'Ye're nae throwin that oot, are ye? Ah'll mebee find a eece for it yet. Pit it in the barn.' Ay, it wis ayewis 'Pit it in the barn, pit it in the barn ev noo'. Wyte or wi see noo ... the aal palins fae the gairden, they'll dee fine, an – Goad, is this the cleys pole Ah broke tryin ti dee the pole vault ower the Geldie Burn? Ay is't, but it's reid rotten noo. Ah dinna think Ah'll bother wi that. An this? Na, na an iron bedframe'll nae burn. But fit on earth wis Faither hingin on ti that for? Wis he gaan ti mak a trampoline oot o't? Ay, Faither, ye were aye makkin things, Ah'll gie ye that. Ye had a richt skeely haan. Myne, this table ye made wis aye a bit shoogly, but that wis mair the fleer's falt nor yours. Ah'm gled ye kept it, though. It'll burn fine. An here's the swing ye made for's fan Ah wis a bairn – och, an the wee sledge an aa. Happy days! Weel nae jist. Na, nae ivvry day wis happy. Far fae't. Some days wis terrible. Thon Ronnie Fraser wis an affa bully. There wis ae day he punched me black an blue, Rover. Ay, a muckle lout o a loon. Ah wis richt feart o him. But Ah got him back, Rover; ay, Ah fairly got him back. Ah gaed ti the bicycle shed ae playtime an slashed his tyres wi mi pen-knife. He nivver kent it wis me!

Noo fit's this back here? Goad, gettin in here's lik hackin yer wey throw the jungle. Ah widna be neen surprised gin a wee Jap sojer lowped oot fae ahin that aal mangle. Na, Rover, ti be honest wi ye, Ah wid be surprised! But Ah'd seen settle him. Ah'd bash him ower the heid wi ... wi ... ah, this cricket bat! Splatter his harns aa ower the waa. Och, an the wickets are here an aa. They'll burn. An this cricket ba. Wid leather burn? An foo on earth dis a croquet mallet come ti be here?

An a tennis racket? Neen o's played tennis. Weel they'll ging on the fire. Sae will this straaberry baisket. Ay, Mr Haggart, it wisna me that trumped on yer precious straaberries. It wis Johnny Meldrum, nae me. Na, Ah didna deserve yon clooer ower the lug. Ah wis gled fan Ah heard ye'd drapped doon deid in the street. Ay, an yon potted plunt o yours, Mrs Ramsay. It wisna me that caa'd it ower. It wis the cat. Ye shouldna telt mi faither thon lee. He didna believe it wisna my wyte.

Ah doot Ah hinna been in the back here for twinty year or mair. Ay, an aa this stew's nae gaan ti dee mi chest ony gweed. Noo fit hiv we here? An aal picter frame. Ah'll tak aat. It's riddled wi widworm onywey. An wid ye believe it, a plaistic bucket wi a muckle hole in't. That's nae damn eece. Plaistic, plaistic, ye canna burn plaistic. But this aal bit o shelf'll dee, an this, an aiblins this aal cleys horse. Och Mither, Faither, fit wey did ye keep aa this trock? Ah suppose ye were richt, though. Gin ye keep somethin lang eneuch ye'll find it's aye eece for something someday. Weel Faither, Mither, the day's the day an aa this is gaan up the lum. Noo fit hiv we here? Gweed sakes, Ah thocht that wis flung oot lang ago; ay Ah really should hae got rid o that. Ah dinna ken fit Ah wis thinkin aboot, keepin that.

Noo – oh michty fit a fricht ye gied me! But fit a bonnie wee craitur ye are. 'Wee, sleekit, cowrin, tim'rous beastie, O what a panic's in thy breastie!' Is that a nestie ye've got doon there? Dinna be neen feart, mi wee freen, Ah winna let Rover near ye.

An fit's this ower here? Och Mither, ye wis as bad as Faither for hoardin things. Aa yer picters are here yet. Ah nivver liked this een o Jesus on the cross sayin 'Father forgive them, they know not what they do.' Ah could nivver unnerstaan that. They kent fine fit they were deein. Goad shoulda blaan them ti smithereens wi a thunderbolt. An here's 'When Did You

Last See Your Father?' Ah ayewis thocht that wis a byordnar queer name for a picter.

An this een an aa: 'Faithful Unto Death', fit wey wis a Roman sojer stannin sentry at the gate o Pompeii fan the toon wis bein beeried ablow a million ton o lava? He surely nivver thocht an enemy wid be feel eneuch ti want ti come in an tak it ower? An, oh ay, this een that eeced ti be aside her bed: 'The Light of the World'. Weel they winna burn onywey. And fit else has she got?

Oh Mither! Yer samplers! Ah thocht Auntie Nell had teen them ti Australia wi her. Ay Mither, ye wis a dab haan at the samplers. Noo there's a happy memry. Me sittin on mi wee stoolie an you workin awa wi yer needle an singin psalms ti me. 'O send thy light forth and thy truth, let them be guides to me ...'

Oh ye wrocht mony a bonny sampler, Mither. Fit's this een? 'It is appointed unto men once to die, but after this the judgment'. (Hebrews 9:27) An this een? 'To do justice and judgment is more acceptable to the Lord than sacrifice'. (Proverbs 21:3) That wis een o mi favourites. An, oh, sae wis this een. 'And stay ye not, but pursue after your enemies, and smite the hindmost of them; suffer them not to enter into their cities: for the Lord your God hath delivered them into your hand'. (Joshua 10:19) An here's the Ten Commandments! God's Rules, ye caa'd them. 'Thou shalt not this, an thou shalt not that.' Fit a bonny job ye made o that, Mither. An Ah myne like it wis yesterday fan ye feenished it ye stood up an said, 'Ah hinna room for the eleventh een, Norman.' An I said, 'Ah thocht there wis only ten, Ma,' an you said, 'Na, the eleventh een is: "Thou shalt not be found out!"' Fit a laach! Dinna worry, Mither, Ah'll nae throw oot yer samplers. Ah'll hing them up in the hoose again! Ay, 'let them be guides ti me' richt eneuch.

Rover, come oot o that! Daar ye cock yer leg aginst that! Gin ye weet that it'll nivver burn!

Noo fit hiv we here in this box? Mercy me, cuttins fae aal newspapers. Fit wid onybody want to hudd on to that for? The P. an J. ... Michty! June 1956. Clement Attlee Receives Freedom of City. Blah blah blah. A Lancaster Bomber on Display at Hazlehead. Ay, Ah myne Faither takkin me to see that. Syncopatin Sandy Plays on In Music Hall. Gosh! Ah'd forgotten aboot him! Played the piana for a hale wick athoot stoppin. Ah peyed half a croon ti see him on the laist day. Looked like a corpse. Noo fit's this? Och Mither, ye kept this?

Retired teacher killed at Findledyke Station. ... Mr Dunlap is thought to have slipped and fallen from the platform as the Perth express came in.

Ay, Ah myne that nicht fine. Funny, though, that Ah should see him again efter aa them years. Of coorse he didna recognise me. Ah wis lucky Ah didna ging under the train missel. Affa slippery thon platform wis. A terrible frost thon. The station-maister shoulda had saat pit doon. Ah suppose his faimly could hae sued. Mynd ye, thon Dunlap wis a richt bastard. He wis a gweed teacher richt eneuch, but he should nivver hae deen yon ti me, Rover. Six o the best – an b'Goad naebody could dee better nor his best – for nae gettin mi geometry theorems richt. Syne he finds he's nae merked aa mi paper. Ay he gied me the scud in front o the claiss, an Ah wis fair blaain on mi haans. But he nivver apologised afore the claiss. Na, jist a mummelt 'I'm sorry, Murray', efter aabody'd gaed oot. That wisna richt. That wisna justice.

Ay, sometimes teachers didna play fair. Lik thon Mr Aitcheson we had in Primary 4. Ye winna ken fit a watter pistol is, Rover, but there wis a real craze for them fan we were in Primary 4. An fan Airchie Ainslie's gaed missin he thocht somebody'd stole it, an he telt the teacher. An Mr Aitcheson accused me, cos Ah sat neist ti Airchie. Ah said, it wisna me, but he said 'Then why have I found it in your schoolbag?' An Ah said Ah didna ken, but it wisna me, it wisna me. But he took me oot an gied m the strap. That wis injustice.

But the worst een o the lot wis thon Miss Bowtrie that wis wir teacher in Primary 3. She kept chickens efter she retired an Mither eeced ti send me doon to her for a dizzen gaan-aboot eggs ivvry wick. Ay Mither, ye'd hae naethin ti dee wi battery hens, wid ye! But she did an affa thing ti me. Ah'll nivver forget the humiliation o't, Rover. Me and Brian Gibb sat thegither in her claiss, an ae day she gave us an arithmetic test an spotted that we'd baith made the same mistak in the same place in wir sums. It wis jist a coeencidence, but she said I'd been copyin an made me tak mi books an ging doon an sit at the front o the claiss. Fit wey nae pit Brian doon? Cos his faither wis a doctor, that's fit wey. Fit a snob she wis. But she cam ti a sorry eyn an aa. She choked on a hard-biled egg. But fit wey wid she hae a hard-biled egg stuck in her thrapple? An it nae even teen oot its shell? It wis me that found her. Nae a bonnie sicht. Ah see her yet in mi dreams. But Ah canna say Ah wis sorry for her. Ah wis humiliated bi her, but she didna care a docken. She wis judge, jury an executioner aa rowed inti een. That's stuck in mi crap aa mi days.

Noo, fit else hiv we here? Och Mither, fit did ye want ti keep this for?

Brutal Murder of North East Woman. Miss Victoria Kenley (70), retired music teacher – found dead in her home … victim of a brutal attack which severely fractured her skull … piano keys smashed … and piano stool broken up … The murder weapon is thought to be a missing leg of the stool. 'Fit an affa eyn,' ye said, Mither. Richt eneuch, Mither. Fit an affa eyn. Ay, but she wisna fair ti me. Fa kens far Ah'd be the day gin she'd gien me the chunce? Fit wey did she nae pit mi in for the piana exam? Ah telt her Ah wanted ti be a concert pianist, but fit encouragement did she gie me? Neen at aa. Jist the opposite – she telt ye ti tak mi awa cos Ah wisna makkin onything o't. Thon jist wisna fair. Ivvry dog should hae its day, is that nae richt, Rover?

Noo fit else is there? Ach it wid tak a hunner year ti redd oot this place.

Fit wey is't we aye keep pittin things aff? Far dis the time ging? Dinna pit aff till the morn fit ye can dee the day. 'Procrastination is the thief of time.' Och, Mither! Ay Rover, you dogs hiv mair sense. Apairt fae a been or twa noo an then ye nivver pit onythin by.

But c'mon Rover we'd better get back inside or we catch wir death o caal. Goad, it's stairvin oot here! It's a peety ye hinna haans ti help me cairry aa this trock inti the hoose.

* * * * *

Ay, that's mair like it noo! Jist as weel Ah had plenty o firelichters. We'll seen hae the room as het as a pie. I'll get the kettlie on an hae a cuppie an Ah'll gie ye yer bowlie, Rover. Bit losh! The leg o yon piana stool disna half mak a graan bleeze!

The Bonny Fechter

Dorothy Lawrenson – Lallans 96

Billy sat, glaikit-faced, drummin his fingers on the desk an jeegin his leg against the leg o the widden form. His short troosers wis thin an his legs chittered, cauld February air chillin the bare skin atween his knees an his grey socks. He luikt roon the empty skuil-room, at the big heavy scroll o the world map, the blackboard still covert aw ower wi Miss Anderson's braw copperplate, the colourfu posters. His eye cam tae rest, as it ayeweys did, on the yin that said, "save the wheat help the fleet: eat less bread." It ayeweys made him hungry, the day mair than iver. He stared doon at the paper whaur his blotchy dip pen hid written "I must not use vulgar language," and "I must not fight with other boys."

Miss Anderson hid said, she couldnae credit it. She couldnae understand it. She soonded like his mither, when she wis black-affrontit at somethin the meenister's wife hid said. Miss Anderson said, "You're normally very well-spoken, Billy, and you're certainly not a fighter." Oot in the playgrund he cuid see big reid-heeded Jamie an scrawny wee Alec, daffin an lauchin an runnin aroon tae keep warm. Ither boys wis playin at sodgers, formin platoons an mairchin up an doon, shooderin imaginary rifles, takin cover fae imaginary shells. An noo Miss Anderson hid left him alane in the empty classroom tae write his lines, but he couldnae – his thochts wis aw heeliegoleerie.

The stramash in the playgrund hid stairted because, fur the third day, he'd come tae skuil withoot his piece. The first time, he'd said he forgot it. The secont time, he'd said his mither hid forgotten it, even though folk said that wisnae like her at aw. The third time, he didnae hae ony excuse, juist shrugged his shooders, shilpit-like, then muttert somethin aboot coupons. But he saw Jamie whisperin in Alec's ear. Alec gasped, an luikt at Billy wi a gey queer luik on his face, like he wanted tae go up tae him but he wanted tae run awa fae him at the same time.

Iver since Billy's dad hid been killt, the teachers an the ither boys hid been awfu douce wi him. He didnae ken if he wanted thaim tae be sae couthie. It made him feel awkward or numb-like, like he hid tae be quait an weel-faured back tae thaim, insteid o screamin an shootin an breakin things. An he thocht that even noo Miss Anderson wis probably tryin tae be kind bi giein him lines insteid o the strap, when he'd faur raither hae taen the strap. He wrote:

> "I must not use vulgar language," and "I must not fight
>   with other boys."
> "I must not use vulgar language," and "I must not fight
>   with other boys."
> "I must not use vulgar language," and "I must not fight
>   with other boys."

He kent he wis supposed tae be scunnert bi the lines, the mair sae because when he wis duin, Miss Anderson would mak a gey performance o tearin the page intae strips in front o the haill class, an then lettin the strips flauchter like ribbons doon intae the bucket. Nae maitter hou guid his penmanship, it wid aw be fur naethin, an let that be a lesson tae him. Aw the same, when the page wis hauf-fu wi the marks o his scratchy nib, he stertit tae tak a kind o pleisure in the wey the wurds lined up in columns doon the page: vulgar vulgar vulgar, boys boys boys. He began tae write thaim this wey, a column o I then a column o must, tae mak the task o fillin the lines less wearisome. He didnae really ken whit vulgar meant in the first place, but soon language language language began tae lose its meanin tae; it became juist regimented raws o braw letters, aw lined up in a bonny column. But fight fight fight pit him in mind o the wey the boys in the playgrund hid crooded roond chantin, as he laid intae Jamie an Alec, baith at once.

An that wis better than awbody bein sae canny an douce, tip-taein aroon him aw the time. It wis better tae hae a reason tae fecht, even though it meant turnin pure crimson wi shame first, when wee Alec hid asked him, "Is it true? Is it true, Billy? Jamie says your mammie's got plenty coupons, but nae war widow's pension tae pey the shopkeeper. He says your mammie's no really a war widow."

"You ken fine ma mammie's a war widow!" Billy hurlt back at him.

Alec, wha ayeweys luikt sae peelie-wallie, seemed sweir tae say mair. He luikt doon at his scuffed boots and kicked at a patch o ice, then he keeked sideweys at Jamie. "Jamie says ... his mammie says ... well, his mammie says she heard the meenister's wife say ... your daddy didnae fecht at Ypres. The Germans didnae kill him at aw."

"Course the Germans killt him. Ma daddy deed fechtin the hun!"

"Jamie says, your daddy wouldnae fecht the hun. He says your daddy deed in the jail. Thay pit him there because he wis a ... he wis a ... a conchie!"

Alec forced the dirty wurd awmaist under his braith, as if he wis feart tae let it pass his lips. An wi that, Billy flew at Alec an at Jamie tae, hearin the crack o his knuckles but no feelin it, seein a burst o bluid an no kennin or carin if it wis his ain. No carin aboot onythin but pummelin thaim baith an rivin their hair an claes, gowlin an sabbin until the prefects ran tae pull thaim apairt. Thay dragged him awa tae the heidmaister's office, still screamin through his tears "Ye bluidy bastarts! Ye leein bluidy bastarts!"

His pen scritch-scratched awa at the foolscap:

must not fight
must not fight
must not fight

It didnae mak ony sense at aw. Hid his Uncle Tam no cried Billy's faither "a bonny fechter?" Puir auld Uncle Tam, wha cam back limpin an wi ainly one airm, usin it tae hug Billy's mammie ticht an sayin "dinnae you heed whit thay say, lass. It taks some guts tae dae whit he did. He wis a brave man; a faur bonnier fechter nor me."

Aye, it wis guid tae hae a reason tae fecht, even though the fecht itsel would soon eneuch become juist a rammie, a clood o stoor wi nae aim an nae end in sicht. An noo that the fecht wis over, he didnae feel guid at aw; he thocht that it wis mebbe guid tae hae the reason, but bad tae hae the fecht. He'd niver focht before, but he didnae think that wis because o ony choice he'd made. Cuid you hae a reason no tae dae somethin – even when awbody else wis sure there wis guid reasons fur daein it? Billy's faither hid hud his reasons; that wis what Tam hid said, tae Billy's mammie. "Even if we didnae aw agree wi thaim at the time", Tam hid said, "he hud his principles, an he stuck tae thaim like glue".

Billy hid reached the bottom o the paper, sae he turnt it over an stertit writin a bonny fechter a bonny fechter a bonny fechter an it felt guid, sae he thocht he'd keep at it a wee while. But aw the same there wis somethin shamefu aboot whit his daddie hid duin, or whit he hidnae duin. He kent this because later, when thay thocht he wis asleep, Uncle Tam hid said, tae his mammie, "Still, better no tae let folk ken, thit disnae need tae ken. The bairn, an aw his skuil-friends, thay dinnae need tae ken the details. He can say his faither deed in Flanders, an that's true eneuch."

As if fae faur awa, Billy heard the bell ringin the end o big playtime. There wis a brattle o boots an a screichin o chairs, an then suddenly the room wis seelent except fur the clip-clop o Miss Anderson's heeled shoes, an then he cuid feel that awbody in the room wis luikin at him. Miss Anderson cuid see he'd feenished the lines, an she wis haudin oot her haun fur thaim. He luikt at her an he couldnae tell if her face wis stern or kind, but onywey he didnae gie her the paper. He screiched his chair back an stuid up, an then he stuid on his chair an read alood:

"Conchie isnae a dirty wurd, an ma faither wis a bonny fechter."

He luikt aroon at the boys' dumfoonert faces, at Alec an Jamie still reid an pechin fae runnin, Alec wi his lower lip all swollen up. Billy said again:

Conchie isnae a dirty wurd –

he expectit tae be interruptit, but naebody made a soond, sae he went on

– an ma faither wis a bonny fechter.

Conchie isnae a dirty wurd, an ma faither wis a bonny fechter –

as if the mair he said it, the mair it wid be true. An he thocht that if he cuid juist keep on sayin it an no stop, an niver be stopt, it micht really become true.

He keepit on till he'd recitit ivry line, till he got tae the end o the page, an there wis juist the seelence o the room, the soond o the boys breathin, an the soond o his ain quait greetin. He steppit doon fae his chair, an walked slowly up tae Miss Anderson's desk.

He tore the lines intae thin raggety shreds, then let thaim pirl awa an drap saftly intae the bucket.

The Mair the Chynge, The Mair o the Same

Tony Beekman – Lallans 97

2020

The suspension o Tam's wee car craiked lik an auld pram as he slowed doon an parked ootside Grienhowe Neibourhood Centre. It wis amazin tae be back at the auld place whaur he hid first sterted aa thae years ago. Tam leuked at the clock on the dashboard. Thrie meenits tae eleevin so he wis still juist aboot on time for the meetin on the oor. The metal shutter ower the entrance tae the biggin was aaready up sae his colleagues fae the Community Lairnin an Development Service were in afore him. Tam apened the glove compartment tae get his lansoprazole tablets. He washed wan doon wi a slug o water fae his bottle. That wid keep the ulcer at bay for anither twintie-fower oors.

Tam walked up the path tae the entrance. He noted the champit green gless swept tae the side an the goor on the sign wi the nem o the biggin. He wid mind an ask for a new sign at the meetin. Truth be telt, it wis guid tae be ca'd back oot o warkin fae hame durin Covid-19 lockdoon. The novelty o sittin at a laptop at hame an steyin in at nicht wis no lang in wearin aff. Noo he wis gaun tae be pairt o the team operatin a temporary emergency food centre for the cooncil, yaisin his auld workplace fae years ago.

Tam spotted the reflection o a wumman in the windae o the door as he wis aboot tae gang intae the biggin. She wis staunin a few steps ahint him as if waitin on sumhin. Tam turned roon tae face her.

"Can A help ye?" he speired.

"Is this the place ye get a food parcel fae?" the wumman asked.

"Weel," Tam explained. "We're gaun tae be orderin food supplies an then we'll get it tae the community groups that are deliverin parcels tae people. We're ainly juist settin things up the noo. We cannae let people in the biggin because o social distancin an ye need tae pit yer nem doon wi wan o the community groups."

Tam reached intae his satchel for his notebook an pen as the wumman sterted tae turn tae leave.

"But if ye haud on a meenit," Tam continued, "ye can gie me yer details an A can pass them on tae yer nearest group an ye'll be sorted in nae time."

"Oh, that wid be great," replied the wumman.

1990

Tam burst oot o a taxi, cairryin a satchel. Sweat drippin doon his foreheid, he raced up the path tae the entrance. It wis aye guid tae try an get there afore onie customers. Tam noted hoo bad the goor wis gettin on the sign wi the nem o the place. He dumped his bag on the grun an fummelt in a jaiket pocket for his office keys. He scraped awa some champit green gless wi his left fuit an bent doon tae unlock the metal shutter.

Tam got tae his desk in the office. He slumped back in his chair an seched. He pulled a hanky fae a trooser pocket an dichtit the sweat fae his foreheid. That hid been some session last nicht. He took a poly bag oot o his satchel an heided for the wee kitchen; he thocht that he micht juist hae time for breakfast afore onie customers arrived for his welfare benefits advice surgery.

Ten meenits later, Tam wis settled at his desk wi twa slices o toast on a paper towel an a muckle mug o tea. He taen a lang slurp o tea an closed his een, willin the tea tae wash the heartburn awa. Tam apened his een an smiled; he reached intae the bottom drawer o his desk an produced a packet o antacid tablets. The faimly were pesterin him tae go tae the doctor's tae get checked for an ulcer but Tam wis sure it wis juist a bit o temporary nervous indigestion.

Tam pulled a sheaf o notes fae his satchel an flicked throu the pages while munchin his toast. The notes were fae the class he wis at the previous evenin. The class wis a regular wan o the pairt-time postgraduate course he wis daein tae qualify as a Community Warker. Tam's grand idea wis tae be involved in wider, pro-active community development, lik the fowk that set up his job, no juist assistin people throu an emergency tae get their benefits, important as that wis for emdy needin that help. An, o course, ye hid tae discuss aa this ower a few pints wi yer fellow students in the pub efter class.

* * * * *

Agnes threw on her coat while surveyin the livin room. She hamed in on the mantelpiece an seized her cigarettes an lichter. She shook the lichter an observed throu the transparent yella plastic that there wis still a wee bit o fluid left. Agnes smiled at Christopher, fastened his pushchair cover an pulled up the hood.

"Noo, Mum," Agnes reiterated, "ye've got yer cup o tea. A'm only goin roon the corner tae the Neibourhood Centre tae see that laddie at the benefits advice project."

"An awfie nice laddie, Mrs Reid wis tellin me," Agnes Senior offered. "He sorted some form oot for her tae get a grant for a cooker an they gave her it. She said it wid've taken a Philadelphia lawyer tae fill in the form but the laddie sorted it aa oot for her. Aa she hid tae dae wis sign her nem."

"Aye, Mum, that's richt," Agnes replied. "That's why A'm gaun tae see him. A'm gaun tae see if we can apply for a new washin machine. A'm seeck o humphin the washin roon tae oor Mary's since oor machine packed in. Noo mind, dinnae be gettin up tae dae oniehin yersel in case ye hae anither accident. A'm only roon the corner an A'll be aboot an oor so ye'll be aaricht juist sittin here an watchin the telly, eh?'

"Aye, dinnae fash yersel, Agnes," the senior responded. "Awa an get a form filled in. That'll be great tae get a washin machine o oor ain again."

Agnes left the hoose wi the pushchair. Wance clear o the gate, she lit a cigarette, taen a lang draw an exhaled smoke an a sech at the same time, takin care tae blaw the smoke awa fae the pushchair. She juist hoped Mum widnae dae oniehin stupid while she wis oot.

As Agnes caucht sicht o the clairtie sign for the Neibourhood Centre, Christopher threw a rattle oot o the pushchair. Agnes crouched doon on wan side tae pick it up while still haudin the pushchair wi wan haun on the ither side. She pit the rattle back in place. A few steps later, Christopher groozled an threw the rattle back oot. This time it landed amongst the champit green gless near the entrance tae the centre.

"Ye wee bandit!" Agnes breathed, as she carefully retrieved the toy fae the jagged shreds an stashed it in her coat pocket. Agnes paused tae stub her cigarette oot on the waa an flick the dowt awa tae jine the gless. Then, in wan smooth movement, she swivelled hersel an the vehicle intae reverse position, readyin hersel tae pull the pushchair throu the door-cheek.

* * * * *

Tam leuked up fae his toast an notes tae dae wan o his periodic scans for emdy on the wey in. He strained his neck tae juist the required degree tae aim abuin the auncient egg splatter an peer throu the windae an metal grill. A customer wis comin! Lik an origami expert, Tam folded the paper towel swith tae enclose the remainder o his toast an fired the parcel intae the tap drawer o his desk, rapidly follaed bi his notes an antacids. He dabbed his foreheid wi his hanky wan last time, stood up straucht an marched tae the door.

Agnes clenched a fist an raised it tae chap the office door. She drapped it again. She cuid really go anither cigarette, she thocht tae hersel. Tam pulled the door apen an smiled.

"Guid mornin. You're ma first customer the day. Come on in an hae a seat," Tam enthused. He held the door apen as Agnes manoeuvred the pushchair intae the office. Agnes sat doon on the seat in front o the desk, wi the pushchair bi her side. As she leaned ower an undid the cover, Tam sat ahint the desk an airmed hissel wi his pen an notebook.

"Weel," Tam speired, leanin back in his seat, "whit can A dae for ye?"

Agnes recognised a Community Care Grant form in the rack ahint Tam; hooivver, better tae let him suggest the form, she thocht.

"It's ma mither," she stated. "She needs a hip replacement but the doctors"ll no operate cause o her hert condition. She's got trouble wi her water works as weel, ye ken, an we go throu a lot o washin. She's gettin forgettle as weel, ken thon wey; ye cannae trust her near a cooker or oniehin. A dinnae think she's ackwallie senile; it's juist that she cannae think straucht wi the pain an no feelin weel. That's whit A think oniewey."

"WAAA!" Christopher interjected as he wrestled his pushchair.

"Sorry aboot this," Agnes said as she pulled Christopher fae the pushchair an sat him on her knee. "He disnae like it if he thinks he's gettin ignored."

"Nae problem," Tam replied. "A come fae a big faimly so A'm yaised tae weans howlin."

Christopher settled doon. Tam waved at the wean an made funny faces. Christopher leuked bemused but then smiled back. Agnes smiled as weel.

"The wean's taen a likin tae ye," she remarked.

"A've ayeweys liked weans," Tam said.

"Weel, ye can tak this wan hame an chynge his nappy an be up hauf the nicht wi him," Agnes replied.

"Ah, weel," Tam admitted, "A'm yaised tae amusin weans noo an again but no aa that ither stuff. A suppose we better get back tae business. Ye were tellin me aboot yer mither."

"Aye, that's richt," said Agnes. "A telt ye aboot ma mither's incontinence. The thing is, oor washin machine packed in. It's an auld thing sumdy gied us so A dinnae think it's even repairable. It means A've got tae cairt the washin roon tae ma sister Mary's hoose. But A've got a lot o washin, ken, an A dinnae want tae be goin tae ma sister's aa the time. It's a strain on me tae."

Agnes tried hard no tae stare at the Community Care Grant forms in the rack ahint Tam. Several questions later an havin established that Agnes wis eligible tae apply, Tam finally swivelled roon in his office chair an swiped a form fae the rack.

"Ye've mibbie heard o this benefit," Tam offered, brandishin the form, complete in its glossy pack. "It's the Community Care Grant. Ye can apply for help for wan-aff items ye need, lik a washin machine."

"Aye, A think A've heard people mention it afore," Agnes said softly. "Is it hard tae get?"

"It's no guaranteed," Tam replied, "but if ye can say that ye need help wi sumhin that will help ye leuk efter sumdy an stop them haein tae go intae hospital or a hame, ye shid be treated as a priority..."

"Weel," said Agnes, jumpin in, "the washin machine's essential for me tae leuk efter ma mither."

"Exack," Tam agreed. "Noo A hope ye dinnae mind but tae hae a guid chance o gettin a grant, we need tae lay it on thick an describe the situation in detail. We need tae mention the stress on you an yer mammy an that if ye dinnae get the equipment yeez need, she cuid end up, in the lang run, haein tae gang intae a hospital or a hame ..."

"Naw, that's fine; it's true onywey," Agnes replied. "Juist as lang as there willnae be a Social Warker at ma door cause o it."

"Dinnae worry aboot that," Tam reassured her. "They'll only say aye or naw. They're no interested in Social Wark."

Tam proceeded tae go throu the form wi Agnes, askin questions an transformin the answers intae exquisitely detailed descriptions o juist hoo dire the situation wis.

"A'm sorry A'm makin ye sound really pessimistic," said Tam. "But it's only tae get the best chance o gettin a grant. Wance the form's awa, ye can go back tae bein optimistic."

"Och, it's aaricht," Agnes replied. "A unnerstaun. A really must thank ye. A cuid nivver hae filled aa that in. A'd've gien up efter leukin at aa thae questions."

"Nae problem," Tam said. "That's whit A'm here for. If ye cuid juist sign here."

"A hope A'm no gaunae get the jile ower this," Agnes joked as she signed.

"Dinnae fash yersel," Tam responded. "Ye're quite walcome tae blame me. An dinnae tak naw for an answer. If they turn ye doon, come back tae me an we'll pit in for a review. Lots o people get a grant at review if they dinnae get it first time."

"That's great," said Agnes. "A'll dae that."

* * * * *

Agnes Senior woke up wi a start. The chatterin voices o an old American soap bein re-run on the telly had lulled her tae sleep. The sharp chynge in style o noise, fae the voices tae the jingle-jangle o the theme tune markin the en o the programme, prodded her back into the world o the awake.

"Missed the en o it again," Agnes thocht tae hersel. "Ach, weel, it's a load o rubbish oniewey; it's only guid for takin yer mind aff things for a wee while. But A'm fed up sittin an daein nothin. A dinnae care hoo seeck A am; A'll need tae get up an get sumhin done in this hoose. Poor Agnes is left wi everythin tae dae. A'll go intae the kitchen an see if A can redd up the dishes for her at least."

Agnes Senior forced hersel oot o her airmchair an heided slowly but surely for the kitchen. She smiled, mindin young Agnes washin the dishes for the first time whan she wis a wee girl an splashin so much water, ye wid've thocht she hid mopped the flair as weel. Haein reached the kitchen, Agnes felt better. She set aboot scrapin plates, placin cutlery in the basin an organisin piles o dishes on the warktap, ready tae be washed in proper order accordin tae her system. Agnes placed her first pile o dishes in the basin, squeezed oot the correck ration o washin-up liquid an turned on the hot tap.

The bottle drapped fae Agnes's hauns an she scooted a lang line o washin-up liquid across the drainin board as she caucht it again. She hated it whan the phone bleep-bleeped lik that richt throu her heid. She shuffled as quickly as she cuid intae the lobby an reached up tae answer the waa-mounted phone. She cuid feel the pain in her richt shouder as she reached up.

A clipped an cheerisome voice rattled oot special offers on fitted kitchens. Agnes felt a sair heid come on as she tried tae convince the voice that she wisnae interested.

"This is a council hoose," Agnes finally shouted.

"Sorry tae trouble ye, madam," the voice intoned an then cut aff. Agnes put the haunpiece back in place, aggravatin her shouder. She maun get tae a seat, Agnes thocht. Slowly an cannie lik, she made her wey back tae the livin room. Agnes finally reached her airmchair an lowered herself intae it. She closed her een an tried tae calm the pain awa.

"That's me back, Mum," Agnes Junior shouted, as she pulled the pushchair backwards intae the hoose. Junior apened the door intae the lobby. "Mither!" she shouted. "There's water comin intae the lobby!"

Agnes Senior jumped oot o her seat, ignorin the pain.

"Oh no, A've left a tap on," she cried oot as she raced efter her dauchter.

"Oh, Mither!" Agnes yelled as she pleuched throu water in heich heels tae turn aff the tap. "A cannae turn ma back for five meenits. Leuk at the bluidy mess."

"Oh hell! A'm sorry," Agnes Senior struggled tae get the words oot tae explain. "A wis daein the dishes but the phone went in the middle o it ... A wis sair ... A wis tryin tae help ..."

"Help?" Junior blurted oot. "A telt ye no tae dae oniehin yersel! Ye're a bluidy auld nuisance!"

Agnes Senior froze. A tear trickled doon her face. She strauchtened up, turned her back on her dauchter an strode intae the livin room.

"Oh, Mum," Junior pleaded. "A didnae mean that."

"Aye ye did," Senior stated quate. "A'm fed up bein seeck."

"Come on, Mum," said Junior. "It's only a bit o water. It's no the en o the warld. A can mop the kitchen. It's linoleum. The lobby carpet's sploongin but it wis stinkin oniewey. We'll pick a nice new wan oot o the market, eh? Ye can get guid wans quite cheap. Richt, will you watch Christopher while A stert moppin? You're guid wi the wean."

"Aye, A'll watch Christopher," Senior said. "An we'll get a new colour, eh? A wis fed up wi that colour."

* * * * *

That hid been a guid mornin's wark, Tam thocht tae hissel as he locked the shutter. There wis a staff meetin in the efternoon. Plenty o time tae dauner ower tae Antonio's in the toon centre for spaghetti an a gless o rid wine.

2020

Tam entered the neibourhood centre. He wid mind an pass the wumman's details on richt efter the meetin. An he wid stop at a supermarket on the wey hame for some cans for the fridge. He wondered whan he wid get a chance tae be involved in wider, pro-active community development.

A Glesga Hogmanay

Moira Dalgetty – Lallans 97

See Hogmanay, and hoo it's meant tae be magic, everybody huvin a rerr terr? Well, no in oor hoose it wisny, and we didny.

Ah mind wan year we wur aw at ma granny's. Ah wis nine at the time. Ma granny hud the hoose lovely – she'd been up since the cracka dawn and the place wis shinin like a shillin oan a sweep's erse, as ma uncle used tae say.

The hoose smelt great anaw – aw aromatic fae the clootie dumplin simmerin away in the kitchen.

Us weans were in a great mood, stuffin wursels wi scones ma granny hud made, dancin aboot tae the records ma Auntie Maureen wis playin – Tom Jones beltin oot "What's new, Pussycat?" and some Petula Clark nummer we aw liked.

Then, same as happened every single year, it aw went doon the lavvy when ma granda rolled in at hauf ten, pissed as a fart. Right away he startit bawlin and shoutin aboot waantin his dinner, and when ma granny telt him it wis Hogmanay and he wis supposed tae wait like the rest o us tae the bells he went mental, so she gied him a daud o cheese and breid jist tae shut him up.

It musta been aw his shoutin that triggered the wean aff, cos suddenly wee Davie – he wis only three, for God's sake – startit greetin, and aw us weans got flung intae the kitchen oot the road, leavin ma da and ma Uncle Ian in the livin room wi the auld yin.

The kitchen wis like a kinna reverse wee oasis fur the wimmin, where they aw got tae be nervous thegither – ma maw pickin imaginary fluff aff her jumper while ma Auntie Maureen wis knockin back the sherry fine style. Ma granny jist made herself busy footerin aboot, her mooth a tight wee line in her poor, peely-wally wee face. We could hear everythin fae the livin room, but, and we aw knew it wis gauny kick aff as usual any minute, same as it ayewis did every Hogmanay.

Right oan cue, he startit oan aboot Catholics – he ayewis got the boot intae thaim first, while he was still sober enough tae use aw the bad words in his limited bliddy vocabulary. Aboot two minutes intae his rant, ma Uncle Ian piles intae the kitchen aw rid-faced, his left eye twitchin away, and tells Auntie Maureen he's gaun oot but he'll be back efter the bells tae pick us up. Same performance every year. She jist sat there sayin nuthin – well, whit could she huv said? It wis her faither, efter aw – wi a face like fizz, grippin the stem o the sherry gless that hard Ah thought it wis gauny snap.

Uncle Ian wis hauf-wey oot the door when the auld bastard starts shoutin: "Aye, away tae fuck the lotta yiz! Shoulda aw been burnt alang wi Guy Fawkes oan wanna thae bonfires! Away back tae Ireland, ya Fenian bastarts!"

That left ma poor wee Da sittin there while the auld yin got intae his stride: Catholics got a bit merr welly afore it wis the turn o the miners. Efter thaim, it wis Commies, then wimmin and then emdy under 50 – and weans anaw. Know whit he said wanst? That aw he waantit wis tae get a haud o wan o thae tanks the army uses – thae big Chieftain joabs – and drive it right doon Argyle Street at teatime, takin oot every bastart that's face annoyed him. Ah mean – total nutjoab, psychopath, heidcase or whit? He's definitely had it in him tae be wanna thae serial killers, nae doot aboot it.

He widny shut his trap so ma granny sent us weans up tae her room tae play, jist so we didny huvty listen tae it. When she shouted us doon a wee while later fur the bells, the livin room wis like an undertaker's, wi everybody bar him sittin aboot lookin like they'd been sookin lemons.

Aw ye could hear wis Andy Stewart oan the telly, warblin

away wi ma mental granda oan backin vocals, gruntin oan aboot some poor guy at his work – said he wis gauny punch his teeth that faur doon his throat that the guy wid huvty stick his toothbrush up his erse tae clean them. Noo, as ye kin imagine, us weans thought that wis deid funny and startit sniggerin, tae wan luik fae ma granny killt that stane deid.

Sae there we aw wur, sittin in the guid claes roon the table oan Hogmanay, huvin tae listen tae aw ma granda's poisonous crap. Thing is, whit amazed me then is that no even wan o them wid jist tell him tae shut his face – they were aw that feart fae him. If the adults hud aw just got thegither and went fur him, us weans widda piled in anaw and gied him the hidin he deserved.

Ah mind jist sittin there, prayin as hard as Ah could that wan o them – didny matter whit wan – wid jist dae somethin. But naw, and Ah hated them fur being yon pathetic wey. When Ah spoke tae ma maw aboot it later, she telt me that they'd tried staunin up tae him wanst, but efter that there wis nae point.

Seems that jist efter ma Auntie Maureen got merrit (ma granny's brother hud tae gie her away cos she wis merryin a Catholic in a chapel) ma granda wis slaggin aff ma Uncle Ian – his new son-in-law – as usual, and huvin hud absolutely eneuch o his crap, ma Auntie Maureen jist loast it and skelped him ower the heid wi a Heinz tomata sauce boattle.

Noo, as if that wisny bad eneuch, it gied ma Granny courage, because then she flung his dinner at him – ma maw says it wis a spectacular sight! The auld bastard jist staunin there, blood pourin oot the crack in the heid aff the sauce boattle, wi totties, carrot and neeps dottit aw ower his claes like boak.

Of coorse, then ma Granny and Auntie Maureen legged it tae ma Granny's sister's cos they knew he'd go right aff his heid. Ah wish Ah'd been there – Ah'd have rammed a fork right in his eyeball. Naw – two forks, wan fur each eye.

But that wis their wee revolution ower and done wi and Ah don't even want tae imagine whit kinna hard time he gave ma granny wanst she'd went back hame again.

Ah think that wis when she chucked it, really. She wis awfy quiet aw the time efter that, and never really spoke tae him again much ataw for the rest o her life as far as Ah could make oot, bar the usual – "D'ye waant a cuppa tea?" type stuff. No that he wis in the slightest bit bothered, Ah huvty say. When he wisny moanin, he wis tellin her how useless she wis. Evil, bigoted auld bastart.

Afore Ah forget aboot that Hogmanay Ah wis jist tellin ye aboot, this is how it endit: efter the bells, we aw sat doon and got stuck intae the stew and totties, then dumplin and black bun and Dundee cake, but it wis done in near-total silence. Aw ye could hear was folk chewin. It wis like some Glesga psycho version o The Broons, wi Hannibal Lecter starrin as Granpaw.

It wis sich a relief when we heard ma Uncle Ian's car pullin up ootside. We grabbed wur coats, kissed ma granny cheerio, then piled intae the car, clutchin wur wee bundles o goodies she'd pit thegither fur us. Ah swear tae God – if the polis hudda stopped us, ma Uncle Ian widda got done, fur there wis faur too many passengers. We coulda done it in two trips, but see tae be honest, we jist waantit oot o that hoose – we'd aw huv croassed the Sahara oan a crippled camel jist tae get away fae ma granda.

The last thing Ah mind seein wis ma wee granny's face at the windae when she wis wavin tae us. Ye could tell she wis greetin and ma hert wis brekkin – aw Ah wanted tae dae wis run back and get her, take her away wi us tae somewhere safe. Happy New Year? Aye, right.

Geomythology

Stuart McHardy – Lallans 97

It is weel kennt (in some circles) that King Jamie the Saxt wis exposed tae some richt auld tales fae Scottish tradeetion whan he wis growein up. Whither this wis hou he becam sae obsessit wi witchcraft in his later years isnae clear but the norie o the king learnin o auld tales that were still bein tellt amang the ordinar fowk o Scotland his lang intrestit me, seein as A haud tae the notion that onie 'culture' that disnae arise fae the communitie o the fowk, in onie laun, hisnae meikle warth. Nou ane o the auld tales that Jamie VI heard wis that o the Gyre Carlin, an amang survivin leeterature we fin her up tae tricks like fartin oot North Berwick Law an pishin the watters o the Forth. She wisnae jist a giant quine, sic actions showe her tae be, or mair richtly, tae aince hae been, a landscape makkar, an ither tales o this auld quine an her Gaelic cousin, the Cailleach, tell us forbye she wis a weather-worker an the auldest o beins on the planet. In short she wis a kin o Goddess figure. Siccan tales as we hae in baith Scots and Gaelic dinnae jist arise fae the time afore the Christians cam this wey, they maistlike gang back a lang time indeed, an it seems mair nor likely that whan the first-fowk got here eftir the ice retreatit, they were awready tellin tales o the Auld Quine.

Thru ma lang life o studyin Scotland's auld tales A hae cam across this quine time an agin an haein stairtit oot bein fell taen wi the stories that in a wheen o cases are linkit yet tae ancient monuments, A've been led a merry dance. Ae story, fae ma ain airt, in the lee o the Seedlee Hills north o Dundee tells o a Picitsh symbol stane that wis pit up tae mairk the daith o dragon that had killt nine sisters a puckle miles tae the sooth at Brigfut, or in the Anglophone terminology o the Ordnance Survey, Kirkton of Strathmartine. Nou that tale links in tae a network o remembrance o nine quines, as witches, Valkyries, Druidesses an Muses that stretches near the haill warld roun an micht weel hae stairtit in Africa itsel, monie tens o thousans o years syne. Time an agin siccan groups were associatit wi supernaitral figures we cin see as Goddesses, an ither times hae been linkit tae male figures like Apollo, Arthur, Heimdall an auld Odin himsel. It wis thair links in Scotland tae Bride, the pre-Christian precursor o Ireland's St Bridget, kennt in Ireland, north England an Scotland, that here wis the ither face o the Calleach, Simmer tae her Winter, an the Carlin that got me tae stairt seein ither things. It's no jist that stories hae lived on on the tungs o the fowk, it's that in sae monie cases they were linkit tae places that were the sites o ancient ritual behaviour. An noudays we ken fine stories cin last fer tens o thousand o years (Isaacs*) fer it wis thru the tellin o the stories that no jist culture, but the verra knowledge o hou tae live, wis passt on doun the generations. Nou stories cheenge wi passin time an new kins o thinkin, the comin o Chritsianity bein a prime example. An it's a Christian tak on an aulder tale that gies us a lead in tae the new wey o seein oor land that A'm cryin Geomythography, that A'll be rinnin a coorse on fer the third time at Embra Univairsity's Centre for Open Learning in the New Year. On the soothern slopes o West Lomond Hill lies a lang scatter o giant dolorite boulders, monie o thaim yirdfast. This his the nem o the Devil's Burdens an the local story tells us that the Deil drappit these great stanes on a coven o witches gaithert in Glen Vale, whause leader, Carlin Maggie, had been gettin abune herself an cheekin Auld Hornie. He flew ower thaim an drappit the stanes while Maggie hersel tore awa aff alang the side o Bishop Hill tae the sooth. The Deil turnt her tae stane wi a thunderbolt an there she stauns yet as a stane pillar lookin oot ower Loch Leven.

Nou the story o stanes bein drappit fae on heich is a recurrin motif in tales o the Cailleach an the Carlin an is gied as the origin o a reenge o places including the Hebrides, Ben Wyvis, Ailsa Craig an a wheen o sma ootcrops aw ower Scotland. Stories attributin sic actions tae the Deil are clear Christian rewarkins o aulder takes an in these tales the Auld Quine maist often draps the rocks fae her apron or mair properly in Scots, her lippen. This motif o the Drappit Lippen is tellt in fower diffrent versions aroun the Lomond Hills an in Carlin Maggie we see anither common aspeck o the modeefication o auld tales, whaur whit were at first supernaitral, goddess-type quines hae been turnt intae witches.

It's onlie a puckle year syne a local café in Kinross cried Carlin Maggie's wis shut doun an this is a mairker o hou this tale cairriet on in local culture. Houaniver it's no jist the story. The Lomond Hills hae anither nem, the Paps o Fife, an like ither Paps in Scotland, an we dae hae a fair few, they hae gotten thair nem fae their clear resemblance tae the female breast. Ither examples wuid be North Berwick Law, Schiehallion, Dundee Law, Dumbarton Rock, the Eildon Hills an various Maiden Paps scattert aroun the place. Ae siccan local Cìoch na h-Òighe, or the Pap o the Maiden cin be seen in Arran's Glen Sannox that when seen it maks ye think the Sleepin Warrior o Arran isnae a mannie ava. There are ither 'reclinin figures' in the landscape an A'm warkin on showein hou they cin aw be construed as female. Ane o thaim, Benarty Hill is on the sooth side o Loch Leven athin clear sicht o Carlin Maggie. Nou the survival o an auld tale at a place whaur we hae ither mairkers o auld tradeetions regairdin a powerfu female cratur is gey interestin in terms o folklore bit it tells us something fell significant, that lies at the hairt o the Geomythographical process. Thir stories are attachit tae place an hae been tellt bi the fowk that bide on an aroun thon place. They are specific tae thair locale. In terms o story this is the norm – aw stories tellt bi communities in the past were set in the landscape o thon communities, thay are localised. Hou else wuid bairns get the pynt? In times afore beuk-leir becam the norm the importance o oral transmission tae no jist the cultural continuity o the community but its physical survival, wis absolute. Ye were learnt bi example an bi the spoken ward. Until the echteenth centurie the vast majority o Scots were bidin in whit were cried fermtouns in the Lowlands and clachans, mair properly bailean, in the Hielans, as cin be seen on the maps pit thegither bi General Roy afore the '45. Siccan communities haud their roots in the far distant past, a past fer maist o whilk saw hooses bein biggit in weys that havenae left muckle trace. An, gien the propensity o whit passes fer scholarship in the modren wastern warld, maist efforts tae try an unnerstun oor mutual past bi obsessin on the actions o tiny sae-cawed elites, no a lot o wark his been duin in tryin tae jalouse jist how siccan communities survived an developit. In monie cases aw that remains o thaim is the nem o the place, industrial fermin haein wiped oot the little that wis there.

Houanivver we cin be siccar that the stories survivin intae oor modren warld hae roots as deep, an likely deeper nor the communities theirsels. Apairt fae the localisation o storytellin, which is echoit in the process thru whilk megalithic an ither pre-Chritsian monuments are unique tae thair own locale, een as they cin showe, jist like the stories, that the diffrent communities were aw singin fae the same cultural hymn-sheet, as it were. Anither thing that seems clear is that monie o the auld tales hae cam thru language cheenge, mebbe even a puckle o language cheenges. This showes no jist that stories were an integral pairt o the culture o aw siccan communites, bit that they were rootit intae the landscape itsel. In thaim we see a continuity intae the modren warld that maistlike gangs back as lang as fowk hae been in this laun. That the deil an witches hae gotten tae be pairt o sic tales is a clear sign o Christian re-interpretation o material that simply wuidnae gang awa – it wis ower precious tae be lost. Forby yon we cin see links tae the manifest policy o the Christians in takkin ower 'pagan precincts' tae spreid their ain tak on things. Houanivver the tenacity o the auld tales, learnit at the mither's knee an roun the fire in the lang mirk nichts o winter reflectit even mair. The connection atween sma communities an the landscape thay inhabitit, jist as their ancestors haud duin afore thaim, ran gey deep, an ma thnkin is that gin ye inherit sic a connection fae a tradeetion thoosans o years auld, it is mair nor possible that yer relationship wi yer ain bit is visceral, an mindin that humans are animals, it micht be that we uised tae hae some kin o sense o location akin tae whit is seen nouadays as animal territoriality. Gin ye read the diaspora poetry o transplantit Scots an compare it wi hou the like o indigenous North Americans an indigenous Australians speak o the ties tae their launs, ye fin strang seemilarities. In passin A shuid sey that it wis Jennifer Isaacs' wark on Australian Aboriginal historie* that first let me unnerstaun hou story cin last fer tens o millennia. Gin onie community cin hing thegither in thair ain bit, thair stories will be tellt.

Nou Geomythography his come aboot fae monie decades o chasin stories an lookin at the laun itsel an whit A teach is hou tae fin sic contintuities in fowk's ain bits. The focus o maist prehistorical an archaeological study his aye been on lookin fer pheesical remains biggit bi fowk in the past. Geomythography looks at the landscape itsel. Nouadays fowk still cry the Lomond Hills, the Paps o Fife an gin thay gie the maitter onie thocht, will likely get that the nem comes fae them bein breist-shaped. That the origin o this appears tae be based on an unnerstaunin o the warld itsel haein been created by a feminine force willnae likely come intae it, fer the localisation process A hae been describin his grown gey weak. It's still there but, an agin the Lomonds gie us an example. In the period aften spoken o as the Killing Times, in the hinner en o the seeventeenth centurie whan religious strife wis rampant, the Covenanters were forced tae hae their proscribed meetins awa fae the pryin een o the King's spies, an his troops. There is a tale fae the Lomonds in that period that his an oorie ring. There wis a conventicle, or illegal kirk service at the heid o Glen Vale, jist alow the Devil's Burdens, likely roun the protuberant rock lang kennt as John Knox's Pulpit that some decultured ignoramus fae the Cooncil haud blown up a few years syne, uisein health an safety rules o ae kin or another. A'll sey nae mair for fear o the page burstin intae flame. Oniewey the service had stairtit whan a troop o Dragoons cam up the glen an stairtit firin at the gaithert fowk. Volley eftir volley wis let aff an fowk cuid see the carbine baws bouncin aff the rocks, bit naebuddy got hurt. Eftir awthin had calmit doun, the troops ridden awa an the fowk cam doun tae the fermtouns around Loch Leven, thay were tellt an oorie tale. Fowk on the laigh grund hearin the shootin haud lookit up an they saw the figure o giant man leanin ower whaur the conventicle wis gaithert, wi his hauns out like he wis protectin thaim. This got the nem o the Angel o the Lomonds. Nou A'm no a great believer in speerits an apparitions. bit a couple o things staun oot. The spot selectit fer the gaitherin wis awready lang-establisht in tradeetion harkin back a gey lang time an, gin ye want tae investigate ye'll fin a lot o Covenanter stories are linkit tae caves, an ither places that thairsels hae eethir auld stories or archaeological evidence showein thaim tae hae been uised in the far past. Mebbe it's jist that siccan places were kennt bi the local fowk an no tae the King's spies, bit that alane tells ye it wis a pairt o local tradeetion an kennin. An in monie pairts o Scotland local fowk still haud tae tradeetions that hae cam frae ancestral belief. We still hae Midsummer pilgrimages tae some o oor better-kent hills an back in 1993 A went tae a site, a cave in the side o Kinnoull Hill at Perth that hid been uised in Beltane rituals at least up till 1759. There wisnae muckle o the cave left but on the waas o whit's left there were love hairts carved, an some o thaim were dated 1992.

Muckle o the Geomythographical wark A dae nouadays focusses on identifyin sites that were eethir uised fer ritual acteevities or were the focus o belief like sae monie o the Pap sites. Tae identify sic places A uise whit A cry clusterin. This is whan clusters o different kins o material archaeology, oral tradeetions, placenames an maist significantly the landscape itsel pynt tae places that werenae jist important in the faur distant past but kept that relevance tae the culture o the surroondin communities ower time, an in some cases, still hae it. Ae sic mairker that cin be aften seen is a kirk on a hill. The policy o takkin ower the 'pagan precincts' meant that monie siccan sites were mounds an wee hills, including tumuli, chambert cairns and naitral places an jist aboot ivvery sic kirk A've lookit at his proved tae hae been a pre-Reformation site an whiles there is evidence o acteevity fae the early Christian period.

A've scrieved a lot here anent the Lomond Hills an a couple year back A pit thegither a wee film detailin hou the Geomythographical analytic process cin end up tellin a guid story. It's cried Mythogram I an is free tae air on You Tube. Bit A want tae feenish wi an example o hou the landscape cin still tell us stuff. A few year back A wis headin up a hill abune Knockando cried Carn a Caillich wi an auld pal that bides nearbi, whan we met a couple o his freens that kennt the area weel. A askit thaim were there onie stories o powerful females aroun the place – no uisin witch, or goddess or onie ither loadit terminology. The tale A then got wis anent a mannie that wis on the side o the hill ae day whan he met the local witch wha askit whit he wis daein there. He tellt her he wis checkin oot the lie o the laun as he e wis ettlin tae cross the moor tae gang tae Elgin the neist agin day. "Ye'll no get there," seys she. "Hou no?" asks him. "A'll stop ye," seys she an turns on her heels an walks aff. He thocht nae mair aboot til the follaein morning whan he got up an saw that the hill an the surroondin moor wis buried aneath fower feet o snaw. Sae ta ma wey o thinkin that wis the Cailleach he had met. There's archaeological remains on the hill, there uised tae be a biggin cried the Witch's Hoose an in an illustration o jist hou things cin get intae a richt mixter-maxter, there's a naitral mound at the side o the road cried Sithean a Mannoch. This translates as the Fairy Hill o the Monk, bit as yet A've fund nae mair aboot it. Wi the help o various students fae earlier coorses A've been oot an aboot in the landscape an the list o places needin tae be veesitit growes ivver langer. Neist year shuid see the publication, by Luath Press, o *Scotland's Sacred Landscape; a Geomythographical Analysis*, that will be a handbook o hou the process warks.

Meantime gin oniebuddie's intrestit, there's an Introduction to Geomythography on ma website <www. stuartmchardy.wordpress.com>.

Isaacs, J., Australian Dreaming 1979

Authors & Titles